CRAIG WRIGHT
Professor emérito na Universidade de Yale

OS HÁBITOS SECRETOS DOS GÊNIOS

Aprenda a identificar e lapidar suas habilidades como Einstein, Isaac Newton, Virginia Woolf, Walt Disney e muitos outros

São Paulo
2021

Grupo Editorial
UNIVERSO DOS LIVROS

The hidden habits of genius: beyond talent, IQ, and grit—unlocking the secrets of greatness
© 2020 Craig Wright
Originally published by Dey St., an imprint of William Morrow

© 2021 by Universo dos Livros
Todos os direitos reservados e protegidos pela Lei 9.610 de 19/02/1998.
Nenhuma parte deste livro, sem autorização prévia por escrito da editora, poderá ser reproduzida ou transmitida sejam quais forem os meios empregados: eletrônicos, mecânicos, fotográficos, gravação ou quaisquer outros.

Diretor editorial
Luis Matos

Gerente editorial
Marcia Batista

Assistentes editoriais
Letícia Nakamura
Raquel F. Abranches

Tradução
Cássio Yamamura

Preparação
Juliana Gregolin

Revisão
Aline Graça e Ricardo Franzin

Arte
Valdinei Gomes

Capa
Renato Klisman

Dados Internacionais de Catalogação na Publicação (CIP)
Angélica Ilacqua CRB-8/7057

W933h
Wright, Craig
  Os hábitos secretos dos gênios: aprenda a identificar e lapidar suas habilidades como Einstein, Isaac Newton, Virginia Woolf, Walt Disney e muitos outros / Craig Wright ; tradução de Cássio Yamamura. -- São Paulo : Universo dos Livros, 2021.
  336 p., il.
  Bibliografia
  ISBN 978-65-5609-050-4

  Título original: *The hidden habits of genius: beyond talent, IQ, and grit —unlocking the secrets of greatness*

  1. Gênios - Aspectos psicológicos 2. Desenvolvimento pessoal 3. Hábitos 4. Comportamento 5. Habilidades pessoais I. Título II. Yamamura, Cássio

20-3477   CDD 158.1

Universo dos Livros Editora Ltda.
Avenida Ordem e Progresso, 157 – 8º andar – Conj. 803
CEP 01141-030 – Barra Funda – São Paulo/SP
Telefone/Fax: (11) 3392-3336
www.universodoslivros.com.br
e-mail: editor@universodoslivros.com.br
Siga-nos no Twitter: @univdoslivros

Para nossos filhos Evan, Andrew, Stephanie e Christopher.
E para Fred, Sue e Sherry.

SUMÁRIO

Introdução
Acertando o alvo oculto 7

Capítulo 1
Dom ou trabalho duro: QI ou Q-várias? 19

Capítulo 2
Gênios e gêneros: um jogo de cartas marcadas 43

Capítulo 3
Evite a bolha do prodígio 65

Capítulo 4
Imagine o mundo como uma criança 81

Capítulo 5
Desejo de aprender 99

Capítulo 6
Encontre a parte que falta 123

Capítulo 7
Aproveite sua diferença 139

Capítulo 8
Rebeldes, desajustados e encrenqueiros 161

Capítulo 9
Seja a raposa 181

Capítulo 10
Pelo contrário ... 201

Capítulo 11
Tenha sorte ... 221

Capítulo 12
Aja rápido e quebre coisas ... 241

Capítulo 13
Agora relaxe ... 259

Capítulo 14
Hora de se concentrar! ... 273

Epílogo
Resultados inesperados ... 289

Agradecimentos ... 293

Sobre o autor ... 295

Notas ... 297

INTRODUÇÃO

ACERTANDO O ALVO OCULTO

Hoje, a genialidade está ao nosso redor, dos funcionários prestativos do Genius Bar, da Apple, aos produtos Baby Einstein — materiais educativos multimídia que prometem deixar nossos filhos mais espertos. A estrela de *reality show* Kim Kardashian é chamada de "gênio dos negócios" e dizem que seu marido, Kanye West, é "um babaca que também é um gênio". Alan Turing, Martin Luther King Jr., Abraham Lincoln, Stephen Hawking e Steve Jobs são retratados em filmes contemporâneos e chamados de gênios. Além disso, há os atores vencedores de Oscar, como Daniel Day-Lewis e Eddie Redmayne, que interpretam os indivíduos brilhantes em tais filmes. Eles também são gênios? O nadador Michael Phelps é chamado de "gênio da locomoção". Os tenistas Roger Federer e Rafael Nadal fazem "jogadas geniais". Yo-Yo Ma já foi descrito como "gênio do violoncelo". A faculdade de administração da Universidade do Nebraska, em Omaha, oferece um curso anual chamado "A genialidade de Warren Buffett". Em 23 de maio de 2019, o presidente dos Estados Unidos, Donald Trump, diante de câmeras de televisão na Casa Branca, declarou ser "um gênio extremamente estável". Sem permitir ser superado, o líder da Coreia do Norte, Kim Jong-Un, autodenominou-se "o gênio dos gênios".

Como explicamos esse "desejo pela genialidade", como a escritora Mary Ann Evans (sob o pseudônimo George Eliot) expressou em 1872?[1] Por trás do uso popular e excessivo do termo existe um desejo sério, atemporal e profundamente humano de compreender o desconhecido. Para fazê-lo, simplificamos as coisas, atribuindo os atos complexos de vários pensadores do passado a uma única entidade exemplar: "o gênio". Muitas vezes, o gênio ganha as qualidades de um salvador e, portanto, dá à humanidade esperança por um mundo melhor. Ao mesmo tempo, o gênio traz um conforto, uma explicação e até mesmo uma desculpa para nossos contratempos. "Ora, não é à toa, ela é um gênio!". Mas ainda assim nos perguntamos: como é feito o truque de mágica? O que há por baixo da superfície? Ao descartar os mitos que rodeiam esses indivíduos excepcionais, como eram suas vidas e quais eram seus hábitos, de fato? E o que podemos aprender com eles?

Em 1951, médicos no Hospital Geral de Massachusetts realizaram uma eletroencefalografia no cérebro de Albert Einstein e observaram a agulha do aparelho se mexer em busca da sede de sua genialidade.[2] Quando Einstein morreu, em 1955, um patologista desbravador treinado pela Yale, o dr. Thomas Harvey, extraiu seu cérebro e o cortou em 240 fatias, viabilizando o exame por ele e por outros.[3] Embora cada canto e sulco da massa cerebral de Einstein tenha sido estudado a esta altura, os neurocientistas ainda não sabem explicar como era seu processo imaginativo. Patologistas forenses em Salzburgo tentaram comparar o suposto crânio de Mozart com o DNA de parentes no cemitério de St. Sebastian, na mesma cidade.[4] Até o momento, porém, o genoma de Mozart continua fora do nosso alcance. Da mesma forma, cientistas em Milão estão analisando o DNA de Leonardo da Vinci, mas, novamente, nenhum "gene dos gênios" foi identificado.[5] Por que isso não nos surpreende?

O conceito de genialidade envolve a manifestação complicada de inúmeras características ocultas dos indivíduos reduzidas a apenas um processo e a um local do cérebro ou dos cromossomos. A maneira como as características de uma pessoa excepcional atuam em conjunto para produzir a genialidade permanecerão um mistério. No entanto, quais são essas características e como elas podem ser cultivadas será o tema central deste livro.

Para começar: o que é "gênio"? A resposta depende de quando e para quem você faz essa pergunta. Os gregos antigos tinham várias palavras para "gênio", incluindo "*daemon*" ("demônio" ou "espírito") e "*mania*" (um furor criativo que consumia um poeta inspirado). A palavra "gênio" vem do substantivo em latim "*genius*", que significa "espírito guardião". Na Grécia e Roma antigas, todos tinham um espírito guardião que, curiosamente, não lhes pertencia. Pense no Gênio que espera para sair da Lâmpada Mágica no filme *Aladdin*, da Disney. Pense também na vela em seu bolo de aniversário e no desejo que você faz. Desde os tempos da Roma antiga, a vela e o desejo servem como oferenda anual a seu gênio, para que seu espírito guardião cuide bem de você no novo ano que se inicia.

A lista de gênios reconhecidos oriundos da Idade Média – Dante Alighieri, Geoffrey Chaucer e Joana d'Arc talvez venham à mente – é curta. As luzes se apagaram na Idade das Trevas? Não. A genialidade foi apenas incorporada e apresentada com "nova roupagem" pela Igreja Católica. No período clássico, fazia-se um pedido ao seu gênio; na Idade Média, orava-se para uma força espiritual com o nome de um santo padroeiro não só pela salvação, mas também para curar doenças ou encontrar um pente perdido. As grandes criações da era – como, por exemplo, as suntuosas catedrais góticas – foram obra de humanos praticamente anônimos, inspirados por um espírito divino externo: o Deus cristão.

Com o Renascimento, pensadores transformadores ganharam rosto e nome: Leonardo da Vinci, Michelangelo, Rafael e William Shakespeare são apenas alguns desses gênios. Alguns poetas e pintores italianos também eram chamados de *"il divino"*, como em *"il divino Leonardo"* (Leonardo, o divino). Eles então, como os santos, também gozavam de poderes divinos, como semideuses. Suas mãos eram capazes de moldar ideias possivelmente concebidas por Deus. Durante o Iluminismo do século XVIII, no entanto, a genialidade e Deus seguiram caminhos distintos. Deus retirou-se, deixando o indivíduo como o único emissor da genialidade. Ser um gênio agora era algo totalmente inerente: vinha com o nascimento e permanecia no indivíduo.

As sensibilidades românticas do século XIX fizeram a face da genialidade mudar outra vez, distorcendo-a de formas às vezes bizarras. Imagine um excêntrico desajustado, solitário e de aparência desgrenhada que sofre por sua arte. Eis que surge Ludwig van Beethoven, o modelo de genialidade no século XIX. Ele era, e sem dúvida parecia, um pouco lunático, cantando em voz alta sozinho ao caminhar erraticamente pelas ruas de Viena. Mais ou menos na mesma época surgiu o cientista maluco Dr. Frankenstein (no famoso romance de Mary Shelley) e o gênio disforme Quasímodo (no romance *O corcunda de Notre Dame*, de Victor Hugo). Posteriormente, um fantasma brilhante e desvairado viria a assombrar o palco da Ópera de Paris – outro gênio desfigurado.

Hoje, quando vemos uma lâmpada iluminar-se em um desenho, isso serve como símbolo visual da "ideia brilhante" de um indivíduo. Na verdade, esse ato de genialidade – a criação da lâmpada incandescente moderna – foi resultado do primeiro laboratório de pesquisa dos Estados Unidos, a "fabrica de invenções" de Thomas Alva Edison em Menlo Park, em Nova Jersey.[6] Agora, os ganhadores do Prêmio Nobel de Física, Química e Medicina são geralmente dois ou três indivíduos da respectiva disciplina, sugerindo que nos tempos modernos a equipe científica substituiu o antes Einstein solitário.

A mudança frequente do significado da palavra "gênio" ao longo dos séculos nos mostra que a genialidade configura um conceito relativo ao momento e ao local. A genialidade é o que nós, humanos, queremos que ela seja. Um "gênio" é qualquer um que assim desejamos chamar. Os puristas protestarão diante dessa abordagem transitória e populista. Quer dizer que não há beleza e verdade absolutas? As sinfonias de Mozart e as equações de Einstein não são universais e eternas? Aparentemente, a resposta é "não" – depende de para quem você pergunta. A música de Mozart (1756–1791), embora ainda reverenciada nos auditórios ocidentais, não tem qualquer ressonância em especial entre os cidadãos da Nigéria, por exemplo, que têm seus próprios sons e heróis da música, como o pioneiro do *afrobeat* Fela Kuti (1938–1997). A explicação de Einstein para a gravidade é apenas uma das quatro que já vigoravam desde a Grécia antiga. Os raios da genialidade na ciência e nas artes são arqueados ao longo do tempo por diferentes culturas e por cada nova geração que os encontra. Até pouco tempo atrás, a história da genialidade no Ocidente era povoada por "grandes homens" (no caso, homens brancos), deixando mulheres e pessoas não brancas quase sempre à margem. Mas o contexto está mudando e cabe a cada um de nós decidir o que define a excepcionalidade de uma realização humana.

Quase todas as definições dicionarizadas de "gênio" incluem palavras como "inteligência" e "talento". Exploraremos o que significa ser "inteligente" no capítulo 1. Quanto ao "talento" no sentido de componente essencial da genialidade, esse conceito equivocado deve ser descartado de imediato. Como veremos, talento e genialidade são duas coisas bastante distintas uma da outra. O filósofo alemão Arthur Schopenhauer fez essa observação sagaz em 1819: "Uma pessoa talentosa acerta um alvo que mais ninguém consegue acertar; um gênio é quem acerta um alvo que mais ninguém consegue ver."[7] Uma pessoa talentosa lida com maestria com o mundo evidente. Um gênio, no entanto, enxerga o que está oculto aos nossos olhos. Em 1998, a *Business Week* atribuiu a Steve Jobs a seguinte fala: "Muitas vezes, as pessoas não sabem o que querem até que você mostre a elas."[8] Já em 1919, Nikola Tesla previu o rádio, robôs, aquecedores solares e o *smartphone* "menor do que um relógio."[9] Hoje, dois terços da população mundial estão conectados por celulares com internet do tipo que Tesla havia previsto. Em 1995, enquanto trabalhava em um fundo multimercado em Nova York, Jeff Bezos notou que o tráfego na internet havia aumentado 2,3 mil vezes em relação ao ano anterior; ele também se deu conta de que ir de uma loja a outra era um meio ineficiente de obter mercadorias. Bezos concebeu a Amazon, começando com livros. Vinte anos depois, sua companhia havia se tornado o maior portal de comércio virtual do mundo, vendendo quase todo gênero de produto imaginável. A única realidade absoluta na vida, no fim das contas, é a mudança, e os gênios enxergam sua chegada.

Para ser um gênio, segundo nossa definição moderna, não basta acertar o alvo oculto, mas ser o primeiro a fazê-lo. A originalidade é importante. Mas nem sempre foi assim no Ocidente. Os gregos antigos, por exemplo, achavam que a capacidade de imitar a poesia homérica era um traço de genialidade. Do mesmo modo, desde a Antiguidade, os chineses atribuíam valor de acordo com o grau com o qual o novo emulava as melhores partes do antigo. E é interessante notar que, na cultura chinesa moderna, a realização em grupo continua acima da conquista individual. Os ocidentais começaram a ver as coisas de um jeito diferente em meados de 1780. Começando com o filósofo Immanuel Kant, que considerava a genialidade "o completo oposto do espírito da imitação",[10] e continuando com legisladores britânicos, franceses e norte-americanos, a originalidade se tornou um determinador final das realizações extraordinárias, protegendo a propriedade intelectual de um indivíduo. A fé ocidental no "*self-made man*" – o homem que cria o próprio sucesso – e no "individualista batalhador" data dessa época, e representa bem a noção tradicional de genialidade no Ocidente. Mas a originalidade é obra da genialidade da sociedade ou do indivíduo? Talvez precisemos de uma definição de gênio para cada cultura a cada momento da História.

Para traçar um mapa esquemático para este livro, permita-me fornecer minha definição por ora: um gênio é uma pessoa com potência mental extraordinária cujos trabalhos ou descobertas originais mudam a sociedade de forma significativa – para o bem e para o mal –, transcendendo culturas e o tempo. Portanto, os maiores gênios têm o maior impacto no maior número de pessoas pelo período de tempo mais longo. Enfatizo "mudar a sociedade" como parte de minha definição porque genialidade é criatividade, que, por sua vez, envolve mudança. Obviamente, são necessárias duas partes para fazer acontecer: um pensador original e uma sociedade receptiva.[11] Assim, se Einstein tivesse vivido em uma ilha deserta e escolhido não se comunicar com os outros, ele não teria sido um gênio. Se Einstein tivesse escolhido se comunicar com os outros, mas as pessoas não tivessem lhe dado ouvidos ou decidido não mudar, mais uma vez, ele não teria sido um gênio. A não ser que Einstein realize mudanças, ele não é nenhum Einstein.

Com a importância da criatividade em mente, percebemos que muitos dos indivíduos popularmente chamados de "gênios" hoje em dia são apenas celebridades. Para identificar gênios de verdade, podemos começar removendo a maioria dos atores, atrizes e intérpretes. Por mais talentosos que sejam, aqueles que trabalham com a manifestação de algo já concebido por outra pessoa – um roteiro ou uma composição musical, por exemplo – não são gênios. Criatividade e criação são cruciais, por isso Kanye West, Lady Gaga e Beethoven podem ser considerados gênios, mas Yo-Yo Ma, não. O mesmo pode ser afirmado acerca da maioria dos grandes atletas: por mais incríveis que sejam os recordes de Phelps e Federer, eles não obtêm pontos em criatividade – foram outras pessoas que inventaram o jogo. E quanto a magos bilionários do mercado financeiro, como Warren Buffett? É desnecessário dizer que acumular dinheiro é diferente de operar mudanças. O dinheiro alimenta a genialidade, mas não é a genialidade em si. Ela reside naquilo que é feito com a oportunidade proporcionada pelo dinheiro.

Eliminar todos esses falsos positivos permite que nos concentremos nas ações dos gênios de verdade, segundo a definição acima. Contudo, o que compõe "genialidade de verdade" nem sempre é claro e definitivo e nunca será unanimidade. Ao incluir Jeff Bezos, Jack Ma (o empreendedor chinês equivalente a Bezos), o empresário Richard Branson e a abolicionista Harriet Tubman, como faço neste livro, talvez eu esteja sendo abrangente demais. É provável que você não concorde com minhas declarações a respeito de genialidade e de quem a tem ou não tem. Caso discorde... parabéns! Como veremos, "pensar ao contrário" é um dos hábitos secretos dos gênios.

Este livro foi escrito depois de uma vida inteira de observação e estudo. Passei minha carreira rodeado de pessoas excepcionalmente talentosas em uma ou outra coisa (matemática, xadrez, música clássica, escrita criativa e outros campos do saber). No entanto, nunca me achei particularmente dotado em nada, apenas "acima da média". Se você é um prodígio com um grande talento para algo, consegue simplesmente fazê-lo e talvez nem saiba como ou por quê. E você não questiona. Na verdade, os gênios que conheci pareciam ocupados demais com os atos de genialidade para questionar a causa de sua produção criativa. Talvez apenas pessoas não geniais como eu possam se lançar à tentativa de explicar a genialidade.

"Se você não é capaz de criar, você toca, e se não é capaz de tocar, você ensina." Esse é o mantra de conservatórios como o Eastman School of Music, onde comecei minha educação acadêmica como pianista clássico. Incapaz de compor ou de ganhar a vida como instrumentista, fui para a pós-graduação em Harvard, obtive um doutorado e me tornei professor e pesquisador de história da música clássica – em outras palavras, um musicólogo. Depois de um tempo, consegui um emprego em Yale para ensinar os "três Bs" da música clássica: Bach, Beethoven e Brahms. E, apesar disso, o personagem mais fascinante que conheci foi um M: Mozart. Ele era divertido, apaixonado, safado, extremamente superdotado, escrevia música como ninguém e parecia um ser humano decente. Uma das minhas muitas viagens a Florença me levou a pesquisar a respeito de Leonardo da Vinci, nascido lá. Logo notei que Da Vinci e Mozart apresentavam muitos habilitadores de genialidade: dons naturais extraordinários, coragem, imaginação vívida, ampla variedade de interesses e uma abordagem "tudo ou nada" para a vida e para a arte.

A quantos outros gênios essas características em comum se aplicam? Eis Shakespeare, Rainha Elizabeth I, Vincent van Gogh e Pablo Picasso. Depois de um tempo, esse conjunto de grandes mentes formou a base de uma disciplina de graduação que criei, chamada "Explorando a natureza da genialidade". Ano após ano, um número cada vez maior de estudantes se matriculava nela. Como se pode imaginar, os estudantes de Yale não entraram na fila de espera dessa aula para ouvir uma definição de "gênio" ou para acompanhar a história do termo ao longo das eras. Alguns queriam descobrir se já eram gênios e que futuro os esperava. A maioria queria saber como também eles podiam virar gênios. Tinham ouvido falar que estudei gênios, de Louisa May Alcott a Émile Zola, e identifiquei uma série de traços de personalidades comuns entre eles. Os alunos, como você, queriam saber os hábitos secretos desses gênios.

Mas quais são eles? Adianto abaixo uma breve lista sobre o tema principal de cada capítulo neste livro:

- Dedicação (capítulo 1);
- Resiliência (capítulo 2);
- Originalidade (capítulo 3);
- Imaginação infantil (capítulo 4);
- Curiosidade insaciável (capítulo 5);
- Paixão (capítulo 6);
- Desajuste criativo (capítulo 7);
- Rebeldia (capítulo 8);
- Pensamento polivalente (capítulo 9);
- Pensar ao contrário (capítulo 10);
- Preparação (capítulo 11);
- Obsessão (capítulo 12);
- Relaxamento (capítulo 13);
- Concentração (capítulo 14).

Além disso, ao longo desses capítulos, ofereço revelações práticas a respeito da genialidade, como estas:
- QI, mentores e universidades de elite são muito supervalorizados.
- Não importa o quanto sua criança é "dotada", você não faz nenhum bem a ela tratando-a como prodígio.
- A melhor forma de ter epifanias brilhantes é praticar o relaxamento criativo: caminhar, tomar um banho ou ter uma boa noite de sono com caneta e papel à beira da cama.
- Para se tornar mais produtivo, adote um ritual diário para o trabalho.
- Para aumentar suas chances de ser um gênio, mude-se para uma metrópole ou uma cidade universitária.
- Para viver mais, descubra sua paixão.
- Finalmente, tome coragem, pois nunca é tarde demais para ser criativo: para cada jovem Mozart, há um Verdi adulto; para cada Picasso, uma Grandma Moses.

No fim, ler este livro provavelmente não o tornará um gênio. O que ele fará, porém, é forçar você a repensar como conduz sua vida, cria seus filhos, escolhe as escolas que eles frequentam, administra seu tempo e dinheiro, vota em eleições democráticas e, mais importante, reflete sobre como ser criativo. Lapidar os hábitos da genialidade me fez mudar, mudando também minha visão do mundo. Talvez uma leitura cuidadosa deste livro mude você também.

CAPÍTULO 1

DOM OU TRABALHO DURO: QI OU Q-VÁRIAS?

"Não há resposta! Não há resposta! Não há resposta!", cantaram cem graduandos animados na primeira aula de meu "curso de genialidade" ao passo que eu encorajava o coro. Estudantes normalmente desejam uma resposta que possam levar no bolso ao sair da aula e aplicar depois em uma prova, mas senti que era importante deixar a questão clara de imediato. Para a simples pergunta "O que leva à genialidade: essência ou formação?" não há de fato uma resposta.

Essa questão sempre gerou debates em minha aula. Os alunos "de exatas" achavam que a genialidade vinha de dons naturais; pais e professores os convenceram de que tinham nascido com um talento especial para o raciocínio quantitativo. Os atletas achavam que realizações excepcionais eram todas fruto de trabalho árduo: sem dor, sem ganho; treinadores lhes ensinaram que suas conquistas eram resultado de incontáveis horas de prática. Entre os jovens das ciências políticas, os conservadores achavam que a genialidade era uma dádiva de Deus e os progressistas, que era causada pelo ambiente formativo da pessoa. Essência ou formação? Cada lado exibia defensores entre meus estudantes. Da mesma maneira, os gênios ao longo da História tomaram partido.

Platão afirmou que a capacidade de executar feitos extraordinários era um presente de oráculos e deuses.[12] Mas Shakespeare parecia ter muita fé no livre-arbítrio e na iniciativa independente ao escrever: "A culpa, meu caro Brutus, não é das estrelas, mas nossa." (*Júlio César*). Por outro lado, em sua autobiografia, o naturalista Charles Darwin postulou que "a maioria das nossas características é inata".[13] Posteriormente, a filósofa francesa Simone de Beauvoir declarou que "não se nasce um gênio, torna-se um gênio".[14] A discussão vai e vem: dons naturais versus trabalho duro.

Os gênios tendem a não reconhecer seus próprios dons ocultos, deixando essa tarefa para os outros. Giorgio Vasari (1511–1574), biógrafo reconhecido de grandes artistas do Renascimento, maravilhava-se com os talentos inatos de Leonardo da Vinci com estas palavras: "Às vezes, de modo supernatural, um único corpo ganha tamanha abundância de beleza, graça e habilidade que, independentemente do caminho que o indivíduo seguir, todas as suas ações são tão divinas que ele deixa todos os outros homens para trás e claramente é tido como um gênio abençoado por Deus (o que ele é)."[15] Um dos dons de Leonardo era sua percepção visual aguda: ele tinha a capacidade de "fotografar" um objeto em movimento – as asas abertas de um pássaro voando, as pernas de um cavalo galopante ou as ondulações de um rio corrente. "A libélula voa com quatro asas e, quando as frontais estão erguidas, as traseiras estão baixas", Leonardo registrou em um caderno, aproximadamente em 1490.[16] Quem podia imaginar?

O arquirrival de Leonardo, Michelangelo, tinha memória fotográfica e coordenação perfeita entre olhos e mãos, o que lhe permitia traçar linhas com relações de proporção precisas.[17] Tesla era um estudante ágil porque também tinha memória eidética e era capaz de citar, entre outras coisas, o texto integral de *Fausto*, de Goethe. Wassily

DOM OU TRABALHO DURO: QI OU Q-VÁRIAS?

Kandinsky, Vincent van Gogh, Vladimir Nabokov e Duke Ellington nasceram todos com sinestesia: quando ouviam música ou observavam palavras ou números, enxergavam cores. Lady Gaga também é sinestésica: "Quando escrevo músicas", ela relatou em uma entrevista para o *The Guardian* em 2009, "escuto melodias e ouço letras, mas também vejo cores; vejo o som como uma parede de cores."[18]

Em 1806, Ludwig van Beethoven, em meio a um de seus famosos acessos de raiva, no caso direcionado ao nobre Karl Max, o Príncipe Lichnowsky, disse: "Príncipe, és o que és por acidente de nascença; o que sou, sou por conta própria. Houve e haverá milhares de príncipes; há apenas um Beethoven."[19] Para isso, podemos responder com o devido respeito: "Justo, Ludwig, mas você também é um acidente de nascença. Seu pai e seu avô eram músicos profissionais e você provavelmente herdou deles, além de outras coisas, seus dons de memória musical e ouvido absoluto."

Ouvido absoluto é hereditário e comum em membros de uma mesma família, embora seja um talento concedido a apenas uma pessoa em cada dez mil. Michael Jackson, Frank Sinatra, Mariah Carey, Ella Fitzgerald, Bing Crosby, Stevie Wonder, Dimitri Shostakovich e Mozart também foram abençoados com ouvido absoluto. Mozart ainda nasceu com uma memória fonográfica (memorização de sons) extraordinária, além de memória motográfica, o que lhe permitia mexer instantaneamente as mãos para o lugar ou acorde certos no violino, órgão e piano, coordenando sons musicais em sua mente com a parte do instrumento que o criaria. Todos esses dons musicais ficaram evidentes aos seis anos. Isso só podia ser essência.

O nadador vencedor de 23 medalhas olímpicas, Michael Phelps, tem o corpo de um tubarão, tendo até disputado corrida com eles.[20] Mas no que diz respeito a nadadores, Phelps nasceu com uma vantagem ergonômica: ele tem a altura perfeita para natação (1,93 m), seus pés são atipicamente grandes (como nadadeiras) e os braços são mais longos do que o normal (como remos). Normalmente, como mostra o famoso Homem Vitruviano de Da Vinci, a extensão de uma pessoa com os braços abertos é igual à sua altura; a extensão de Phelps (2 m) é 7 centímetros mais longa. Mas Phelps, como sugerido anteriormente, não é um gênio. Por mais que seja talentoso, ele não fez nada para mudar a disciplina da natação ou influenciar um evento nos Jogos Olímpicos.

Simone Biles, a quem o *The New York Times* se refere como "a maior ginasta dos Estados Unidos de todos os tempos",[21] é um caso diferente. Sua habilidade atlética extraordinária revolucionou a ginástica. Em 9 de agosto de 2019, Biles tornou-se a primeira pessoa a realizar um mortal duplo na saída da trave e um mortal duplo com pirueta tripla em um exercício de solo, aumentando o número de técnicas de ginástica com seu nome para quatro. Cada novo movimento fez com que a arbitragem tivesse de criar uma "nova pontuação de dificuldade". Em contraste com o nadador Phelps, Biles, a ginasta transformadora, é baixa (1,42 m), com o corpo compacto e musculatura densa. Como resultado, ela consegue ficar bem comprimida durante os mortais e piruetas, mantendo assim a velocidade. "Recebi esse corpo por um motivo, e vou fazer uso disso",[22] Biles disse em 2016, em referência a seu porte compacto. Mas, ao mesmo tempo, como ela enfatizou em um vídeo on-line educativo da *MasterClass* em 2019: "Tive que me concentrar pra valer nos fundamentos, como fazer os exercícios de repetições, fazer muito do básico, treinar a mente, para ser capaz de chegar onde estou hoje."[23] Essência ou formação?

DOM OU TRABALHO DURO: QI OU Q-VÁRIAS?

A EXPRESSÃO "*NATURE* VERSUS *NURTURE*" ("ESSÊNCIA VERSUS formação" ou, mais literalmente, "natureza versus criação familiar") foi popularizada por Francis Galton, primo de Charles Darwin, em seu livro *Hereditary genius* ("Gênio hereditário", de 1869). Galton estudou aproximadamente mil indivíduos "eminentes" – quase todos homens britânicos de nascença, incluindo parentes dele próprio. Não é preciso ser um gênio para adivinhar a opinião de Galton a respeito do assunto: a genialidade segue linhagens familiares e é hereditária, sendo seu potencial concedido no nascimento.

Na primeira página de *Hereditary genius*, Galton alega ser possível "obter, por meio de seleção cuidadosa, uma raça fixada de cães e de cavalos superdotados de capacidades peculiares de corrida ou de qualquer outra atividade" e também "uma raça de homens altamente dotada com casamentos prudentes durante várias gerações consecutivas".[24] Deixe de lado, se puder, que a interpretação de Galton para reprodução seletiva foi o ponto de partida para a eugenia, que levou aos campos de extermínio do nazismo. Galton estava errado, pura e simplesmente: não é possível criar um supercavalo ou "uma raça de homens dotada" com reprodução seletiva.[25] Para mostrar isso, venha comigo ao Kentucky Derby de 1973 e permita-me apresentá-lo a um cavalo chamado Secretariat.

Em uma tarde ensolarada de primavera, no dia 5 de maio de 1973, eu estava na altura do posto de 1,2 km na pista de Churchill Downs. Tinha em mãos dois bilhetes de aposta de dois dólares: um que eu comprara de um cavalo chamado Warbucks e outro comprado para um amigo do favorito Secretariat. Quando os cavalos entraram na pista para o aquecimento, Warbucks apareceu primeiro, com chances de 7 em 1. O cavalo parecia pequeno, mas talvez não houvesse relação entre tamanho e velocidade em corrida de cavalos. Depois de alguns cavalos, com chances de 3 em 2, surgiu Secretariat, uma criatura enorme com peito robusto e pelagem castanha e brilhante. Ele caminhava com imponência. Se Deus fosse um cavalo, era assim que se pareceria.

E lá foram eles. Secretariat ganhou a corrida de uma milha e um quarto em 1 minuto e 59,4 segundos; e ele ainda detém o recorde do Derby e das outras corridas da tríplice coroa do turfe (Preakness Stakes e Belmont Stakes). Meu cavalo chegou em último. Carente do dom da presciência, esperei na fila por quarenta minutos a fim de receber os três dólares da aposta de dois dólares de meu amigo. Eu deveria ter lhe dado três dólares do meu bolso e guardado o bilhete para vender hoje em dia no eBay. Mas quem poderia ter previsto o eBay e também que Secretariat, hoje chamado de "gênio dos cavalos de corrida", viria a se tornar o cavalo do século, talvez o maior de todos os tempos?

O talento talvez possa ser herdado, mas a genialidade, não. A genialidade – ou realização excepcional, no caso de um cavalo – não é passada de geração a geração, sendo mais similar a uma tempestade perfeita. Quando foi feita a autópsia em Secretariat, seu coração de 9,5 kg tinha quase o dobro do peso do de seu pai, Bold Ruler. Secretariat veio de uma linhagem boa, mas de modo algum esplêndida, e sua prole também não apresentava nenhuma excepcionalidade. Dos quatrocentos descendentes que teve, apenas um chegou a ganhar uma corrida da tríplice coroa. Da mesma maneira, a maioria dos gênios não nasceu de pais obviamente extraordinários.[26] Sim, há seis pares de pais e filhos vencedores do Prêmio Nobel, e um de mãe e filha (Marie Curie e Irène Joliot-Curie).[27] Talvez o exemplo mais persuasivo seja Johann Sebastian Bach e seus três filhos: Carl Philipp Emanuel, Wilhelm Friedemann e Johann Christian. Mas essas famílias são as exceções que comprovam a regra. Pense nos quatro filhos de Picasso (nenhum deles foi um pintor brilhante), contemple a arte de Marguerite Matisse na internet ou ouça um concerto de piano composto por Franz Xaver Mozart (excelente ouvido musical, mas nenhuma imaginação) e considere por que gênios tendem a não gerar gênios. Pense em todos os gênios – Da Vinci, Michelangelo, Shakespeare, Newton, Benjamin Franklin, Tesla, Tubman, Einstein, Van Gogh, Curie, Frida Kahlo, King, Andy Warhol, Jobs, Toni Morrison e Elon Musk – que parecem surgir do nada. Einstein sugeriu que a ancestralidade não é um bom indicador de genialidade quando disse "Explorar meus ancestrais… não leva a lugar nenhum".[28] A questão é a seguinte: a genialidade é um evento explosivo e aparentemente aleatório oriundo de uma combinação de muitos fenótipos pessoais – dentre os quais inteligência, resiliência, curiosidade, pensamento visionário e um quê de comportamento obsessivo.[29] Psicólogos chamam isso de "emergênese";[30] nós, leigos, preferimos a expressão "tempestade perfeita". Pode acontecer, mas as chances são baixíssimas.

Galton desconhecia o trabalho de Gregor Mendel, o gênio que nos forneceu a compreensão científica das unidades de hereditariedade chamadas "genes". Também não tinha como saber da obra de Havelock Ellis, *A study of British genius* ("Um estudo sobre os gênios britânicos"; 1904), que tentava demonstrar estatisticamente que gênios são na maioria das vezes homens primogênitos, convenientemente se esquecendo das mulheres Elizabeth I (terceira filha a nascer), Jane Austen (sétima) e Virginia Woolf (sexta), por exemplo.[31] Hoje, as ideias de Galton, Mendel e Ellis formam a base do que é chamado de determinismo biológico ou teoria do "modelo da vida": seus genes fornecem um molde no qual está gravado tudo o que você se tornará. Como você deve suspeitar, a teoria de um "modelo" de genialidade não é a resposta.

Talvez a resposta esteja na ciência moderna da epigenética. Epigenes ("fora dos genes") são pequenas marcações ligadas a cada gene de nosso genoma. Nosso crescimento, do nascimento à morte, está sujeito ao funcionamento desses "interruptores", pois eles controlam quando e se nossos genes se manifestarão. Simplificando: os genes são a parte da essência, epigenes são a da formação. Como somos criados, o ambiente em que vivemos e a forma como controlamos esse ambiente e a nós mesmos afeta a ativação de nossos genes. Novamente, epigenes são chaves de desenvolvimento genético estimuladas pelo ambiente. Como disse o neurocientista Gilbert Gottlieb, genes e ambiente não apenas cooperam durante nosso desenvolvimento como também os genes necessitam de estímulo do ambiente para atuarem do modo devido.[32] Epigenes oferecem a possibilidade de que cada um de nós pode controlar aquilo em que nos tornamos, se estivermos dispostos a nos esforçar nesse sentido.

Você já ouviu falar de "gênio preguiçoso"? Não. Gênios têm o hábito de trabalhar duro porque são obcecados. Além disso, em declarações públicas, tendem a valorizar suas unidades hereditárias ("dons") bem menos do que suas labutas, como sugerem as seguintes falas de certos gênios ocidentais: "Se você soubesse quanto trabalho foi necessário, não chamaria de genialidade" (Michelangelo); "Deveriam sugerir que eu parasse caso não conseguisse seguir trabalhando com tanto afinco ou até mais" (Vincent van Gogh); "Genialidade é resultado de trabalho duro" (Máximo Górki); "Eu não acreditava em fins de semana; não acreditava em férias" (Bill Gates); "Não há talento ou genialidade sem trabalho duro" (Dmitri Mendeleiev); "O que separa o indivíduo talentoso do bem-sucedido é muito trabalho duro" (Stephen King); "Eu dei muito duro quando era jovem para não ter de dar tão duro agora" (Mozart); "Ninguém nunca mudou o mundo com uma jornada de quarenta horas semanais" (Elon

DOM OU TRABALHO DURO: QI OU Q-VÁRIAS?

Musk); e "Deus dá talento; o trabalho transforma talento em genialidade" (Anna Pavlova). Eu também já acreditei nisso um dia.

Eis aqui uma piada que você talvez conheça. Um músico jovem chega a Nova York e pergunta, ingenuamente: "Como se chega ao Carnegie Hall?". A resposta que recebe: "Prática!". Eu tentei fazer isso e não deu certo. Trabalho árduo tem suas limitações.

Meu treinamento musical começou aos quatro anos, com aulas do afável Ted Brown em um piano vertical Baldwin Acrosonic. Após seis anos, avançou para um piano de cauda Baldwin Grand de quase dois metros e os melhores professores de Washington, D.C. Para virar um pianista de concerto – minha meta era me tornar o próximo Van Cliburn –, matriculei-me e graduei-me na prestigiosa Eastman School of Music. Aos 22 anos, eu já tinha praticado um total de aproximadamente 18 mil horas, e no entanto sabia que jamais ganharia um centavo como pianista de concerto. Dispunha de todas as vantagens: mãos grandes, dedos longos e finos, o melhor treinamento e dedicação intensa. Eu carecia de apenas uma coisa: um grande dom para a música. Eu tinha talento, sim, mas não era excepcional no ouvido, na memória musical ou na coordenação entre ouvidos e mãos; não tinha nada de extraordinário. Eu tinha, porém, uma herança genética: era suscetível ao medo de palco – algo nada vantajoso quando um milímetro em um piano ou violino pode ser a diferença entre o sucesso e o fracasso. Até hoje, esse insucesso para "deslanchar" como pianista me provoca a seguinte questão: o trabalho duro, por si só, transforma talento em genialidade? A prática leva, de fato, à perfeição?

Leva, sim, de acordo com Anders Ericsson, o padrinho da disciplina da expertise na execução. Começando em um artigo na *Psychological Review*, em 1993, e continuando com o livro que coescreveu em 2016, *Peak: secrets of the new science of performance expertise*, Ericsson postula que a grandiosidade humana não é uma dádiva genética, mas apenas o resultado de trabalho árduo e disciplinado, dez mil horas de prática concentrada. A evidência de Ericsson para essa teoria veio a princípio de estudos em que ele e outros psicólogos acompanharam o aperfeiçoamento em violinistas e pianistas na Academia de Música de Berlim Ocidental.[33] Estudantes de idade similar, mas níveis de execução diferentes (de professores de música do ensino médio a futuras estrelas internacionais), foram relacionados de acordo com duração e qualidade da prática. O resultado: "Concluímos que os indivíduos adquirem praticamente todas as características distintas de instrumentistas excelentes por meio de atividades relevantes (prática deliberada)".[34] A promessa da regra de dez mil horas era atraente, e muitas pessoas entraram no barco da prática, incluindo humanistas de primeira ordem, como os vencedores de Prêmios Nobel, Daniel Kahneman (*Rápido e devagar: duas formas de pensar*) e David Brooks (*Genius: the modern view* ["Gênios: a visão moderna"]), além do jornalista e autor best-seller Malcolm Gladwell (*The problem with geniuses* ["O problema com os gênios"] em seu livro *Fora de série: Outliers*). Mas há um problema… Na verdade, dois.

Primeiro, desde o começo, os psicólogos de Berlim não avaliaram de modo adequado a habilidade musical natural dos estudantes. Eles não compararam maçãs com outras maçãs, em vez disso, compararam os talentosos com os genuinamente superdotados. Habilidades naturais extraordinárias tornam a prática divertida e fácil, encorajando o participante a querer praticar mais.[35] Pais e colegas tendem a ficar impressionados com aqueles para os quais as coisas parecem ser obtidas sem esforço e a elogiá-los, assim fortalecendo o estímulo positivo. Ericsson e seus companheiros trocaram causa e efeito. A prática é um resultado. O catalisador inicial é o dom natural.

DOM OU TRABALHO DURO: QI OU Q-VÁRIAS?

Em segundo lugar, e mais importante: a execução de elite no caso envolve a execução de algo que outra pessoa já criou. Esse tipo de excepcionalidade pode ser útil se você for um ás da matemática buscando raízes quadradas ocultas ou um número extremamente longo, um contador de cartas em um cassino em Las Vegas, um atleta em busca de quebrar o recorde mundial de tempo na escalada do monte Everest ou um pianista de concerto tentando tocar a "Valsa Minuto" de Chopin em 57 segundos. Mas outra pessoa inventou o jogo, o evento esportivo ou a composição musical. A genialidade chega ao topo ao inventar algo novo e transformador, como o teleférico ou o helicóptero. A prática pode levar à velha perfeição, mas não produz inovação.

A essa altura, o leitor atento deve ter concluído o óbvio: talento natural e trabalho duro não atuam em oposição binária. A genialidade é produto tanto da essência como da formação. Para comprovar isso, proponho uma competição. Chamo-a de "A corrida de 250 milhões de dólares até o Catar". Nossos participantes serão dois pintores, o *monsieur* Paul Cézanne (1839–1906) e o *señor* Pablo Picasso (1881–1973). O objetivo é criar a pintura mais valiosa a ser vendida para um potentado do Catar. Como nasceu primeiro, Cézanne começa na frente.

Como estudante em Aix-en-Provence, Paul Cézanne, filho de um banqueiro, exibia mais inclinação para a literatura do que para as artes plásticas. Apenas aos quinze anos ele recebeu treinamento formal em desenho e só aos vinte, depois de breve período na faculdade de Direito, decidiu se tornar pintor. Depois de dois anos aprendendo o ofício em Paris, ele inscreveu obras para exibição no *salon* da Escola de Belas-Artes de Paris, mas elas foram rejeitadas. Continuou inscrevendo novas obras quase todo ano pelos vinte anos seguintes, com o mesmo resultado negativo. Finalmente, em 1882, aos 43 anos, veio a aprovação oficial.[36]

Pablo Picasso nasceu no outono de 1881, filho do pintor José Ruiz y Blasco. O jovem Picasso desenhava antes de conseguir falar. Sua pintura, *Salmerón (O velho pescador)*, executada no período de uma hora quando ele tinha treze anos, é uma obra-prima de perspicácia psicológica e técnica de pintura. Um crítico de arte, ao ver outras pinturas exibidas pelo garoto, relatou no *La Voz de Galicia* que "ele tem um futuro glorioso e brilhante diante de si".[37] Ainda antes dos catorze, Picasso foi aceito na Escola de Belas-Artes de Barcelona. Como disse um estudante, colega do prodígio, "ele estava muito à frente dos outros estudantes, que eram todos cinco ou seis anos mais velhos. Embora não parecesse prestar atenção ao que os professores diziam, ele compreendia imediatamente o que lhe era ensinado".[38] Na casa dos vinte anos, Picasso criou o conjunto de pinturas originais mais estonteante que o mundo já havia visto: as obras do Período Rosa, as do Período Azul, os Arlequins, as primeiras obras-primas cubistas e o início de seu trabalho de colagem. Em termos puramente monetários, Picasso criou suas melhores pinturas por volta dos 25 anos.[39] Depois de determinado tempo, sua versão de *As mulheres de Argel* (1955) viria a ser comprada pelo xeque Hamad bin Jassim bin Jaber Al Thani, do Catar, por 180 milhões de dólares. Picasso, dono de dons naturais enormes, estava em uma categoria própria.

Já o *monsieur* Cézanne continuou a trabalhar em seus estúdios em Paris e Aix-en-Provence. No fim da década de 1880, quando estava com quase cinquenta anos, artistas progressistas começaram a admirar sua ênfase única em formas geométricas e cores chapadas. Durante a década anterior à sua morte, em 1906, Cézanne criou seus maiores trabalhos, meio século depois de ter começado a cursar a escola de arte.[40] Em 1907, uma retrospectiva das pinturas de Cézanne foi organizada em Paris e a vanguarda do mundo das artes compareceu – entre eles, Picasso, Henri Matisse, Georges Braque e Amedeo Modigliani.[41] "Cézanne é o pai de todos nós", afirmou Picasso.[42] Em 2011, *Os jogadores de cartas* de Cézanne foi vendido à família real do Catar por 250 milhões de dólares, 70 milhões a mais do que o quadro de Picasso.

Mas o que são 70 milhões de dólares entre amigos? Consideremos um empate técnico. Obviamente são dois trajetos bastante diferentes para a genialidade criativa, um evidente desde cedo (dons), outro mais secreto (autoaperfeiçoamento trabalhoso). Ambos são necessários, mas em que proporção? Os defensores da prática dizem que mais de 80% do resultado é determinado por trabalho árduo, ao passo que outros psicólogos sugeriram recentemente reduzir esse número, dependendo do campo de atividade, para cerca de 25%.[43] Para descobrir mais sobre a importância relativa de dons e do esforço, interroguei Nathan Chen, um gênio neófito em meu curso da Yale.

Assim como Simone Biles é hoje a ginasta feminina número 1 dos Estados Unidos, Chen é o patinador artístico masculino número 1 do mesmo país, e também um medalhista olímpico. Foi o primeiro patinador a executar um salto quádruplo, levando o esporte a um patamar atlético mais elevado e forçando a arbitragem a criar uma nova medida de dificuldade. Como Biles, Chen também é relativamente baixo (1,68 m) e tem bastante músculo em proporção a seu peso. O que segue é o básico do que Chen tem a dizer a respeito de dons naturais e trabalho duro:

> "Em minha opinião, há fatores genéticos nesse campo: altura, proporção corporal, força geral e capacidade de desenvolver memória muscular rapidamente. Mas há, além disso, uma série de fatores genéticos que não dá para enxergar e que são mais difíceis de quantificar. Entre eles estão a habilidade de manter a calma diante do estresse e a de internamente

criar estratégias e corrigir percursos durante uma competição. Então, para mim, diria que é 80% essência. Os atletas com medalha de ouro têm como acumular 100%: 80% de essência (genes e sorte) e 20% de formação. Para atletas que naturalmente têm 60% (de essência), é preciso obter o máximo dos 20% (de trabalho) para sequer cogitar competir contra os melhores (como atletas 90–100%). Portanto, é difícil saber o que é mais importante entre essência e formação. Ambos têm sua importância, mas, no fim, não importa o quanto você dê duro em seu esporte, *sem* a capacidade genética, será quase impossível ser o melhor."[44]

Observe que Chen tem a astúcia de colocar "sorte" entre as dádivas naturais, reconhecendo a contribuição de nascer com recursos e oportunidades educacionais suficientes. Por fim, Chen sugere que, independentemente da razão entre dons e trabalho duro, para chegar ao ápice do que você escolheu fazer, é preciso obter o máximo de ambos.

HÁ MUITO TEMPO OBSERVAMOS UM DOM NATURAL EM PARTICULAR: O QI. A medição quantitativa de inteligência começou em 1905, quando Alfred Binet publicou um teste projetado para identificar e consequentemente auxiliar pessoas com aprendizado lento nas escolas públicas de Paris.[45] Em 1912, o termo alemão *"Intelligenzequotient"* (quociente de inteligência, ou seja, QI) já era banal. Mais ou menos na mesma época, o exército dos Estados Unidos começou a aplicar um teste padronizado com o intuito de observar aptidão mental e identificar candidatos para treinamento de oficial. O que começou como prática de compensação educacional logo se transformou em acesso para status de elite. Nos anos 1920, depois que o psicólogo de Stanford, Lewis Terman, começou a estudar um grupo de crianças dotadas de um QI mínimo de 135 (100 é considerado um valor mediano), um QI excepcionalmente alto passou a ser associado à genialidade. Até hoje, a Mensa, sociedade fundada em Oxford, na Inglaterra, em 1946, e autodenominada "clube de gênios", exige para ingresso a comprovação de um QI mínimo de 132. Alguns educadores da "indústria de crianças superdotadas" foram além, identificando gradações de dom: um QI de 130–144 é razoavelmente superdotado; 145–159 é altamente superdotado; 160–174 é excepcionalmente superdotado e 175 ou mais é profundamente superdotado. Mas sem dúvida Stephen Hawking tinha razão ao afirmar, em 2004: "As pessoas que ostentam o próprio QI são perdedoras."[46] Marie Curie nunca fez um teste de QI, tampouco Shakespeare; então, como sabemos sobre a sua inteligência? Afinal, o que significa ser "inteligente"?

Testes de QI envolvem lógica e empregam as regras da matemática e da língua. Porém, em nenhuma parte do teste de QI há pontos atribuídos a respostas criativas ou à expansão das possibilidades de resposta. Thomas Edison, frustrado, identificou as limitações de aplicar lógica pura a um problema em 1903, repreendendo um aprendiz sem criatividade com a seguinte fala: "É este o problema que você está tendo; só tentou coisas racionais. Coisas racionais nunca dão certo. Dê graças a Deus que não tem mais nada de racional para se pensar, porque agora terá de pensar em coisas irracionais para se tentar; com isso, encontrará a solução muito em breve."[47]

Lógica racional é diferente de engenhosidade criativa – pensar dentro da caixa, segundo a metáfora, é diferente de pensar fora dela. O processamento cognitivo estritamente lógico, do tipo que é abordado por testes de QI, e a criatividade, do tipo praticado por um artista como Picasso, são dois conceitos distintos. Picasso provavelmente concordaria com Stephen Jay Gould, de Harvard, a respeito disso: "A abstração da inteligência como entidade única, sua localização dentro do cérebro, sua quantificação em forma numérica para cada indivíduo e o uso desses números para classificar pessoas sob um único critério de valor" pode ser uma má ideia.[48]

Em 1971, a Suprema Corte dos Estados Unidos decidiu por unanimidade que o uso de um teste de QI como pré-requisito para uma vaga de emprego era ilegal.[49] O SAT ("Scholastic Aptitude Test"; teste de aptidão escolar, em português) — o exame unificado usado como processo seletivo de ingresso nas faculdades nos Estados Unidos — não é ilegal, mas também configura um formato imperfeito para avaliar mentes transformadoras.[50] Mas, como mostram dados econômicos recentes, a pontuação no SAT reflete a renda e a educação dos pais na mesma medida que o potencial de sucesso do estudante.[51] Mais de mil colégios e universidades, incluindo a prestigiosa Universidade de Chicago, abandonaram o SAT (e o ACT, um exame similar) como obrigatório para o processo seletivo.[52] Em dezembro de 2019, estudantes de minorias étnicas em um distrito escolar da Califórnia processaram o sistema da Universidade da Califórnia para que parasse de usar testes unificados como esses e, seis meses depois, o conselho universitário concordou em uma deliberação unânime.[53] Assim como um teste de QI, o SAT está relacionado a notas melhores no ensino médio e no primeiro ano da faculdade, bem como a sucesso posterior e a dinheiro em algumas áreas especializadas.[54] Até agora, porém, ninguém mostrou uma correlação entre tais testes e a capacidade de compor uma sinfonia, ou explicou como a curiosidade e a paciência de Darwin podem ser medidas em um exame de três horas.

DOM OU TRABALHO DURO: QI OU Q-VÁRIAS?

Mais recentemente, muitas escolas privadas norte-americanas (como a Phillips Exeter Academy, a Dalton School, a Horace Mann School e a Choate Rosemary Hall) também abandonaram os cursos e provas do Advanced Placement (programa preparatório para ingresso em universidades que conta como crédito-aula para o processo seletivo).[55] "Os estudantes muitas vezes sentem a tensão que os professores sentem entre tratar corretamente as perguntas ou interesses da sala e preparar os estudantes para uma prova que não é formulada pela escola", disse a diretora de ensino médio da Horace Mann, a dra. Jessica Levenstein, em 2018.[56] Esse tipo de "aula para a prova", além de limitar a curiosidade, contribui para o estresse e para uma preocupação exclusiva com notas.

Em 17 de abril de 2018, fui agraciado pela Phi Beta Kappa em Yale com a medalha DeVane por excelência em escolástica e ensino na graduação. Enquanto andava pelo recinto na noite da cerimônia de premiação e ouvia as gentilezas que eram ditas a meu respeito, não conseguia deixar de pensar na ironia. No ensino médio, eu não era um estudante nota 10 e não recebi menções honrosas. Jamais teria ingressado em Yale como graduando, então não me candidatei, apesar de ela ter uma ótima grade curricular de música. Embora eu tenha cursado uma série de disciplinas desconexas, não me formei na faculdade com destaque. Quando chegou a hora da pós-graduação, fui aceito em Harvard, Princeton e Stanford, mas não em Yale. Nunca, nem em um milhão de anos, eu integraria uma sociedade como a Phi Beta Kappa em lugar algum. Minha esposa, Sherry, era a inteligente da família (formada em Yale com a maior das honras e integrante da Phi Beta Kappa), mas ela há muito me alertara para o fato de que, às vezes, os estudantes chegavam à nota de corte da Phi Beta Kappa evitando riscos, cursando disciplinas que eram favoráveis às suas habilidades naturais. Talvez os membros legítimos da Phi Beta Kappa fossem ótimos em fazer provas, mas não em correr riscos; eram mais conformistas do que pensadores fora do convencional.

Um artigo de Adam Grant, professor da Wharton Business School, chamado "O erro que alunos nota 10 cometem" confirmou minhas suspeitas. Publicado no *The New York Times* em dezembro de 2018, o ensaio defende que as notas não são um definidor confiável de sucesso, muito menos de genialidade. Segundo Grant, "as evidências são claras: excelência acadêmica não é um bom previsor de uma carreira de excelência. Em diferentes indústrias, estudos mostram que a correlação entre notas e desempenho profissional é modesta no primeiro ano após a faculdade e mínimo dentro de alguns anos. Nos escritórios do Google, por exemplo, depois de dois ou três anos que um funcionário saiu da faculdade, suas notas não têm relação alguma com seu desempenho." A explicação de Grant: "Notas acadêmicas dificilmente avaliam qualidades como criatividade, liderança, habilidades de trabalho em equipe ou inteligência social, emocional e política. Sim, estudantes nota 10 dominam a arte de acumular informação e regurgitá-la em provas. Mas o sucesso na carreira raramente consiste em encontrar a solução certa para um problema – mais importante é encontrar o problema certo para se solucionar."[57] A conclusão de Grant remete a uma piada há muito contada nos corredores acadêmicos: "Quem tira 10 é contratado pelas universidades para lecionar e quem tira 8 tem um emprego relativamente bom trabalhando para quem tira 5."

Se testes de QI, o SAT e notas são previsores imprecisos de sucesso na carreira, são ainda piores para prever genialidade. Todos eles geram falsos positivos (gente que parece destinada à grandiosidade, mas não é) e falsos negativos (gente que parece que não irá a lugar algum, mas acaba mudando o mundo). Há, é claro, os casos eventuais de gênios legítimos que se destacam na escola, como Marie Curie (a primeira da turma aos 16 anos), Sigmund Freud (formado com a maior das honras no ensino médio) e Jeff Bezos (formado com a maior das honras e membro da Phi Beta Kappa de Princeton). Um teste respeitado de jovens superdotados na Universidade Johns Hopkins identificou o potencial de Mark Zuckerberg, Sergey Brin (cofundador do Google) e Stefani Germanotta (Lady Gaga).[58] Por outro lado, em um famoso "teste de genialidade" conduzido pela Stanford, por Lewis Terman e seus colegas, dos anos 1920 aos 1990, um grupo de 1,5 mil jovens com QI acima de 135 não conseguiu, no fim, produzir um gênio sequer.[59] Como uma colega de Terman relatou posteriormente: "Não houve um Prêmio Nobel, um Pulitzer... Não houve nenhum Picasso."[60]

Mais importante, considere esses falsos negativos – gênios que talvez *não* tivessem um resultado bom em um teste de QI padrão e que *não* seriam aceitos em sociedades como a Phi Beta Kappa. O histórico acadêmico inicial de Charles Darwin era tão fraco que seu pai previra que ele seria uma mancha no nome da família.[61] Winston Churchill também foi um estudante ruim, admitindo que: "Quando meu raciocínio, imaginação ou interesse não eram estimulados, eu não queria ou conseguia aprender."[62] William Shockley e Luis Alvarez, ambos vencedores do Prêmio Nobel, foram reprovados no teste de genialidade de Stanford porque suas pontuações no teste de QI eram baixas demais.[63] A escritora transformadora J. K. Rowling confessou ter sofrido "uma categórica falta de motivação na universidade", sendo seu histórico escolar banal o resultado de passar "tempo demais escrevendo histórias no café e muito pouco tempo nas aulas".[64] Da mesma maneira, Thomas

Edison descreveu-se como alguém que "não estava entre os primeiros da turma, e sim entre os últimos". Em 1900, Einstein se formou em quarto lugar de uma turma de cinco físicos.[65] Steve Jobs tinha uma média geral no ensino médio de 2,65 em um total de 4. Jack Ma, fundador do Alibaba (o equivalente chinês à Amazon), fez o *gaokao* (exame nacional do sistema de educação chinês) e obteve 19 pontos de 120 na seção de matemática na segunda tentativa.[66] Beethoven tinha dificuldade com contas de adição e nunca aprendeu a multiplicar ou dividir. Walt Disney era um estudante abaixo da média e muitas vezes dormia na aula.[67] Por fim, Picasso não conseguia lembrar a sequência das letras no alfabeto e via números simbólicos como representações literais: o 2 como a asa de um pássaro e o 0 como um corpo.[68] Testes padronizados talvez não conseguissem reconhecer todos esses gênios.

Então, por que ainda os aplicamos? Continuamos a recorrer a testes padronizados porque eles são exatamente isso: padronizados. Um conjunto de perguntas comuns a diferentes instituições pode ser usado para avaliar e comparar o desenvolvimento cognitivo de milhões de estudantes, uma vantagem em países com grandes populações, como os Estados Unidos e a China. Para ganhar em eficiência, sacrificamos abrangência de compreensão. Testes como o SAT e o *gaokao*, que equivalem no Brasil ao ENEM e aos vestibulares de universidades renomadas, estabelecem uma única medida para um único problema tradicional, em vez de encorajar estratégias que questionem premissas ou repensem conceitos em um mundo em constante mudança. Eles validam o acerto de um alvo predeterminado em vez de criar um ainda não identificado. Privilegiam um espectro limitado de habilidades cognitivas (matemáticas e verbais) em detrimento de interações emocionais e sociais. A questão aqui não é sugerir o fim de testes para medir o potencial humano, mas que o teste tenha amplitude, flexibilidade e nuance para

DOM OU TRABALHO DURO: QI OU Q-VÁRIAS?

que cumpra seu dever. Embora os testes padronizados atuais sejam eficientes, são restritos demais em conteúdo e intenção para que possam prever sucesso na vida, quanto mais genialidade.

Os coreógrafos Martha Graham e George Balanchine se destacaram em imaginação cinética; Martin Luther King Jr. e Mahatma Gandhi, em observações extrapessoais; Virginia Woolf e Sigmund Freud, em introspecção pessoal; James Joyce e Toni Morrison, em expressão verbal e linguística; Auguste Rodin e Michelangelo, em raciocínio visual e espacial; Bach e Beethoven, em agudez auditiva; Einstein e Hawking, em raciocínio matemático e lógico. Os sete campos da atividade humana listados acima são as sete modalidades do intelecto humano postulados por Howard Garner, de Harvard – "inteligências múltiplas", conforme popularizado por ele.[69] São mentalidades específicas das quais surge a criatividade. E, mesmo assim, dentro de cada uma dessas disciplinas criativas há vários traços de personalidade: inteligência, curiosidade, resiliência, persistência, tolerância a riscos, autoconfiança e habilidade de trabalhar duro, entre outros. Refiro-me à capacidade de uma pessoa de aplicar muitas dessas características em prol da genialidade como Quociente de Várias Características (Q-várias).

J. K. Rowling vendeu mais livros (500 milhões) do que qualquer outro escritor vivo e criou um frenesi de leitura entre jovens. Em sua aula inaugural para os alunos de graduação da Universidade de Harvard, em 2008, Rowling exaltou as virtudes do fracasso e enfatizou a importância da imaginação e da paixão na vida.[70] Em uma publicação em seu site, em 2019, ela listou cinco qualidades pessoais necessárias para conquistar sucesso como escritor: amor por leitura (curiosidade), disciplina, resiliência, coragem e independência.[71] Se esses habilitadores pessoais parecem importantes para um gênio como Rowling, por que não construir um teste amplo para medi-los? Talvez nossa obsessão para com exames pré-universitários como o SAT e o *gaokao* seja equivocada. Talvez, em vez de um teste de coisas que a escola ensinou, precisemos de um Teste de Aptidão para a Genialidade (TAG), que envolvesse o Quociente de Várias Características.[72] Assim, o TAG poderia vir com subseções, dentre as quais o TATB (teste de aptidão para trabalho duro), o TAP (para paixão), o TAC (para curiosidade), o TAAC (para autoconfiança) e o TAR (para resiliência).

Quanto um estudante precisa conseguir no teste de aptidão para a genialidade para entrar em Hogwarts ou em Harvard? Não muito. Muitos especialistas acreditam hoje que o único critério de inteligência necessário para se destacar no campo das ciência é um QI mínimo de 115–125. Depois disso, não há quase nenhuma correlação entre pontos de QI adicionais e epifanias criativas.[73] Os cientistas Richard Feynman, James Watson e William Shockley não tinham pontuações acima dessa faixa e ganharam Prêmios Nobel em suas respectivas áreas. O GRE ("Graduate Record Exam", exame de graduado), um teste padronizado implementado em 1949 para escolas de pós-graduação, apresenta uma pontuação máxima de 800. A maioria dos cursos que o utiliza exige um mínimo de 700, como um meio rápido de eliminar candidatos "sem qualificação". Mas meus trinta anos de experiência lendo candidaturas à pós-graduação da Yale sugerem que uma pontuação de 550 já é demonstração de potencial suficiente. Inclusive, um artigo da *Nature* de 2014, chamado "A test that fails" (que pode significar tanto "um teste que dá errado" como "um teste que reprova"), cita William Sedlacek, professor emérito de educação na Universidade de Maryland, que afirmou encontrar "apenas uma leve correlação entre o teste e o sucesso definitivo".[74] Sedlacek recomenda reduzir a ênfase no GRE e aumentar procedimentos seletivos que meçam outros atributos, como força de vontade, assiduidade e disposição para correr riscos. Quanto à pontuação que Sedlacek estaria disposto a aceitar, ele disse que 400 pontos seriam o suficiente.[75]

Por fim, é possível que todas as universidades da Ivy League – o conjunto das maiores universidades de elite dos Estados Unidos – sejam elas próprias supervalorizadas?[76] Uma pesquisa feita com vencedores do Prêmio Nobel sugere que entrar em Harvard, Yale ou Princeton não é mais necessário para a grandiosidade do que frequentar *qualquer* universidade que esteja entre as 15% melhores do ranking.[77] Por que, então, pais norte-americanos e chineses tentam falsificar pontuações no SAT e subornar examinadores para que admitam seus filhos em escolas cobiçadas, similares às da Ivy League? E justamente esse tipo de fraude acadêmica tem ocorrido, como revelado em 2019 por uma operação do FBI chamada Operation Varsity Blues.[78] Por que pais arriscariam multas e prisão para inflar pontuações em um teste de valor questionável? Por que negariam a seus filhos a oportunidade de aprender com o fracasso e de adquirir resiliência? Em Yale, Rudy Meredith – a quem eu e minha filha víamos treinar o time de futebol feminino – declarou-se culpado de solicitar 865 mil dólares para falsificar a qualificação de dois candidatos.[79] Para piorar a situação, quase todo ano pelo menos uma faculdade ou universidade é acusada de falsificar e inflar as pontuações dos estudantes ingressantes.[80] Mas, como eu disse para gerações de candidatos que passeavam pelo campus com seus pais: "Na verdade, há pelo menos trezentas grandes faculdades nos Estados Unidos, e não importa muito em qual delas você se forma. O que importa não é a escola, mas o que está dentro de você (ou de seus filhos)."

Mas mitos antigos – o QI como medidor básico de genialidade; o SAT como a porta para o sucesso; qualquer coisa que não seja Harvard, Yale ou Princeton como inferior – demoram para morrer. Talvez devêssemos olhar a questão de modo mais amplo e nos perguntar se nossa confiança em medidores, como QI e testes padronizados, e nossa fixação com uma educação de elite estão criando o tipo de cidadão que queremos para conduzir a sociedade. Nós privilegiamos um sistema que recompensa o talento natural de análise cognitiva (QI) ou um que avalia várias características (QV), incluindo o QI? O número de falsos negativos mencionados anteriormente – Beethoven, Darwin, Edison, Picasso, Disney, Jobs e todos os demais – sugere que a genialidade é muito mais do que o QI, e que "inteligente" pode significar várias coisas. O desafio é encontrar uma medida verificável que descubra o gênio oculto. Cabe, no caso, uma fala atribuída a Einstein: "Todos são gênios. Mas se você avaliar um peixe por sua capacidade de subir em uma árvore, ele passará a vida inteira achando que é inapto."[81]

CAPÍTULO 2

GÊNIOS E GÊNEROS: UM JOGO DE CARTAS MARCADAS

Em 2014, Catherine Nichols, uma romancista aspirante, realizou um experimento. Ela enviou uma carta de apresentação, descrevendo seu romance para cinquenta agentes literários e usando seu nome de verdade. Depois, mandou a mesma carta para cinquenta agentes sob o nome "George Leyer".[82] O manuscrito de "George" foi aceito para análise dezessete vezes, ao passo que o de Catherine, só duas. Mesmo as recusas que "George" recebeu eram mais calorosas e encorajadoras do que aquelas enviadas a Catherine. Vieses similares de gênero e etnia no ambiente de trabalho foram observados no processo de avaliar candidatos para vagas de emprego.[83] O aspecto surpreendente do viés de gênero no meio editorial é que, estatisticamente, quase metade dos agentes literários e mais da metade dos editores de livros são mulheres.[84] O fato de mulheres apresentarem vieses ocultos desfavoráveis a outras mulheres pode parecer surpreendente; já o fato de que homens discriminam mulheres desde sempre não é segredo para ninguém. Os homens foram tão bem-sucedidos em excluir mulheres do "clube dos gênios" que mesmo as mulheres passaram a diminuir a própria importância.

Recentemente, entrevistei mais de 4 mil adultos, pedindo que listassem uma dúzia de gênios da História da cultura ocidental. Meus entrevistados eram todos estudantes, 57% eram mulheres e a maioria tinha mais de cinquenta anos. Estavam inscritos no One Day University, um programa de educação continuada atuante em 73 cidades dos Estados Unidos. O objetivo da pesquisa era determinar quantas posições da lista precisávamos descer até chegarmos a uma mulher. Mesmo entre esse grupo majoritariamente feminino, a primeira mulher aparecia, em média, em oitavo lugar. As mais mencionadas eram as cientistas Marie Curie e Rosalind Franklin, a matemática Ada Lovelace e as escritoras Virginia Woolf e Jane Austen, sendo Curie de longe a mais mencionada. Nenhuma mulher filósofa, arquiteta ou engenheira.

A mesma desproporção ocorreu no início de meu "curso sobre genialidade" em Yale. Embora os estudantes de graduação de Yale agora apresentem uma divisão de 50% homens e 50% mulheres, e embora o curso sobre genialidade seja uma disciplina geral de ciências humanas e aberta a todos, anualmente as matrículas eram 60% de homens e 40% de mulheres. Os alunos de Yale e de outros lugares votam com sua presença e, apesar das avaliações positivas, as mulheres em Yale não parecem interessadas na noção de gênio na mesma medida que seus colegas homens. Também percebi que, quando faço uma pergunta ou peço uma opinião contrária em aula, a maioria das respostas é de estudantes homens. Quando percebi isso, comecei a pedir que um assistente registrasse o gênero de cada participante e o "tempo de fala" consumido por cada um deles. A proporção, ano após ano, era aproximadamente 70% masculina e 30% feminina.

Intrigado por essa discrepância, logo descobri que outras pessoas no mundo profissional, incluindo Sheryl Sandberg, haviam notado que, em discussões abertas, "machos alfa" dominam com avidez a conversa, ao passo que mulheres começam observando tacitamente, avaliando como será o jogo.[85] E uma pesquisa de 2012, feita pela Brigham Young e pela Universidade de Princeton, detectou que, em conferências acadêmicas, "mulheres falam consideravelmente menos do que sua representação proporcional, totalizando menos de 75% do tempo de fala dos homens".[86] Porém, minha taxa de participação feminina de 30% era pior.

Falar em público é uma coisa, mas o que fazia com que as mulheres não se interessassem pelo assunto que eu lecionava? Será que as mulheres se interessam menos por comparações competitivas que classificam certas pessoas como "mais excepcionais" do que outras? Será que estão menos propensas a valorizar definidores tradicionais de genialidade – categorias como a melhor pintura ou a invenção mais revolucionária? Será que as mulheres têm menos interesse no conceito de "gênio" em si? Se for esse o caso, por quê?

Havia uma pista em um relatório de 2010 realizado pela Associação Americana de Mulheres Universitárias chamado "Why so few? Women in Science, Technology, Engineering, and Mathematics" ("Por que tão poucas? As mulheres nos campos de ciência, tecnologia, engenharia e matemática").[87] Ele enfatizava que as mulheres enfrentam um desafio maior nos campos mencionados devido a estereótipos evidentes, vieses e ambientes de trabalho desfavoráveis em faculdades e universidades. Da mesma maneira, um relatório de 2018 realizado pela Microsoft, "Why do girls lose interest in STEM?" ("Por que mulheres perdem interesse em ciência, tecnologia, engenharia e matemática?"), sugere que a falta de mentores e de apoio da família são fatores relevantes.[88] Encontrei o elo: é provável que menos mulheres optem por meu curso sobre genialidade e menos mulheres entrem em campos de ciências exatas e naturais porque essas áreas foram tradicionalmente construídas por e para homens. Mulheres têm menos exemplos (gênios) com os quais se identificar e menos mentoras contemporâneas com as quais podem se conectar. Por que se inscrever em um curso cujo material de leitura, novamente, discutirá em maior parte as realizações triunfantes de "grandes homens"? Por essas e outras razões, as mulheres evitam disciplinas de ciências exatas e naturais, bem como o estudo acerca da genialidade.

O historiador Dean Keith Simonton, que pesquisou a genialidade por mais de quarenta anos, comprovou em números a baixa representatividade de mulheres em campos tradicionalmente associados à genialidade. De acordo com as estatísticas de Simonton, as mulheres compõem apenas 3% das figuras políticas mais notáveis da História. Nos anais das ciências, menos de 1% das pessoas notáveis são mulheres, uma mera gota num mar quase inteiro de homens. Mesmo nos domínios mais "acolhedores" a mulheres, como escrita criativa, apenas 10% dos grandes nomes são mulheres. Para cada Clara Schumann ou Fanny Mendelssohn, há dez compositores homens famosos.[89] Simonton conclui observando que, embora as mulheres sejam metade da população, ao longo da História foram retratadas como "desimportantes, imperceptíveis ou até mesmo irrelevantes no que diz respeito a questões humanas".[90] Pode-se escolher acreditar ou não nas estatísticas de Simonton. Mas a pergunta que ele levanta, no fim, é a seguinte: essa suposta falta de conquistas é oriunda de inadequação genética ou de um viés cultural? Muitos considerariam a própria pergunta um insulto, incluindo a genial Virginia Woolf.

GÊNIOS E GÊNEROS: UM JOGO DE CARTAS MARCADAS

Woolf nasceu em Londres em 1882, em uma abastada família de classe média alta. Embora tivesse livros e tutores privados, a educação domiciliar barata que ela recebeu foi muito distante daquela recebida por seus irmãos em internatos caros e depois na Universidade de Cambridge. Certa vez, enquanto Woolf pesquisava sobre o poeta John Milton, negaram-lhe acesso a uma biblioteca universitária de elite por causa de seu gênero. Indignada com a desigualdade e curiosa com relação ao surgimento desse viés de gênero, Woolf passou a pesquisar mulheres geniais ao longo da história. Ela concluiu que a genialidade era uma construção social totalmente masculina, conforme descreve em seu famoso ensaio de 1929, *Um teto todo seu*. As observações de Woolf a respeito de conquistas excepcionais de mulheres – e suas barreiras – ainda ressoam hoje.

Um quarto silencioso (para escrever), dinheiro (para pagar as contas) e tempo para pensar (em outras tarefas além de cuidar dos filhos) eram, para Woolf, metáforas para oportunidade; a oportunidade historicamente negada às mulheres. "Ganhar uma fortuna com trabalho e criar treze filhos – nenhum ser humano seria capaz de fazê-lo", ela escreve. "Em primeiro lugar, era-lhes impossível ganhar dinheiro; em segundo, se fosse possível, a lei negava-lhes o direito de serem donas de qualquer dinheiro que ganhassem por conta própria."[91] Portanto, como locomotivas de capital intelectual, "as mulheres não existiam... Era impossível para qualquer mulher do passado, presente ou futuro, ter a genialidade de Shakespeare",[92] ela escreve. Woolf afirma que, ao longo da História, sempre houve esta afirmação: "Você não pode fazer isto, você é incapaz disso."[93] Entre os que estabeleceram a barreira do "não podeis", figura o famoso educador Jean-Jacques Rousseau, que escreveu em 1758: "Em geral, as mulheres não gostam de arte, não a entendem e não têm talento para ela."[94]

Com a derrota predeterminada para o gênero feminino, muitas mulheres geniais ao longo da história reagiram disfarçando sua identidade e seu gênero. Jane Austen publicou *Orgulho e preconceito* anonimamente e Mary Shelley fez o mesmo ao soltar *Frankenstein* no mundo. Outras mulheres geniais adotaram pseudônimos masculinos, como George Sand (Aurore Dudevant), Daniel Stern (Marie d'Agoult), George Eliot (Mary Ann Evans), Currer Bell (Charlotte Brontë) e Ellis Bell (Emily Brontë). Talvez elas nunca tivessem a glória do reconhecimento, mas, pelo menos assim, suas obras podiam ser publicadas e lidas. Como um gênio pode mudar o mundo se sua obra segue desconhecida?

O reconhecimento conquistado por Woolf e as questões que ela denunciou em seu famoso ensaio sem dúvida inspiraram e estimularam muitas escritoras que vieram depois. Gigantes literárias como Toni Morrison (que teve Woolf como tema de sua dissertação de mestrado), Pearl S. Buck, Margaret Atwood e Joyce Carol Oates escrevem todas com seus próprios nomes, e parece que hoje autoras mulheres desfrutam do mesmo status, poder e voz que homens. Mas, se isso é verdade, por que Joanne Rowling, Phyllis Dorothy James e Erika Mitchell consideraram necessário virar J. K. Rowling, P. D. James e E. L. James, respectivamente? Por que Nelle Harper Lee suprimiu o Nelle? Rowling ouviu de seu agente, Christopher Little, que ela venderia mais livros da série Harry Potter se ela se disfarçasse de homem.[95]

"Escrever o trabalho de gênio é quase sempre um feito de dificuldade prodigiosa", prosseguiu Virginia Woolf em *Um teto todo seu*.

O que tornava isso difícil era que o mundo parecia indiferente ao peso adicional carregado por mulheres criativas, e que mesmo homens geniais eram hostis à ideia de que esse peso deveria ser retirado. "Acentuando todas essas dificuldades e tornando-as mais difíceis de aguentar, há a notória indiferença do mundo. [...] [Mas o que] homens geniais acharam tão difícil de suportar no caso dela não era indiferença, mas *hostilidade* [grifo meu]."[96] A hostilidade é filha do medo: medo de perder autoridade, status e riquezas. A tendência de temer as conquistas femininas é parte do que Woolf descreve como "um complexo masculino obscuro", que consiste, segundo ela, em um desejo profundo "não exatamente de que *ela* seja inferior, mas de que *ele* seja superior".[97]

A fim de garantir sua superioridade, segundo Woolf, os homens criaram uma estratégia simples: fazer as mulheres parecerem ter metade do tamanho, de modo que os homens parecessem ser duas vezes maiores. Ela chama isso de efeito "espelho", ou ampliador: "As mulheres por todos esses séculos serviram como espelhos com o delicioso poder mágico de refletir a imagem do homem com o dobro de seu tamanho natural. [...] Por isso, Napoleão e Mussolini insistiam ambos com tanta ênfase na inferioridade das mulheres, pois, se elas não fossem inferiores, eles [homens] deixariam de crescer. Isso ajuda a explicar em parte a necessidade que homens têm de mulheres."[98]

Napoleão de fato disse: "Mulheres não são nada mais do que máquinas para produzir filhos." Entre os que consideramos grandes homens, ele não era o único misógino. O poeta George Gordon, o Lorde Byron, disse o seguinte com relação às mulheres: "Elas devem se preocupar com a casa, ser bem alimentadas e vestidas, mas não devem misturar-se à sociedade. Também devem ser bem-educadas em religião, mas não devem ler nem poesia nem nada sobre política; nada além de livros de fé e culinária. Música, desenho, dança e também um pouco de jardinagem e lavoura de vez em quando."[99] Se a música é válida, então por que não uma compositora mulher? O intelectual dr. Samuel Johnson descartou a ideia: "Senhor, uma mulher compondo música é como um cão andando em pé. Não é bem-feito, mas é de se surpreender que pôde ser feito, para início de conversa."[100] Um cão também veio à mente de Charles Darwin quando ele considerou se casar, ponderando com cuidado as vantagens e desvantagens de ter um cão ou uma esposa como possível companhia para o restante da vida.[101] E Picasso afirmou o seguinte sobre cães: "Não há nada mais similar do que um poodle em comparação a outro poodle, e o mesmo pode ser dito de mulheres."[102]

Talvez esperemos, ou no mínimo desejemos, que os filósofos eruditos do passado não tivessem sido misóginos. Mas, para nossa decepção, muitas vezes não é esse o caso. Embora possamos agradecer a Arthur Schopenhauer pela notável metáfora: "Um gênio acerta um alvo que mais ninguém consegue ver",[103] ele parece estar bem longe do alvo ao escrever em seu *Ensaio acerca das mulheres* (1851): "Apenas um homem cujo intelecto é ofuscado por seu instinto sexual poderia ter nomeado aquela raça mirrada, de ombros encolhidos, quadris largos e pernas curtas de 'o sexo belo', pois toda a beleza do sexo é baseada nesse instinto. Seria mais justificável chamá-las de 'sexo sem estética' em vez de belo. Nem para a música, nem para a poesia, nem para as belas-artes elas têm qualquer sensatez ou sensibilidade, e é mero arremedo por parte delas, com sua vontade de agradar, se tentarem qualquer coisa do tipo."[104]

Certamente cientistas objetivos teriam avaliado a questão de modo imparcial. No entanto, um dos primeiros neurocientistas, Paul de Broca, que dá o nome à "área de broca" do cérebro, declarou em 1862 que os cérebros são maiores "em homens do que em mulheres, em homens eminentes do que em homens de talento medíocre, em raças superiores do que em raças inferiores [leia-se africanos]."[105] Broca estava errado, pois o tamanho do cérebro, no fim, é principalmente uma questão de tamanho do corpo, não de gênero ou etnia. Talvez o físico teórico Stephen Hawking também devesse ter ficado quieto em 2005, quando disse: "É geralmente reconhecido que as mulheres são melhores do que os homens em linguagens, relações pessoais e em fazer várias tarefas simultaneamente, mas não tão boas em leitura de mapas e noção espacial. Portanto, não é absurdo supor que as mulheres talvez não sejam tão boas em matemática e física."[106] No mesmo ano, o economista e ex-presidente de Harvard Lawrence Summers criou uma comoção ao defender que "homens ficam à frente de mulheres em matemática e em campos científicos por causa de diferenças biológicas, e discriminação não é mais um obstáculo de carreira para mulheres acadêmicas."[107] Pouco depois, foi recomendado que ele abdicasse de seu posto, e essa recomendação foi seguida.

Mesmo o cientista Albert Einstein não estava além dos paradigmas de sua época ao dizer, em 1920, claramente com certa hesitação: "Como em todos as outras áreas, na ciência o caminho deve ser facilitado para mulheres. No entanto, não me entendam mal se eu considerar os possíveis resultados com um pouco de ceticismo. Refiro-me a certas partes restritivas da constituição das mulheres que foram concedidas a elas pela Natureza e que nos impedem de aplicar o mesmo nível de expectativa para mulheres e homens."[108] Talvez devêssemos observar outra citação atribuída a Einstein para explicar os comentários machistas e equivocados de sua época: "A diferença entre estupidez e genialidade é que a genialidade tem limite." A estupidez, no entanto, parece ser atemporal.

Estejam certos: a estupidez atemporal de ignorar o potencial intelectual de metade da humanidade está profundamente enraizada em nossa cultura. No livro do Gênesis, conforme interpretado posteriormente por escritores judeus e cristãos, diz-se que Eva foi "formada a partir do homem" e é a mãe de todas as coisas, mas, apesar disso, era pecadora e sedutora. No hinduísmo, segundo o Código de Manu do século II a.c., nenhuma mulher é independente; cada uma delas vive sob o controle do pai ou do marido. O confucionismo antigo, de um jeito similar, defende uma ordem social hierárquica baseada em diferenças de gênero. As três maiores religiões ocidentais – judaísmo, cristianismo e islamismo – tradicionalmente segregam mulheres durante os ritos, dando-lhes um espaço apartado do altar ou do local central de oração.

Quem ditava as leis das grandes religiões do mundo? Eram, é claro, as mesmas autoridades masculinas que estabeleceram as regras para as instituições de ensino no Ocidente, incluindo universidades, escolas profissionalizantes, academias de artes e conservatórios de música. Historicamente, apenas os homens tinham a oportunidade de uma educação formal e apenas eles iam para a universidade. A primeira mulher a receber uma graduação acadêmica foi Elena Piscopia, na Universidade de Pádua, em 1678. Bach mudou-se para Leipzig em 1723 para aproveitar-se de uma educação universitária gratuita para seus vários filhos, uma oportunidade que não foi oferecida às suas igualmente numerosas filhas. Um século e meio depois, as mulheres foram recebidas como ouvintes em aulas universitárias na Alemanha, contanto que permanecessem atrás de uma cortina. Em 1793, elas ganharam acesso ao Conservatório de Música de Paris, mas tinham de entrar por uma porta separada; elas podiam estudar instrumentos musicais, mas não composição, pois a criatividade era considerada algo além de suas capacidades limitadas. A Academia Real Inglesa (de arte) foi fundada em Londres em 1768, com duas integrantes mulheres, Mary Moser e Angelica Kauffman, mas só em 1936 outra mulher foi eleita. Mulheres pintoras não foram aceitas na Escola de Belas-Artes de Paris, financiada pelo Estado, até 1897; mesmo depois disso, como em Londres, elas eram proibidas de ver aulas de anatomia do corpo nu, ensino crucial para o desenho e para a fundação da pintura em si.[109] Também não tinham acesso a outros lugares necessários para sua arte. Entre pintores de animais do século XIX, Rosa Bonheur (1822–1899) é talvez a mais conhecida por seus retratos realistas e detalhados.[110] Mas ela tinha um problema. Para aproximar-se de seus objetos de estudo em feiras de cavalos e matadouros, Bonheur precisava usar calças em vez das saias longas, típicas vestimentas das mulheres de sua época. "Eu não tinha alternativa", ela escreveu, "senão reconhecer que as vestimentas de meu próprio sexo eram um estorvo. Foi por isso que decidi pedir ao chefe de polícia autorização para vestir roupas masculinas."[111]

As mulheres não podiam usar calças. Não podiam votar no Reino Unido até 1918 e, nos Estados Unidos, até 1920. Marie Curie não podia estudar ciência nem qualquer outra disciplina em universidades da Polônia durante a década de 1880. As mulheres não podiam frequentar a famosa Universidade de Edimburgo até 1889. Em 1960, Harvard tinha uma professora titular mulher, e Yale e Princeton não tinham nenhuma.[112] As mulheres não tinham meios de ingressar como graduandas em Princeton e Yale até 1969 e, embora as mulheres pudessem frequentar aulas de Harvard como estudantes matriculadas na Radcliffe College a partir dos anos 1960, a Universidade de Harvard não se fundiu oficialmente com sua escola irmã até 1999. Em 1969, o mesmo ano em que Yale e Princeton adotaram a educação mista, o reitor de calouros em Harvard, Francis Skiddy von Stade, declarou: "Simplesmente não imagino mulheres com educação superior realizando grandes avanços e contribuindo para nossa sociedade em um futuro próximo. Elas não irão, na minha opinião, deixar de casar e/ou de ter filhos. Serão um fracasso nos seus papéis atuais como mulheres se o fizerem."[113] Ninguém na época pareceu ter contestado o reitor, pelo menos não por escrito. Sem receber educação, as mulheres eram vistas como incompetentes em questões financeiras, incapazes de obter empréstimos ou ter crédito para abrir um negócio sem um fiador. Em 1972, Michael Saunders, que hoje gerencia uma imobiliária no sudoeste da Flórida, com 2 bilhões de dólares anuais em vendas, teve seu pedido de empréstimo para abrir um negócio aprovado, mas em seguida revogado quando o banco descobriu que a requerente de nome "Michael" era uma mulher. No mesmo ano, o congresso norte-americano aprovou uma lei de igualdade de oportunidade para crédito buscando eliminar essa discriminação de gênero. Mas, como o Secretário-Geral da Organização para Cooperação e Desenvolvimento Econômico, José Ángel Gurria, concluiu com pesar no fim de um relatório de 2018 contra esses vieses: "Enfrentamos séculos e séculos de tradição e cultura."[114]

Vieses culturais profundamente arraigados afogaram as carreiras criativas de muitas mulheres talentosas. O pai da jovem compositora Fanny Mendelssohn redigiu a seguinte ordem para ela em 1820, quando ela tinha quinze anos: "O que me escrevestes a respeito de tua ocupação musical, e em comparação com a de [teu famoso irmão compositor] Felix, foi corretamente pensado e expressado. Mas, embora a música talvez torne-se a profissão dele, para ti ela pode ser apenas um ornamento, nunca o cerne de tua existência... Deves ficar mais serena e recolhida, e te preparar para tua real vocação, a única para uma jovem mulher: o posto de dona de casa." Pressionada por suas inseguranças de sempre, Clara Schumann, aos 20 anos, disse o seguinte em 1839: "Eu antes achava que tinha talento criativo, mas abdiquei dessa noção; uma mulher não deve desejar compor. Nunca houve uma que fosse capaz de fazê-lo. Devo esperar que eu seja a primeira?"[115] A compositora promissora Alma Mahler ouviu de seu marido, Gustav, em 1902: "O papel de compositor cabe a mim. A ti cabe o de ser companheira amorosa." Depois de um tempo, o casamento desfez-se, e Alma, frustrada, exclamou: "[Desejo alguém] que me ajude a me encontrar no mundo! Fui reduzida a uma governanta!"[116] Sofia Tolstói, que deu ao marido Leon Tolstói treze filhos, viu seu desejo de criar "esmagado e sufocado". Embora tenha editado e copiado *Guerra e paz*, de Leon, sete vezes, não deixou nenhuma obra própria.

> "Servi a um gênio por quase quarenta anos. Milhares de vezes senti minha energia intelectual agitar-se dentro de mim e desejos de vários tipos: uma ânsia por educação, um amor pela música e pelas artes. [...] E repetidas vezes esmaguei e sufoquei esses desejos. [...] Todos perguntam: 'Mas por que uma mulher sem valor como você precisa de uma vida intelectual ou artística?' Para essa pergunta, minha única resposta possível é: 'Não sei, mas reprimi-la eternamente para servir a um gênio é um grande infortúnio'."[117]

Muitas mulheres geniais ficaram fora de vista por séculos porque os homens as apagaram da História. A faraó egípcia Hatshepsut governou entre 1479 e 1458 A.C. e foi chamada pelo egiptólogo James Henry Breasted de "a primeira grande mulher da História de que temos conhecimento."[118] Tantas estátuas foram produzidas durante seus vinte anos de reinado que quase todo grande museu no mundo tem monumentos de Hatshepsut em sua coleção. No entanto, após sua morte, a memória de Hatshepsut foi sistematicamente removida da história do Egito. Estátuas dela foram destruídas e inscrições a seu respeito foram apagadas. Seu crime: ela se tornou Faraó (Rei), em vez de cumprir o papel mais tradicional de rainha regente, e isso, sugerem os historiadores, causou uma reação destrutiva. Só nos anos 1920 arqueólogos encontraram e restauraram as evidências antes descartadas.[119] Hoje, ela pode ser vista em todo o seu esplendor masculino no Templo de Hatshepsut, no Metropolitan Museum of Art, em Nova York (figura 2.1). Mas, antigamente, mesmo o uso de uma barba falsa não era suficiente para poupar uma mulher da destruição.

Figura 2.1 – A cabeça de Hatshepsut como Esfinge, com barba, escavada das ruínas do Deir Elbari, em Tebas, no Alto Egito, entre 1926 e 1928. O monumento data de 1479–1458 a.c. e pesa mais de sete toneladas. (Nova York, Metropolitan Museum of Art)

GÊNIOS E GÊNEROS: UM JOGO DE CARTAS MARCADAS

A monja medieval Hildegarda de Bingen (1098–1179) não era uma santa; pelo menos, não de imediato. Em vez disso, era um "homem renascentista", uma polímata muito antes de Leonardo da Vinci. Pregadora, poeta, pintora, política, teóloga, musicista, estudiosa de biologia, zoologia, botânica e astronomia; Hildegarda de Bingen era tudo isso.[120] Ela se correspondeu com quatro papas (tendo chamado um deles de asno) e enfrentou autoridades da Igreja, que tentaram silenciá-la deixando-a sob interdito. Por séculos após sua morte, Hildegarda definhou no esquecimento. Mas, a partir dos anos 1980, com o advento de programas de estudos sobre mulheres e da crítica feminista, a reputação de Hildegarda como visionária medieval foi recuperada. Em 2012, o Papa Bento XVI canonizou-a como Doutora da Igreja, a quarta mulher entre 35 santos a receber tal designação.

Outra mulher genial que não está mais oculta é a pintora Artemisia Gentileschi (1593–1656). Por séculos, algumas das obras de Gentileschi foram atribuídas a artistas homens, incluindo seu pai, Orazio, e o pintor napolitano Bernardo Cavallino (1616–1656).[121] Seus benfeitores não acreditavam que pinturas de tamanha intensidade emocional e dramática como as dela podiam ser obra de uma mulher? Mas há uma história por trás da arte. Na adolescência, Gentileschi foi estuprada por seu professor e mentor, Agostino Tassi (1578–1644). O caso foi ao tribunal e Gentileschi passou por um exame físico humilhante e por tortura com "anjinhos" – um instrumento que esmagava os dedos – para provar sua inocência.[122] O agressor foi condenado, mas não cumpriu pena; a vítima foi considerada uma mulher que perdeu a virtude. Pelas décadas seguintes, as pinturas de Gentileschi retratam atos de violência sexual ou de vingança feminina por agressões sexuais. Muitos agora consideram Artemisia Gentileschi um gênio artístico do mais alto patamar, mas em seu tempo ela era vista mais como uma raridade – um caso raro de mulher pintora em um mundo masculino e exemplo de advertência para os perigos à espreita. Mesmo hoje um vestígio desse legado persiste. Lembrada tanto por sua história pessoal como pela qualidade de sua pintura, Gentileschi agora é conhecida como "a pintora #MeToo", em referência ao movimento de denúncia à violência sexual.

E poderíamos ir adiante com histórias de mulheres geniais não creditadas, descreditadas, ignoradas e desafortunadas. A matemática Ada Lovelace (1815–1852) foi a primeira pessoa, independentemente de gênero, a perceber que uma calculadora do século XIX não precisava ser usada apenas para matemática e números, mas também podia armazenar e manipular tudo que pudesse ser expresso em símbolos: palavras, pensamentos lógicos, até música; uma "máquina de pensar", ela profetizou. Filha do genial Lorde Byron, Ada referia-se a si mesma como "um gênio natural" da matemática. Hoje ela é reconhecida como uma das primeiras programadoras de computador, mas faleceu aos 36 anos de câncer no útero, uma promessa que não se cumpriu.[123] Rosalind Franklin (1920–1958) foi uma química e cristalógrafa de raios-X inglesa, cujas fotografias de raio-X forneceram a informação crucial para a identificação da estrutura de dupla hélice do DNA; as imagens foram tomadas dela por colegas homens, e eles, mas não ela, receberam o Prêmio Nobel (para saber mais a respeito de Franklin, leia o capítulo 11). Lise Meitner (1878–1968) foi uma física austro-sueca que deu nome ao elemento químico Meitnério (número atômico 109). Ela e Otto Hahn descobriram juntos o processo de fissão nuclear em 1938–1939, o fundamento científico por trás da bomba atômica. Mas, quando o Prêmio Nobel de Química foi entregue, em 1944, foi apenas para ele.[124] A artista Margaret Keane (nascida em 1927), retratada no filme de Tim Burton *Grandes olhos* (2014), teve seu estilo artístico distinto apropriado por seu agente e marido, Walter. Depois de algumas décadas, ela o processou e um juiz exigiu uma "competição de pintura", que mostrou que a sra. Keane, e não o sr. Keane, era a verdadeira autora das "criaturas de olhos grandes" únicas. O tribunal concedeu a ela 4 milhões de dólares, mas a essa altura Walter tinha gastado o dinheiro.[125]

O dinheiro é o grande facilitador de conquistas humanas, independentemente de gênero. É, como disse Virginia Woolf, um representante de oportunidade. Sabemos que as mulheres tiveram historicamente menos oportunidade monetária do que os homens, recebendo menos por um trabalho de igual quantidade e qualidade. Em 1955, as mulheres nos Estados Unidos ganhavam 65% do valor ganhado por homens. Em 2006, a diferença salarial era menor, com mulheres recebendo 80% do valor dos homens, mas não houve avanços posteriores até agora.[126] É fato que, em 2019, a seleção feminina de futebol dos Estados Unidos processou a federação nacional por igualdade salarial,[127] e o movimento Time's Up – que, dentre outras pautas, reivindica igualdade salarial em Hollywood – pode ter chamado a atenção no Globo de Ouro em 2018, mas também ainda é fato que, dentro de cada divisão étnica e racial no mundo, as mulheres ganham menos do que os homens. Talvez mais importante em questão de genialidade, apenas 17% das *start-ups* nos Estados Unidos são fundadas por mulheres, que recebem apenas 2,2% dos fundos de capital de risco para fazer florescer uma ideia.[128]

Aretha Franklin cantava uma música sobre outra coisa que mulheres historicamente receberam pouco: R-E-S-P-E-C-T ("respeito"). Em 2018, o *The New York Times* começou a confrontar o fato de que, desde 1851, a maioria de seus obituários destinava-se a homens (mesmo hoje, 80% ainda são).[129] Para garantir que o reconhecimento seja proporcional às conquistas — e como consequência haja mais mulheres exemplares —, o jornal lançou o projeto "Overlooked" ("desapercebidas"), publicando artigos memoriais acerca de mulheres geniais que havia omitido, como a romancista Charlotte Brontë, a poeta Sylvia Plath e a engenheira Emily Roebling, que criou a Ponte do Brooklyn. Do mesmo modo, escritores e cineastas produziram projetos como *Estrelas além do tempo* (2016), que conta o papel de mulheres negras na corrida espacial e foi um best-seller que virou filme de sucesso. Iniciativas assim chamam nossa atenção para os vieses culturais. De forma explícita ou implícita, eles contribuem para que eliminemos tais vieses.

Existe mais uma coisa oculta a nossos olhos. As mulheres exibem muitos desses vieses contra si próprias, assim como os homens. Caroline Heldman, da Occidental College, mostrou em seu livro *Sex and gender in the 2016 presidential election* ("Sexo e gênero na eleição presdencial dos Estados Unidos de 2016") que, ao passo que a maioria dos homens via de forma desfavorável mulheres que almejam poder, 30% das mulheres também tinham esse viés negativo.[130] Um estudo de 2019, "Prejudice against women leaders" ("Preconceito contra líderes mulheres"), realizado na Universidade Heinrich-Heine, na Alemanha, testou 1.529 participantes. Quando perguntados abertamente, 10% das mulheres e 36% dos homens foram considerados pessoas com perspectivas preconceituosas com relação a líderes mulheres. Todavia, quando as pessoas tinham total confidencialidade garantida, esses números subiam para 28% das mulheres e 45% dos homens.[131] Pesquisadores também descobriram que as mulheres nesses estudos não só tinham preconceito contra outras mulheres como também muitas vezes não tinham ciência desse fato. Os psicólogos chamam essa discrepância entre autopercepção e realidade de "viés implícito", "viés inconsciente" ou "viés de ponto cego".[132] Como o relatório de 2010 da Associação Norte-Americana de Mulheres Universitárias mencionado anteriormente afirma, esses vieses de ponto cego, mantidos tanto por mulheres como por homens, são mais difíceis de erradicar porque não os percebemos.[133]

Lembra-se do experimento de Catherine Nichols? A maioria das agentes literárias mulheres preferiu o manuscrito enviado sob um pseudônimo masculino. Em 2012, um grupo de psicólogos de Yale aplicou um teste a fim de observar vieses em 127 professores de ciências, homens e mulheres, pedindo-lhes que analisassem uma candidatura para o cargo de administrador de um laboratório.[134] Um currículo idêntico foi distribuído, às vezes com o nome de um candidato homem e outras vezes com um nome de mulher. O candidato homem era considerado preferido para o cargo, e não apenas o melhor para contratar, mas também digno de um salário mais alto e de receber mentoria. De modo surpreendente, o viés contra mulheres foi quantitativamente semelhante entre homens e mulheres. Às vezes, as mulheres são ainda mais enviesadas contra outras mulheres do que homens. Em 2013, os pesquisadores de Harvard, Mahzarin Banaji e Anthony Greenwald, publicaram os resultados de um "teste implícito de associação entre gênero e carreira", que explorava atitudes com relação a mulheres no ambiente de trabalho e em casa. Eles descobriram que 75% dos homens detinham o estereótipo previsível a respeito do lugar das mulheres, mas que o mesmo podia ser dito de 80% das mulheres.[135]

O objetivo dessas observações não é tentar exonerar homens ao colocar a culpa nas mulheres. Pelo contrário, os estudos mencionados anteriormente mostram como os homens foram eficazes em difundir subliminarmente os preconceitos de gênero. Em uma perspectiva histórica, os homens sempre controlaram a maioria das coisas, incluindo o discurso na sociedade acerca de gênero e de genialidade. Se as mulheres hoje são tão propensas quanto os homens a acreditar que um líder revolucionário deve ser um homem branco, alto e forte com uma maleta em mãos, de quem é a culpa, de fato?

E isso nos leva à questão da alocação de genialidade por gênero. Há mesmo diferença? Charles Dickens tinha mesmo mais genialidade literária do que Louisa May Alcott? Thomas Edison, famoso por sua fala "genialidade é 99% transpiração", apresentava mais tenacidade do que Marie Curie, que trabalhou por anos mexendo tanques de pechblenda sob condições perigosas? Porque é Edison, e não Curie, o nosso modelo de perseverança? Inclusive, o impressionante best-seller *Garra: o poder da paixão e da perseverança* (2016) não tem menção a Curie, nem inclui uma discussão ou entrada de índice referente a "mulheres e persistência" ou "mulheres e garra". Por que esse hábito da excelência feminina é escondido de nós? A História mostra que, para se tornar um gênio e ser reconhecida como tal, uma mulher precisa de uma dose adicional de garra.

Toni Morrison, vencedora do Prêmio Nobel, sabia bem disso. Considere o trabalho que ela tinha quando estava no auge em comparação com o de seu colega laureado pelo Nobel, Ernest Hemingway, em seu respectivo auge. Em 1965, Morrison era uma mãe solteira morando de aluguel em uma casa pequena no Queens, em Nova York. Ela acordava às 4 da manhã, então levava os dois filhos à escola, em Manhattan, onde trabalhava como editora na Random House, e os pegava no fim do expediente para levá-los para casa. Depois de colocar os meninos na cama, voltava para o trabalho. Em 1931, os sogros abastados de Ernest Hemingway deram a ele a

GÊNIOS E GÊNEROS: UM JOGO DE CARTAS MARCADAS

escritura da maior e mais alta casa na ilha de Key West. Ali ele passava suas manhãs escrevendo no estúdio anexado à casa e as tardes pescando. Em 2019, o *The Guardian* publicou um artigo de Brigid Schulte cujo título dizia tudo: "A woman's greatest enemy? A lack of time to herself" ("O maior inimigo da mulher? Falta de tempo para si própria"). Para obter tempo, é preciso ter garra a mais.[136]

O que isso significa para pessoas que empregam ou estão casadas com mulheres atualmente? Que deveriam oferecer igualdade de espaço, remuneração e, talvez o mais importante, tempo. O que isso pode significar para pais preocupados com a felicidade e sucesso futuro de sua prole? Bem, para começar, eles não deveriam vestir as filhas com camisetas com dizeres do tipo: "Sou bonita demais para fazer lição de casa, meu irmão faz pra mim." Eles também devem tomar cuidado para não perpetuar estereótipos de gênero de maneiras mais sutis. Um artigo recente do *The New York Times*, "Google, tell me: is my son a genius?" ("Google, me responda: meu filho é um gênio?") observou que os pais têm 2,5 vezes mais chance de perguntar na internet "Meu filho é um gênio (ou superdotado)?" do que "Minha filha é um gênio (ou superdotada)?" e, de forma similar, o dobro de chances de perguntar "Minha filha está acima do peso?" do que perguntariam no caso de um filho.[137] Portanto, a atual razão de preconceito para genialidade é de 2,5 para 1 em detrimento das mulheres. O jogo tem cartas marcadas há muito tempo, e permanece assim porque vieses culturais ocultos são difíceis de descartar, mesmo para pais modernos e progressistas.

Uma última estatística do professor Dean Keith Simonton, presente em seu livro *Greatness: who makes History and why* ("Grandiosidade: quem faz a História e porquê"), aponta que, para cada mulher genial identificável, é possível listar dez homens.[138] Se isso é verdade, a hipótese sugere, de maneira extremamente simplificada, que para cada vinte possíveis gênios, a potência de nove foi suprimida devido ao preconceito de gênero. Se você administrasse um negócio – digamos que ele se chama A Companhia do Potencial Humano – e nove de cada vinte gênios trabalhando para você continuassem subutilizados, isso seria considerado inteligente? A estupidez precisa, como sugere Einstein, durar mesmo para sempre?

    Eliminar um hábito idiota exige ação e começa com a consciência. Entenda que "as nove perdidas" são perdas causadas pelo viés de gênero. Entenda que a causa é a cultura, não a falta de dons genéticos. Entenda que as mulheres têm os mesmos hábitos secretos da genialidade que os homens, e talvez uma dose extra de resiliência. Pense nos efeitos do modo como você fala com suas filhas a respeito de assuntos como lição de casa e conquistas em comparação a como faz com os filhos homens. Por fim, se for recomendar um único capítulo deste livro para seus amigos, colegas e familiares, certifique-se de que seja este.

CAPÍTULO 3

EVITE A BOLHA DO PRODÍGIO

Em 2004, o programa *60 minutes* fez uma reportagem especial sobre Jay Greenberg, um compositor com doze anos de idade e habilidades extraordinárias. Na matéria, Greenberg, sentado à frente de um computador para anotar a música que ouvia, relata a Scott Pelley que escreveu cinco sinfonias que pareceram vir milagrosamente à sua mente. "Eu simplesmente as ouço como se fossem a execução impecável de obras que já foram compostas, embora não tenham sido." Samuel Zyman, professor na famosa Juilliard School of Music, comentou durante uma reportagem posterior a respeito de Greenberg no canal CBS: "Falamos aqui de um prodígio no nível dos grandes prodígios da História, quando se fala de composição. Refiro-me a gente como Mozart, Mendelssohn e Saint-Saëns." O violinista virtuoso Joshua Bell, outro prodígio, logo encomendou um concerto composto por Greenberg, que foi gravado pela Orquestra Sinfônica de Londres. Era um consenso geral: Greenberg era um Mozart moderno.

Eis outro prodígio musical. Em 2017, o *60 minutes* fez uma reportagem especial com o prodígio musical inglês Alma Deutscher, também comparando essa menina de doze anos a Mozart.[139] Assim como Mozart, Deutscher conseguia nomear todas as notas da escala musical quase desde que nascera, compunha aos quatro anos e tinha escrito uma ópera para a cidade de Viena aos doze.[140] De fato, a ópera, *Cinderella*, lembra bastante Mozart (é possível ouvir trechos no YouTube). Por que Greenberg e Deutscher, e quase todos os outros prodígios, são comparados a Mozart? Porque Mozart é o modelo de referência.

Em 27 de janeiro de 1756, Leopold e Anna Maria Mozart (antes Pertl) batizaram o filho Joannes Chrysostomus Wolfgangus Theophilus Mozart.[141] Alguns anos mais tarde, Mozart abandonaria "Teophilus", de raiz grega, em favor do francês "Amadé" e do latim "Amadeus" – amado de Deus. Geneticamente, isso parece ter sido verdade: Mozart recebeu dons musicais divinos. Ele era um músico de quarta geração, parte de uma linhagem que totalizou cinco gerações quando seus dois filhos (que não deixaram herdeiros) seguiram seus passos e tornaram-se músicos.[142] E eram os Pertl, não os Mozart, que aparentemente tinham os genes musicais. Embora sua mãe, Anna Maria, não participasse da composição musical de alto nível em casa, seu pai e seu avô eram ambos músicos de igreja.[143] Leopold Mozart, por outro lado, era descendente de encadernadores de livros em Augsburgo, na Alemanha. Entretanto, o que Leopold não tinha de talento musical, tinha de ambição, à qual ele poderia dar vazão por meio do filho, Wolfgang.

O jovem Mozart parecia possuído pela música. Segundo relato da irmã, Maria Anna (de apelido Nannerl), ele começou a tocar piano aos três anos, demonstrando um prazer especial quando conseguia encontrar o som "perfeito" de um intervalo de terça (o espaço de três teclas brancas no piano, com a tecla do meio omitida).[144] O rapaz não só era um ás das teclas como também um violinista de talento, e parece ter aprendido o instrumento de modo intuitivo em razão de sua memória motográfica (a capacidade de ver uma nota em uma partitura e lembrar precisamente o lugar correto no braço do violino para reproduzi-la). Isso também se aplicava ao cravo e ao órgão, que ele começou a tocar com seis anos, embora precisasse ficar em pé enquanto tocava para poder usar os pedais. Mozart também tinha memória fonográfica. Aos catorze anos, por exemplo, após ouvir pela primeira vez uma composição musical de dois minutos (*Miserere*, de Gregorio Allegri), ele a transcreveu nota por nota. Ouvido absoluto, memória eidética para sons e uma memória motográfica absoluta: o prodígio Mozart tinha tudo.

Com talento assim em mãos, Leopold, o pai rolo compressor, levou Wolfgang e sua talentosa irmã mais velha a uma turnê de concertos nas principais cortes europeias. Os contatos e a etiqueta de Leopold abriam caminho para uma audiência com famílias reais, e o menino brilhante, Wolfgang, entrava com a música. Chefes de Estado, músicos profissionais e amadores: todos ficavam sem ar ante os dons extraordinários do rapaz. "Um prodígio da natureza e da arte", afirmou um cidadão de Salzburgo a respeito dele.[145]

DE MANEIRA AMPLA, A PALAVRA "PRODÍGIO" CONOTA "ALGO assombroso ou maravilhoso, algo além do curso comum da natureza", sem necessariamente estar ligada à juventude.[146] Uma tartaruga de duzentos anos nas Ilhas Galápagos é um prodígio da natureza, bem como uma sequoia de 4 mil anos da Califórnia. Não obstante, quando se fala em "prodígio" muitas vezes subentende-se uma pessoa jovem com talentos muito avançados para a sua idade; uma pessoa jovem com as capacidades de um adulto maduro. Picasso desenhava aos três anos. John Stuart Mill, aos seis, escreveu a história de Roma e Bill Gates obteve a maior nota do estado de Washington em uma prova de matemática, mesmo estando no oitavo ano e a prova ter sido aplicada para alunos do oitavo ao 12º ano (equivalente ao terceiro ano do ensino médio no Brasil).[147] Para nós, um talento assim é inexplicável.

Culturalmente, somos fascinados pelas crianças-prodígio. Considere o programa de TV *Child genius* ("Criança genial"), que estreou em 2015 no canal *Lifetime*, no qual vemos crianças de oito a doze anos competirem pelo título de "criança genial" do ano. Produzido em conjunto com a Mensa, no programa, participantes jovens – cujo QI supostamente varia de 140 a 158 – realizam feitos extraordinários de memória e cálculo. Ryan é um prodígio da matemática que instantaneamente multiplica e divide números de quatro dígitos; Katherine consegue memorizar uma sequência com todas as 52 cartas de um baralho. Outros podem de imediato lembrar a velocidade do vento e a pressão barométrica de tempestades em dias específicos. O vencedor leva para casa 100 mil dólares.

Mais recentemente, a NBC tentou satisfazer nosso apetite por prodígios com a série *Genius junior* ("gênio-júnior"); em competições televisivas, genialidade e juventude são sinônimos. Em vez de indivíduos, o programa apresenta equipes de três pré-adolescentes competindo por 400 mil dólares. Assim como em *Child genius*, o desempenho excepcional é medido por habilidades matemáticas, bem como memorização de locais geográficos e soletração (dessa vez, de trás para a frente). As habilidades dos jovens competidores em ambos os programas são extremamente impressionantes, mas a expertise em questão é limitada a certos campos, todos envolvendo quantificação e memória, habilidades que podem ser validadas de imediato por meio de uma resposta correta. De fato, prodígios em geral se manifestam inicialmente em domínios formais e regrados como xadrez, matemática, música e processamento mnemônico. Mas será que os competidores em *Child genius* e *Genius junior* são mesmo gênios, como o nome sugere? Não são. São apenas prodígios.

A diferença é que gênios criam. Eles mudam o mundo com uma forma original de pensar que altera ações e valores da sociedade. Prodígios apenas imitam. Sua capacidade de execução é extraordinária desde muito cedo. Entretanto, prodígios não ficam na vanguarda de seus campos e modificam sua direção. Embora as crianças mostradas nesses programas sejam precoces (do latim "*praecox*", fruta madura antes do tempo), elas têm data de validade. Se não começarem a desenvolver uma "voz" criativa pessoal até os dezessete ou dezoito anos, talvez nunca a desenvolvam.

Veja, por exemplo, o violoncelista Yo-Yo Ma, que era uma criança prodígio. Embora sua habilidade excepcional com o instrumento seja uma grande fonte de prazer para nós hoje, Ma prontamente admite não ser um gênio.[148] Ma não é um compositor e não nos deixará nada além de interpretações de obras alheias. Pense em todos os gênios que chegaram ao auge posteriormente na vida: Van Gogh, Cézanne, Jackson Pollock, Antonín Dvořák, Giuseppe Verdi, Michael Faraday e Toni Morrison, entre outros. Shakespeare não atingiu o ápice de seu poder criativo antes dos 36,[149] sendo que Mozart morreu antes de chegar a essa idade. A genialidade de Darwin residia em sua paciência extraordinária: ele só publicou o revolucionário *A origem das espécies* depois de completar 50 anos. Determinadas áreas, especialmente em ciências observacionais, baseiam-se em percepções e medidas de longo prazo. Portanto, de certo modo, a possibilidade de ser um prodígio depende da sua área. Crianças de dez anos nos programas de TV podem ser feras em matemática ou soletração. Também podem ser prodígios em música ou xadrez, mas não escrevem romances autobiográficos. Mozart, contudo, teve a boa sorte de ser naturalmente superdotado em uma área (música) na qual a capacidade excepcional manifesta-se cedo e, à diferença da maioria dos prodígios, também tinha a rara habilidade da criação.

Voltemos à espetacular família Mozart. Eles saíram de Salzburgo em 18 de setembro de 1762 e voltaram triunfantes em 29 de novembro de 1766 – uma viagem que durou mais de quatro anos. Viajando em grande estilo – "nobremente", nas palavras de Leopold –, eles seguiam em sua carruagem particular, às vezes puxada por seis cavalos, e dois criados para cuidar deles. O itinerário seguia a trilha de dinheiro dos príncipes europeus apaixonados por música, avançando pelas principais cortes ao norte dos Alpes: Viena, Munique, Frankfurt, Bruxelas, Amsterdã, Paris e Londres.

Em todos os lugares, Wolfgang era o queridinho da realeza. Em Viena, Mozart, com seis anos, sentou-se no colo da imperatriz Maria Teresa, que lhe deu um conjunto de trajes esplêndidos; ele, por sua vez, beijou e avidamente pediu em casamento uma das filhas da imperatriz (a futura Maria Antonieta, da França). Em Versalhes, Mozart ficou lado a lado com o rei Luís xv na ceia de Ano-Novo e recebeu petiscos da rainha consorte. O porte eminente que os Mozart apresentavam na França da época pode ser visto em uma aquarela de Louis Carrogis de Carmontelle, que mostra Leopold com o violino e o pequeno Wolfgang no instrumento de tecla, com pernas que mal saíam do assento da cadeira (Figura 3.1). De pé, cantando, vê-se a irmã, Nannerl. E Nannerl? Ela também era um gênio?

Figura 3.1 – Aquarela de Louis Carrogis de Carmontelle, realizada em Paris em 1763, retratando Mozart, com sete anos, ao teclado com seu pai, Leopold, e sua irmã, Nannerl (Musée Condé, Château de Chantilly).

Nannerl Mozart era sem dúvida um prodígio. Um dos intelectuais à frente do Iluminismo, Friedrich Melchior, o Barão de Grimm, comentou em 1763 que no cravo "mais ninguém possuía uma execução tão precisa e brilhante".[150] Um periódico suíço relatou em 1766 que ela "toca as obras mais difíceis dos maiores mestres com destreza e precisão inigualáveis".[151] As primeiras composições de Wolfgang Mozart foram escritas no caderno de música *dela*. Então, por que nunca ouvimos falar dela?

Nannerl era uma instrumentista prodigiosa, mas não uma criadora. Não existe música hoje que tenha o nome dela. Nenhuma música atribuída a outros foi registrada por seu punho – e temos exemplos abundantes de sua letra graças às muitas cartas que ela escreveu. Em nenhuma das cartas ela menciona compor algo ou ter desejo de compor. Nenhum registro contemporâneo menciona composições de sua autoria. Nada. Talvez Nannerl Mozart desejasse virar compositora, mas as convenções de sua época impediram que o fizesse. Talvez tivesse o dom da criatividade, mas não a oportunidade de expressá-la. Considerando a discriminação que mulheres geniais encararam ao longo dos séculos, essa interpretação parece plausível. Essa é, inclusive, a história do premiado filme *Nannerl, la soeur de Mozart* ("Nannerl, irmã de Mozart"; 2010). Por mais que a história cinematográfica de Nannerl seja dramática, os documentos históricos não a sustentam. Nannerl Mozart, na verdade, recebeu o mesmo encorajamento, ensino e material instrutivo que o irmão mais novo. No caso dos irmãos Mozart, os resultados consideravelmente diferentes não foram causados por discriminação de gênero dentro da família, mas pela capacidade extraordinária do rapaz para criações musicais originais.

Quando os Mozart chegaram a Londres, em 1764, Wolfgang cumpria o papel de criador jovem, e Leopold, o de promotor paterno. Wolfgang, aos oito anos, tocava cravo e órgão diante do rei Jorge III e da rainha Carlota na Casa Buckingham (futuro Palácio de Buckingham) e, para garantir que a família real britânica não o esquecesse tão cedo, Wolfgang apresentou à rainha Carlota um lembrete: seis sonatas de violino e teclado que ele compôs.

Quando um prodígio cria algo extraordinário, existe a possibilidade de haver o dedinho de um pai ou mãe superprotetor ali. Sabemos, por exemplo, que as pinturas da prodigiosa Marla Olmstead, de quatro anos, também perfilada no programa *60 minutes* (2003), foram em parte feitas por seu pai, Mark.[152] Mas Wolfgang Mozart não precisava de assistência paterna em Londres, pelo menos segundo as memórias de Nannerl. No verão de 1764, Leopold Mozart ficara doente, fazendo as duas crianças arranjarem meios de passar o tempo em silêncio:

> "Em Londres, onde nosso pai ficou perigosamente enfermo, fomos proibidos de pôr as mãos em um piano. Então, para ocupar-se, Mozart compôs sua primeira sinfonia para todos os instrumentos da orquestra – mas especialmente para trompetes e tímpanos. Eu tinha que copiá-la, sentada ao seu lado. Enquanto ele compunha e eu copiava, ele me disse: 'Lembra-me de dar algo para a trompa fazer!'"[153]

SE FOREM NECESSÁRIAS MAIS PROVAS DE ORIGINALIDADE, QUANDO A família Mozart voltou a Salzburgo, em 1766, Wolfgang, agora com dez anos, havia escrito quase cem obras desse tipo por conta própria, incluindo quarenta peças para instrumentos de tecla, dezesseis sonatas de violino e pelo menos três sinfonias. Em sua pré-adolescência, ele compôs uma obra-prima transformadora, a *Waisenhausmesse* (1768), encomendada pela imperatriz Maria Teresa e estreada diante dela, em Viena.

E QUANTO A NOSSOS PRODÍGIOS MODERNOS, JAY GREENBERG E ALMA Deutscher, que apareceram na CBS? Embora gosto musical seja uma questão subjetiva, qualquer um que escute a música de Alma Deutscher concordaria que ela é mais retrospectiva do que progressista. Ouça sua gravação de 2017 de "Piano Concerto in E flat" ("Concerto de piano em mi bemol") no YouTube. Soa igualzinho a Mozart! Por trás da obra, há uma pessoa jovem de grande talento com um ouvido musical capaz de imitar e interagir com o estilo musical de seu ídolo falecido. Mas a obra de Deutscher olha 225 anos para trás, como um cientista hoje tentando descobrir uma vacina para a varíola. Por mais que seja agradável e impressionante, a música da jovem Deutscher não exibe nada de transformador. A música de Jay Greenberg também não. Agora, próximo da casa dos 30 anos, Greenberg mudou-se com os pais para a Nova Zelândia, onde segue estudando composição musical. A atenção pública que atraíra para si sumiu tão rápido quanto havia surgido. No fim, o que era interessante em Greenberg não era sua música com jeitão de trilha sonora, mas sim a idade na qual ele a criara. Para retomar a reação de Samuel Johnson a um cão andando de pé: não ficamos impressionados pelo valor criativo do ato, mas pelo próprio fato de ter sido feito.

Marin Alsop, maestra da Orquestra Sinfônica de Baltimore e da Orquestra Sinfônica da Rádio de Viena, conhece bem a música de Jay Greenberg: em 2016, ela gravou seu poema sinfônico, *Intelligent life* ("Vida inteligente"), para distribuição em CD. Recentemente, tive a oportunidade de lhe perguntar por que não ouvi falar muito de Greenberg nos últimos tempos. "Se a música dele tivesse sido escrita por alguém de quarenta anos, em vez de um jovem", Alsop disse, "poucos de nós teriam dado atenção. Era promissor, mas não tinha uma voz distinta; é difícil adquirir voz artística sem uma crise pessoal".[154]

Por que tão poucos prodígios viram criadores? O que causa, ou pelo menos potencializa, o surgimento de grandes obras de arte? O que leva os indivíduos verdadeiramente geniais a mirar o alvo no ponto cego de todos os demais? Uma crise pessoal é o evento catalisador do qual emerge uma voz artística ou uma visão científica? A independência e a resiliência são forjadas no fogo de um trauma nos primeiros anos de vida? É claro que, como disse Yoko Ono: "Ninguém deve encorajar artistas a buscar tragédias para que virem bons artistas."[155] Mas o número de gênios que perderam um dos genitores, na maioria das vezes a mãe, em uma idade crucial é surpreendente: Michelangelo, Da Vinci, Newton, Bach, Beethoven, Fiódor Dostoiévski, Tolstói, William Wordsworth, Abraham Lincoln, Mary Shelley, Clara Schumann, James Clerk Maxwell, Curie, Charlotte e Emily Brontë, Virginia Woolf, Sylvia Plath, Paul McCartney e Oprah Winfrey. Seria a genialidade "filha do sofrimento", como disse John Adams? Será que a dor gera uma visão de mundo diferente? Lady Gaga sugeriu que sim quando disse, em 2009, em uma entrevista ao *The Guardian*: "Acho, sim, que quando você tem dificuldades, sua arte engrandece."[156] A piada do gênio poético Dylan Thomas talvez seja relevante aqui: "Há apenas uma coisa pior do que ter uma infância infeliz, que é ter uma infância feliz demais."[157]

Na primavera de 1778, Mozart não estava nada feliz. É o que de fato acontece com a maioria dos prodígios após a adolescência.[158] Para Mozart, sua estada de seis meses em Paris (de abril a outubro de 1778) foi o ponto baixo de sua vida.[159] Mozart recebeu do pai, Leopold, a ordem de se mudar para Paris em busca de emprego.[160] O jovem Mozart foi a contragosto, pois teve de deixar para trás seu primeiro namoro sério (ela logo o esqueceu). Para piorar a situação, o pai mandou que a mãe, Anna Maria, fosse a Paris em busca de o supervisionar.[161] Em Paris, a mãe de Mozart contraiu tifo e sofreu uma morte lenta. Leopold culpou o filho por não conseguir cuidar dela como deveria. Por fim, Mozart não encontrava um trabalho digno de suas habilidades. Depois que a juventude some do rosto do prodígio, o interesse público some junto. Conforme ele escreveu em uma carta no dia 31 de julho de 1778: "O que mais me irrita aqui é que esses franceses imbecis parecem achar que ainda tenho sete anos, porque essa foi a idade com a qual me viram pela primeira vez."[162]

O Mozart de 22 anos em Paris era um completo fracasso. Agora, sozinho, ele estava com pouco dinheiro, sem trabalho, sem namorada e sem mãe – só lhe restava um pai injurioso. Mas o fracasso colossal de Mozart provou-se o momento definitivo de sua vida. Ele aprendeu a depender menos da palavra dos outros e mais de seus dons supremos. Reconheceu que a vida podia seguir sem "o papai" ou qualquer outra pessoa, que constantemente oferecesse conselhos e aprovação. E o mais importante: ele sofreu e sobreviveu a uma perda repentina e profunda, o que deu à sua música nova profundidade emocional, audível na "Sonata para violino K. 304", a única peça instrumental que ele escreveu em mi menor, um tom desolador. Em janeiro de 1779, Mozart voltou para Salzburgo, mas, em menos de um ano, foi embora. Ele se afastou do pai controlador e partiu para Viena, onde criou 95% das obras-primas pelas quais o conhecemos hoje. Mozart escapou da "bolha do prodígio".

O PAI, PROFESSOR E MENTOR DE MOZART, LEOPOLD, ERA UM guia excelente, pelo menos no início. Ele sem dúvida acelerou o desenvolvimento profissional de Wolfgang, ensinando ao menino o básico da teoria musical e abrindo as portas para a aristocracia; mas Leopold tornou-se uma carga excedente e foi deixado para trás. Mentores podem ensinar uma pessoa jovem a fazer conexões, ajudar na obtenção de um emprego, fornecer elogios e encorajamento e ajudar alguém a subir na escada da vida.[163] O objetivo é o sucesso. Mentores ensinam o *status quo* e como imitá-lo, mas não como criar algo novo. Que pai, professor ou mentor já disse: "Afaste-se de mim o quanto for necessário para encontrar as melhores oportunidades e formar uma mente independente e questionadora. Vá e tome decisões ousadas e contra a corrente. Dissemine uma visão de mundo bem diferente da minha"? Mas é assim que a genialidade criativa ocorre.

Einstein tinha um mentor? Não, ele repudiava seus professores e vice-versa. Quando se graduou no ensino superior, aos 21 anos, ele enfurecera seus professores de tal forma que nenhum deles quis lhe escrever uma carta de recomendação. Por quatro anos (1901–1905), ele não tinha condição de arranjar emprego. Picasso tinha um mentor? Sim, um mentor que cortava os pés de pombos, prendia-os a uma parede e fazia o jovem Pablo pintá-los, como método de aprender o ofício. O pai de Picasso, José Ruiz, foi um mentor por exemplo negativo, tanto que, aos dezessete anos, Pablo, envergonhado, passou a assinar suas pinturas com o nome da família da mãe (Picasso), não do pai. Como o Picasso adulto depois gracejou: "Don José era um grande exemplo em virtude de sua inépcia."[164]

A grande fama de alguns prodígios – Mozart e Picasso, por exemplo – turva nosso juízo. Suas vidas sugerem que a transformação de prodígio em gênio é a norma, e que o estado de prodígio é uma condição necessária para tornar-se gênio. Mas a maioria dos gênios, como Einstein, floresceram mais tarde. A maioria dos artistas e escritores criativos – pessoas em campos não regrados – encaixa-se na categoria de gênios "tardios". O mesmo pode ser inferido da maioria dos líderes políticos – por exemplo, Lincoln, King, Gandhi e Angela Merkel – com capacidade de empatia. Dos sete criadores mais proeminentes do século xx estudados por Howard Gardner em seu livro *Creating minds* ("Mentes que criam"; 1993), apenas um – Picasso

— era um prodígio. Martha Graham não dançava antes dos vinte, a mesma idade na qual T. S. Eliot começou a fazer poesia. Sigmund Freud mudava de interesse com frequência e só aos quarenta passou a dedicar-se à área que transformaria, a psicanálise. Einstein era um estudante excelente em muitos assuntos, mas, como meu colega de Yale e biógrafo de Einstein, o professor Douglas Stone, pode afirmar, "ele não era um prodígio".[165]

Por que, então, existem produtos como o Baby Einstein? A ânsia é forte quando o assunto é decretar crianças prodigiosas como maravilhas às quais os ascendentes podem amarrar suas próprias esperanças e ambições. Para satisfazê-la, em 2001, a Walt Disney Company começou a promover os produtos Baby Einstein para centenas de milhares de pais ansiosos e ávidos ao redor do mundo. Bebês e crianças pequenas assistem a vídeos projetados para aprimorar habilidades verbais, introduzir o conceito de números, melhorar o reconhecimento de cores e reforçar padrões geométricos simples, como círculos, triângulos e quadrados. Em pouco tempo, Baby Einstein ganhou a companhia de Baby Mozart, Baby Shakespeare, Baby Galileo e Baby Van Gogh. Mais ou menos na mesma época, surgiu o "Efeito Mozart": os defensores da hipótese alegavam que ouvir Mozart melhorava temporariamente a pontuação de estudantes em um teste de QI e fazia os jovens ficarem mais inteligentes.[166] Zell Miller, governador do estado da Geórgia, destinou 105 mil dólares de seu orçamento para dar a cada criança nascida em seu estado um CD com músicas de Mozart. A expectativa a longo prazo? Formar prodígios que virariam gênios. No fim, os produtos se revelaram decepcionantes. Nem o Efeito Mozart nem o Baby Einstein apresentaram evidências de aumentar a inteligência ou a criatividade de uma criança. A Walt Disney Company emitiu um pedido de desculpas e ofereceu ressarcir US$15,99 para cada produto vendido. Uma manchete de 2009 no *The New York Times* zombava: "Não tem um Einstein no seu berço? Peça seu dinheiro de volta!"[167]

A bolha do prodígio também leva muitas vezes a resultados decepcionantes. Alguns prodígios, por sofrerem muita pressão, ficam esgotados e deixam o respectivo campo de atividade permanentemente. Outros, que foram forçados a um molde pelos pais desde muito cedo, acabam encontrando outra paixão. "Não há nada em uma lagarta que informe que ela virá a ser uma borboleta", disse o arquiteto futurista Buckminster Fuller. Há também os que continuam a usar suas habilidades singulares e se tornam especialistas eminentes em disciplinas menos baseadas em regras lógicas, como psicologia, filosofia e medicina.[168] Mas a maioria, como Jay Greenberg, simplesmente desaparece.

O problema com a bolha do prodígio é que ela é cheia de estímulos positivos descontrolados, adesão a regras rígidas, intolerância a tudo que for menos do que perfeito, atenção a uma única atividade e pais e mães excessivamente atentos, às vezes até dominadores. No livro *Off the charts: the hidden lives and lessons of American child prodigies* ("Fora do normal: as vidas ocultas e ensinamentos de crianças-prodígio norte-americanas"; 2018), Ann Hulbert chama atenção para uma série de prodígios, dentre os quais todos, menos um, foram completamente esquecidos. E ela conclui com o seguinte alerta: "Muitas vezes, o impulso de anunciar e exibir jovens talentos cria o risco de inflar egos e alimentar esperanças altíssimas que provavelmente terminarão em decepção."[169] Muitas vezes, o prodígio fica alienado, isolado no aspecto social e atrofiado no âmbito intelectual; um prisioneiro voluntário em um ambiente sufocante.

Então, se você ou seu rebento tem o Panteão dos Gênios como objetivo, respire fundo e relaxe: ainda falta muito tempo para a chegada. Até lá, em vez de treinar incansavelmente uma única disciplina regrada, tente o que sugiro aqui e nos capítulos seguintes. Esforce-se para desenvolver pensamentos e ações independentes, além da capacidade de lidar com o fracasso – talvez não seja realista achar que há troféus para todos. Organize uma grade de aprendizado global em vez de uma especificação restrita e, o mais importante, tenha como meta a habilidade de aprender não com a ajuda de um mentor, mas sozinho. No caso dos pais, não se deve esquecer a importância da socialização como meio de construir empatia e a capacidade de liderança. Prodígios surgem de algumas maneiras; gênios surgem de várias. Agora seria um bom momento para nos desvencilharmos do hábito de associar prodígios a gênios: a maioria dos gênios nunca foram prodígios e a maioria dos prodígios nunca se tornam gênios.

CAPÍTULO 4

IMAGINE O MUNDO COMO UMA CRIANÇA

Na noite de 1º de junho de 1816, chuva e relâmpagos precipitavam-se sobre a mansão Villa Diodati, na margem sul do lago Léman.[170] Um grupo de expatriados britânicos e gênios jovens se reunira para jantar e, inspirado pela tempestade, lançou-se a um desafio: cada um escreveria uma história de fantasma. Convidados por Lorde Byron, estavam presentes Percy Bysshe Shelley, sua amante, Mary Godwin (posteriormente Shelley), a meia-irmã dela, Jane, e o dr. John Polidori. Todos tinham menos de trinta anos. Byron, o anfitrião e gênio prototípico do Romantismo, tinha reputação de ser apaixonado, rebelde, ensimesmado e brilhante. "Louco, mau e um perigo de se conhecer" foi como a dama Caroline Lamb o caracterizou; afinal, Byron tivera um caso com a própria meia-irmã. Percy Shelley estava no processo de publicar obras que o levariam ao panteão de grandes poetas hoje conhecidos como os românticos ingleses. Polidori posteriormente escreveria o conto *O vampiro* e, consequentemente, possibilitaria a presença de Drácula no mapa da literatura. Mas, dentre os ilustres presentes, a pessoa que teria o impacto mais duradouro na psique ocidental e na cultura pop era Mary Godwin Shelley. Naquela noite, ela concebeu os primeiros espasmos de *Frankenstein*. Ela tinha apenas dezoito anos.

Com *Frankenstein, ou o Prometeu moderno*, Mary Shelley ajudou a criar um novo gênero literário: o romance de horror gótico, uma combinação do fantasmagórico e do mortífero, cuja progênie posteriormente incluiria outras obras influentes, como *O corcunda de Notre Dame*, *O médico e o monstro* e *O fantasma da ópera*. O impacto de *Frankenstein* na cultura contemporânea, contudo, tem menos a ver com o romance de Shelley e mais com os vários filmes baseados nele, incluindo o *Frankenstein* de 1910, produzido pela Edison Manufacturing Company, e o definitivo *Frankenstein* de 1931, estrelando Boris Karloff.[171] Todavia, o monstro que cambaleou para o imaginário da cultura pop apresenta diferenças significativas com relação à versão original de Shelley.

Hoje, os cientistas têm demonstrado atenção à mensagem original de Mary Shelley: cuidado com a lei de consequências imprevistas.[172] Na segunda parte do romance de Shelley, o dr. Victor Frankenstein profere as seguintes palavras ao ser aquecido, e repentinamente queimado, pelas chamas de uma fogueira: "É estranho, pensei, que a mesma causa pudesse produzir efeitos tão opostos!"[173] Frankenstein era um gênio criativo cuja intenção era trazer avanços ao conhecimento humano. O mesmo pode ser dito de Marie Curie, Albert Einstein e a dupla James Watson e Francis Crick. O dilema moral de Frankenstein – a necessidade de comparar as vantagens da descoberta científica com as possíveis desvantagens e a imposição de padrões éticos – antecipou dilemas similares que se apresentariam diante dos seus herdeiros no mundo real.

Como uma adolescente, sem educação formal e sem publicações atribuídas a seu nome, exprime uma lição de moral que entraria para a História, tudo isso no âmbito de um romance incrível? Como alguém proveniente de um lar de classe média alta e aparentemente estável veio a conhecer o lado sombrio, "os misteriosos temores de nossa natureza"? E por que, apesar dos esforços em romances posteriores, Mary Shelley nunca foi capaz de reproduzir o sucesso de seus dezoito anos? A resposta tem a ver com a imaginação infantil e a realidade adulta.

Nenhum gênio é uma ilha; nenhuma ideia nasce do nada. Como vinha de um ambiente de classe média alta, Mary Godwin lia bastante, sabia tudo a respeito do experimento de Benjamin Franklin com a pipa e assistiu a palestras públicas de química e eletricidade, incluindo discussões acerca da descoberta da eletricidade animal, realizada por Luigi Galvani. Ela também era rebelde e, aos dezesseis, fugiu com Percy Shelley para a Europa continental. Descendo o rio Reno, os dois jovens impressionáveis passaram pelos arredores (cerca de trinta quilômetros) do Castelo Frankenstein e talvez tenham ouvido histórias da população local a respeito de eventos assustadores ocorridos por lá. Dessa experiência ela obteve o nome do personagem. Mas nenhuma dessas influências explica a originalidade chocante de *Frankenstein*.

Em vez disso, precisamos observar a própria Mary Shelley. Na introdução à edição de 1831 de *Frankenstein*, a autora responde ao pedido de leitores para explicar "como eu, na época uma jovem moça, concebi e expandi uma ideia tão horrenda". Shelley conta que, "quando era criança, eu rabiscava, e meu passatempo favorito, durante as horas de recreio que eu tinha, era 'escrever histórias'. [...] Mas eu não estava confinada em minha própria identidade, e eu conseguia povoar as horas com criações muito mais interessantes para mim, naquela idade, do que minhas próprias sensações". Ela se deliciava em formar "castelos no ar" e "incidentes imaginários".[174]

A jovem Mary era uma escritora experiente, mas apenas em sua própria imaginação. Algumas noites após a famosa noite escura e tempestuosa perto do lago Léman, ela ficou a par de uma discussão entre Byron e Shelley a respeito de galvanização e dos experimentos elétricos de Erasmus Darwin (avô de Charles). Ela então foi para a cama, mas não dormiu. Em vez disso, ficou cativa da própria imaginação, no que ela chamou de "um sonho desperto".

"Quando pus minha cabeça no travesseiro, não dormi, mas não se podia dizer que eu estava pensando. Minha imaginação, sem pedir, possuiu-me e guiou-me, dando às imagens sucessivas que emergiam em minha mente uma vivacidade muito além dos limites normais do devaneio. Vi – com olhos cerrados, mas uma visão mental aguda – o pálido estudante de artes profanas [Frankenstein] ajoelhado ao lado da coisa que ele havia montado. Vi o fantasma horrendo de um homem [a Criatura] estirado e, então, com a operação de uma máquina potente, com sinais de vida, mexendo-se com movimentos inquietantes e semivitais... Ele dorme, mas está acordado; ele abre os olhos, contempla a coisa horrenda à beira da cama, abrindo as cortinas e observando-o com olhos amarelos, úmidos e especulativos.
Abri meus olhos, aterrorizada. A ideia possuiu minha mente de modo a arrepiar-me de medo, e eu quis trocar essa imagem fantasmática de minha imaginação pela realidade ao redor. Ainda vejo... Não pude livrar-me de meu fantasma horrendo com tanta facilidade; ele ainda me assombrava. Preciso tentar pensar em outra coisa. Recorri à minha história de fantasma, minha enfadonha e infeliz história de fantasma! Ai! Se ao menos eu pudesse criar uma que assustasse meu leitor como eu fiquei assustada naquela noite!
Rápida como a luz, e igualmente encorajante, foi a ideia que me ocorreu. 'Encontrei! Aquilo que aterrorizou-me irá aterrorizar os outros, e eu precisava só descrever o espectro que assombrou meu travesseiro noturno.'"

IMAGINE O MUNDO COMO UMA CRIANÇA

A ALQUIMIA DE ALGUMAS LEMBRANÇAS DA INFÂNCIA, UMA DISCUSSÃO recente, terrores noturnos típicos de criança e uma imaginação supreendentemente vivaz atuou para produzir o romance de horror – e fábula moralista – mais potente da História da literatura. O que começou como desafio virou um conto e, depois, ao longo de dez meses, um romance completo. *Frankenstein* foi publicado no primeiro dia do ano de 1818, com tiragem inicial de 500 cópias, e foi bem recebido pelas resenhas, no geral. Ninguém menos do que Sir Walter Scott apontou a "genialidade original" da pessoa por trás da obra.[175] A primeira edição de *Frankenstein* foi publicada de modo anônimo, com um prefácio escrito por Percy Shelley. Muitos críticos supuseram que uma "genialidade original" como essa só poderia ter nascido na mente de um homem, assim atribuindo o romance ao próprio Percy. Mary Shelley só foi creditada como autora da publicação a partir da segunda edição do livro, em 1823.

Avancemos para 1990. Uma mulher de mente imaginativa, Joanne Rowling, embarca em um trem em Manchester, na Inglaterra, rumo a Londres. Ela descreve a experiência da seguinte maneira:

"Eu estava ali sentada, pensando em coisas que não tinham nada a ver com escrever, e a ideia veio do nada. Enxerguei Harry com bastante clareza, esse rapazinho magrelo. E foi uma agitação muito física de empolgação. Nunca havia ficado animada assim com algo que tivesse a ver com escrita. Nunca tivera uma ideia que causasse uma reação tão física, então reviro minha bolsa em busca de papel e caneta. Mas eu não tinha nem mesmo um lápis de olho comigo, então tive de parar e pensar, por quatro horas, pois o trem atrasou. Tinha todas essas ideias borbulhando em minha mente."[176]

O que veio em seguida foi uma jornada de cinco anos entre imaginar a história de Harry Potter e terminar de escrever o primeiro livro, e esses não foram anos fáceis para Rowling. Ela mudou-se para Porto, em Portugal, e de lá para Edimburgo, na Escócia, onde, como mãe solteira de uma filha pequena, vivia de assistência social. "Não exageremos, não vou fingir que tinha de escrever em guardanapos porque não tinha como comprar papel", ela disse. Mas vivia com um auxílio de 70 libras por semana, escrevia em parte em seu apartamento de um só quarto, mas na maior parte em um café da região chamado Nicholson's. Depois de um tempo, "após um grande número de rejeições", ela encontrou uma editora para Harry Potter: a Bloomsbury Press, em Londres. Barry Cunningham, seu editor na Bloomsbury, lembra em uma entrevista à BBC em 2001 que, embora Rowling houvesse escrito um único livro, ela havia imaginado a essência do projeto inteiro: "E então ela contou sobre Harry Potter ao longo de toda a série. Me dei conta de que ela sabia com exatidão das coisas desse mundo e para onde ele iria, e o que viria a incluir, o desenvolvimento das personagens. É claro que foi fascinante, porque isso normalmente não ocorre."[177]

Aos 24 anos, Rowling era capaz de imaginar com riqueza de detalhes um mundo de fantasia povoado por heróis e heroínas jovens. O que ela imaginou viria a se tornar um dos maiores sucessos da História do mercado editorial, gerando não só livros, mas também filmes, uma peça de teatro, um musical da Broadway e dois parques temáticos, ambos chamados *The wizarding world of Harry Potter* ("O mundo bruxo de Harry Potter"). A conexão entre as geniais Mary Shelley e J. K. Rowling: ambas eram jovens e inventivas, e ambas tinham medo de coisas que faziam ruídos à noite.

Com que idade uma criança descobre que os monstros em seus sonhos ou em filmes e livros não existem de verdade? Será que o imperativo adulto de "crescer" encoraja a perda da imaginação criativa? Nem Mary Shelley nem Joanne Rowling conseguiram superar mais tarde o poder imaginativo que mostraram com 18 e 24 anos, respectivamente. O rapper Kanye West fala disso em seu *single* de 2010, "Power". Começando com uma referência à "pureza e honestidade" da "criatividade infantil", ele depois diz o seguinte em dois versos: "A realidade está me alcançando / Tomando minha criança interior."

Pablo Picasso inicialmente perdeu a custódia de sua criança interior e teve de se esforçar para recuperá-la. "Toda criança é um artista", ele disse. "O problema é permanecer artista conforme se cresce."[178] Picasso afirma que, quando criança, era um desenhista extraordinariamente habilidoso, como se fosse adulto. Antes dos catorze anos, ele era capaz de criar obras-primas realistas. "Quando eu era criança, conseguia pintar como Rafael", ele disse, em uma de suas famosas falas, "mas levei uma vida toda para pintar como criança". Atipicamente, as obras de infância de Picasso não eram do tipo ingênuo e lúdico. A diversão criativa lhe fora negada por seu mentor, professor e pai, José Ruiz, que estimulava o filho superdotado a criar grande arte copiando os mestres canônicos em vez de permitir que sua imaginação corresse solta. "Nunca tive uma infância que não fosse nada além de um esforço desgraçado de tentar ser um adulto", afirmou Picasso.[179] "O que às vezes pode ser considerado genialidade precoce é, na verdade, a genialidade da infância. Ela desaparece a uma certa idade sem deixar rastros. É possível que a criança em questão um dia se torne artista, mas terá de recomeçar do zero. Eu não tive essa genialidade, por exemplo. Meus primeiros desenhos não poderiam ser pendurados em uma exposição de obras de crianças. Eles carecem de infantilidade e ingenuidade…

Quando jovem, pintava de forma consideravelmente acadêmica, de forma tão literal e precisa que hoje me choca."[180]

Picasso aparentemente destruiu quase todas as suas obras de infância. Segundo ele mesmo, foi forçado a pular essa infância artística, mas gradualmente usou a força de vontade a fim de obter a imaginação infantil que seria um catalisador para inovações criativas posteriores. Críticos como Gertrude Stein enxergam nas primeiras obras cubistas de Picasso (em 1907) tentativas de enxergar e desenhar como as crianças enxergam e desenham, reduzindo a arte às forças elementares da linha, do espaço e da cor.[181] Posteriormente, mais ou menos em 1920, quando Picasso entrou em seu período neoclássico, pintou figuras com membros, mãos e pés grandes e cartunescos. Picasso atribuiu esse estilo a um sonho recorrente de sua infância: "Quando eu era criança, muitas vezes tinha um sonho que me assustava bastante. Sonhava que minhas pernas e braços cresciam até ficarem enormes e em seguida encolhiam na mesma medida, no sentido oposto. Ao meu redor, no sonho, via outras pessoas passando pelas mesmas transformações, ficando gigantes ou pequeninas. Sentia-me terrivelmente angustiado quando sonhava com isso."[182] Como ele disse em seu típico gracejo paradoxal: "Leva muito tempo para tornar-se jovem."

MARY SHELLEY, JOANE ROWLING E PABLO PICASSO ERAM TODOS visionários acertando alvos ocultos. Na raiz das palavras "visionário" e "imaginação", temos "visão" e "imagem". Picasso enxergava em imagens; Rowling viu uma narrativa acompanhada de imagens; Shelley teve uma visão que expressou com palavras. Albert Einstein também via coisas.

De acordo com relatos dele mesmo, Einstein tinha "uma memória ruim para palavras e textos". Em vez de ver o mundo material, como a maioria dos físicos, a partir de símbolos e fórmulas abstratos, Einstein literalmente o visualizava, usando uma ótima memória para figuras e objetos imaginários em movimento. "Eu raramente penso com palavras", ele disse. "Um pensamento vem, e eu talvez tente expressá-lo em palavras depois."[183]

Em sua autobiografia, Einstein tentou explicar o processo complexo de sua imaginação em atividade. Para ele, uma sequência de "figuras da memória" (em alemão, "*Erinnerungsbilder*") formava uma "ferramenta" ou "ideia" que poderia posteriormente ser expressada como fórmulas matemáticas ou palavras: "Creio que a transição da livre associação, ou 'sonho', ao pensamento é caracterizada pelo papel aproximado que a ideia desempenha. Não é de modo algum necessário que a ideia tenha ligação com um sinal sensorial reconhecível e reprodutível (palavra), mas, quando é esse o caso, o pensamento torna-se capaz de ser comunicado."[184] Einstein chama esse modo de pensamento pictórico primeiro de "brincar livremente com ideias" e depois simplesmente de "brincar" ("*spiel*" em alemão).

Das brincadeiras mentais com imagens, Einstein obteve seus famosos experimentos mentais. Um deles surgiu aos dezesseis anos, quando, ele recorda: "Fiz meus primeiros experimentos infantis de pensamento, que surtiram efeito direto na Teoria da Relatividade Restrita."[185] Como o mundo se pareceria se fôssemos capazes de nos agarrar a um raio de luz e viajar na mesma velocidade que ele? Muitos anos depois, agora um homem jovem indo de seu apartamento para o trabalho em um escritório de patentes em Berna, na Suíça, Einstein passava diariamente pela famosa torre do relógio da cidade. Qual seria o resultado, ele pensou, se um bonde se afastasse da torre à velocidade da luz? (O relógio pareceria parar, mas um relógio dentro do bonde continuaria andando, uma questão novamente pertinente para sua Teoria da Relatividade Restrita.) Então, mais ou menos aos 36 anos, Einstein imaginou uma pessoa e coisas caindo de um prédio ao mesmo tempo; se a pessoa em queda visse apenas essas coisas, ela estaria caindo? (Não, tudo seria identificado como em repouso.) Posteriormente, quando Einstein teve seus próprios filhos, tentou lhes explicar o mundo usando um jeito infantil de enxergar as coisas. Assim, ele expressou sua grande epifania de que a gravidade era distorção do tecido do espaço-tempo (Teoria Geral da Relatividade) ao seu filho mais novo, Eduard, com as seguintes palavras: "Quando um besouro cego anda pela superfície de um ramo curvado, ele não percebe que o caminho que trilhou é, de fato, curvo. Eu tive a sorte de perceber o que o besouro não percebeu."[186]

Einstein foi capaz de ver o mundo como uma criança, ao mesmo tempo mantendo informações científicas apropriadas na mente. J. Robert Oppenheimer, o pai da bomba atômica, afirmaria sobre Einstein: "Havia sempre nele uma forte pureza, ao mesmo tempo pueril e profundamente teimosa."[187] Einstein com frequência citava a conexão entre criatividade e mente infantil. Em 1921, ele escreveu à amiga Adriana Enriques: "A busca pela verdade e pela beleza é uma esfera de atividade na qual nos é permitido permanecer crianças pelo resto da vida."[188] E, finalmente, próximo ao fim da vida, Einstein expressou a ideia deste modo: "Nós nunca deixamos de ficar curiosos como crianças diante do grande mistério no qual nascemos."[189]

A Disney World, o Wizarding World of Harry Potter, o parque Adventureland – todos esses são mundos de fantasia aos quais os pais levam seus filhos para intensificar e talvez recuperar a sensação de curiosidade e surpresa tanto deles mesmos como dos filhos. Como retratado pelo autor J. M. Barrie, Peter Pan era o menino que se recusava a crescer; ele morava em Londres, mas muitas vezes voava para o mundo fantástico da Terra do Nunca. Michael Jackson moldou sua vida com base em Peter Pan e também escolheu não crescer (o lado sombrio do mundo de Jackson é explorado no documentário de 2019, *Deixando Neverland*, que aborda o abuso sexual de dois garotos pelo artista). Como Jackson contou uma vez à atriz Jane Fonda: "Sabe, por todas as paredes de meu quarto há retratos de Peter Pan. Eu me identifico demais com Peter Pan, o garoto perdido da Terra do Nunca."[190]

Coincidentemente, quando, em 1983, Michael Jackson viu pela primeira vez a propriedade que se tornaria o Rancho Neverland, ele estava acompanhado por Paul McCartney. Os dois estavam trabalhando juntos em um videoclipe, e Jackson acabou comprando os direitos autorais das 251 músicas dos Beatles. Em termos de dinheiro obtido em música pop ou clássica – um barômetro de influência musical –, os Beatles ficam em primeiro lugar; Michael Jackson fica em terceiro. Jackson escreveu seus maiores sucessos antes dos 23; nada que ele fez depois se igualou ao sucesso musical ou comercial de seu álbum de 1982, *Thriller*. McCartney, talvez a principal força criativa por trás dos Beatles (há quem defenda que esse título pertence a John Lennon), encontrou seu auge de criatividade entre os 17 e os 27, antes e durante o sucesso com o grupo. Por mais que tenha continuado a compor, nenhuma das músicas posteriores de McCartney teve o mesmo impacto de suas primeiras.

"O segredo da genialidade é levar o espírito da criança até a idade avançada", argumentou o romancista Aldous Huxley.[191] Walt Disney (1901–1966) fez exatamente isso e assim transformou o mundo do entretenimento. "Não faço filmes prioritariamente para crianças. Faço-os para a criança em todos nós, tenha ela seis ou sessenta anos."[192] A história de um filme da Disney é invariavelmente um conto de fadas ou uma aventura imaginária. Em adição a megasucessos como *Branca de Neve e os sete anões* (1937), *Pinóquio* (1940), *Fantasia* (1940), *Dumbo* (1941), *Cinderela* (1945), *Ilha do tesouro* (1950), *Alice no País das Maravilhas* (1951), *Robin Hood* (1952), *Peter Pan* (1953), *A dama e o vagabundo* (1955), *A bela adormecida* (1959) e *Mary Poppins* (1964), Disney também criou programas de TV como *Disney's wonderful world* ("O mundo encantado de Disney") e *The Mickey Mouse club* ("O clube do Mickey"), construiu a Disneylândia e deu início à construção da Disney World e do Epcot Center. Que criança no Ocidente nos últimos cinquenta anos não brincou com Mickey, Minnie, Donald, Pluto ou Pateta? E tudo começou com um camundongo simpático com as crianças chamado Mickey.

"Mickey Mouse brotou da minha mente em uma prancheta vinte anos atrás, em uma viagem de trem de Manhattan para Hollywood", Disney contou em 1948.[193] Depois, na TV, em desenhos animados ou filmes, o próprio Disney sempre fornecia a voz – de fato incorporando o papel – de Mickey. Quando era uma criança no Missouri, Disney morava perto de uma linha de trem da Atchison, Topeka & Santa Fe e ficou fascinado com ferrovias. Em 1949, ele encomendou a construção de uma ferrovia com um quarto de escala em seu quintal, com a qual ele e seus amigos podiam se divertir e, quando construiu a Disneylândia, usou uma ferrovia em meia-escala para conectar seus quatro reinos: Adventureland, Fantasyland, Tomorrowland e Neverland. Disney gostava de perguntar: "Por que temos de crescer?"

Mozart nunca cresceu. Sua irmã, Nannerl, disse em 1792: "Fora sua música, ele era quase sempre uma criança, e assim permaneceu."[194] Um dos demarcadores externos da criança eterna de Mozart era seu uso de linguajar chulo a vida toda. Assim como crianças não entendem por completo, ou escolhem ignorar, as regras de gramática e sintaxe, elas também ainda não aprenderam, ou escolhem ignorar, o que é considerado assunto inapropriado para se conversar. Segue abaixo apenas um exemplo obtido em carta a uma prima, que Mozart escreveu aos 21 anos. Ela ilustra parte de pelo menos uma centena de expressões vindas da boca de nosso gênio.

> "Bem, desejo-te uma boa noite, mas antes cague na cama e arrebente. Durma bem, minha querida, e enfia tua boca em tua bunda... Ah, minha bunda arde como o fogo! O que isso significa? Talvez um pouco de barro queira sair? Ora, sim, barro, conheço-te, ouço-te e cheiro-te... e... o que foi? É possível que... Oh, céus! Posso crer em meus ouvidos? Sim, é verdade, é verdade; que nota longa e melancólica!"[195]

Além disso, há os cânones musicais como *"Difficile lectu mihi mars et jonicu"*, em latim, que quando ouvido da pronúncia de um vienense poliglota soa como *"Lech du mich in Arch et Cunjoni"* ("Lambe minha bunda e meus colhões"). Não discutiremos o cânone "ca-ca, ca-ca, pu-pu, pu-pu" nem outros.

Criancice, toda essa boca-suja! Mas lembre-se de que comediantes de *stand-up* – Robin Williams, George Carlin, Richard Pryor, Mort Sahl, Lenny Bruce, Dave Chappelle, Sarah Silverman, Chris Rock, Amy Schumer e muitos outros – eram e são igualmente obscenos. Perceba como comediantes dessa natureza sempre começam uma performance – salvo em programas de TV com censura – com uma enxurrada de impropérios. O objetivo não é só chamar atenção para si mesmos por meio de um comportamento rebelde, mas também ao processo criativo, como se dissessem: "Com estas palavras chocantes, convido vocês a um novo mundo no qual não há barreiras para a expressão plena. Agora estão liberadas todas as coisas das quais não podíamos falar antes."

As próprias piadas e surtos escatológicos de Mozart ocorriam quase sempre à noite, quando estava relaxado, sendo leviano e estabelecendo novas conexões de modo inconscientemente infantil e lúdico. Sua boca-suja era simplesmente um sinal de que ele tinha ido para a "terra da criatividade". O gênio da comédia Robin Williams, com seus soldadinhos de brinquedo, mundos de faz de conta e coprolalia, muitas vezes viajava para lá. John Cleese (de Monty Python e *Fawlty Towers*), em 1991, relatou o seguinte sobre surtos criativos "inapropriados": "Você tem de arriscar dizer coisas que são tolas, ilógicas e incorretas, e saber que, enquanto está sendo criativo, nada é incorreto; equívoco é algo que não existe e qualquer gotícula pode levar à descoberta."[196]

Coisas boas podem vir de amigos imaginários. Aos seis anos, a pintora Frida Kahlo escapou repetidas vezes pela janela "com uma menina, mais ou menos da minha idade", com quem ela ria e dançava.[197] Charles Dodgson (Lewis Caroll) imaginava Alice saltitando em *Alice no País das Maravilhas* com um coelho imaginário. Mozart também tinha um mundo imaginário e amigos imaginários. Ele chamava seu próprio reino de infância de Reino de Back, povoado por cidadãos de sua própria imaginação.[198] Em 1787, Mozart e seus amigos de carne e osso iam a Praga para a estreia de sua ópera, *Don Giovanni*. Para passar o tempo, Mozart inventou apelidos carinhosos para a esposa, amigos, criado e até para o cão de estimação. Ele era Punkitititi; ela, Schabla Pumfa; o criado, Sagadarata; e o cão, Schamanuzky.[199] Posteriormente, Mozart povoou a ópera *A flauta mágica* de personagens imaginários similares, como Papageno e Papagena. Quando Mozart criou seu mundo imaginário a caminho de Praga, ele não tinha quatro ou seis anos, mas 31! Quando criou o reino infantil de *A flauta mágica*, em 1791, restavam-lhe apenas alguns meses de vida.

Na edição de 2015 do baile "Genius Gala" do Liberty Science Center em Nova Jersey, Jeff Bezos, da Amazon, explicou a criatividade jovial da seguinte forma: "Você tem de ter uma habilidade infantil de não ser prisioneiro de sua própria expertise. E aquele olhar fresco, aquela mentalidade de principiante, depois que você se torna um especialista, é incrivelmente difícil de se manter. Mas grandes inventores estão sempre de olho. Eles têm um certo descontentamento divino. Podem ter visto uma coisa mil vezes e ainda assim lhes ocorre que aquela coisa, por mais que estejam acostumados a ela, pode ser melhorada."[200] Para incentivar uma "mentalidade de principiante", empresas de tecnologia como Amazon, Apple e Google criaram suas próprias "zonas de criatividade". A Amazon tem um ninho de pássaro com Wi-Fi em uma "casa na árvore"; a Pixar dispõe de cabanas de madeira e cavernas usadas como sala de reuniões; e o Google tem sua quadra de vôlei de praia e um dinossauro rodeado de flamingos cor-de-rosa. Inclusive, o próprio Liberty Science Center não é um museu de ciência e tecnologia, mas sim um playground gigantesco no qual você pode escavar ossos de dinossauro, construir uma cidade de Lego, explorar uma selva baseada no universo Disney ou criar uma caverna com blocos de esponja. E as crianças também podem participar.

"Toda criança nasce abençoada com uma imaginação vivaz", pontuou Walt Disney. "Porém, assim como os músculos atrofiam com o desuso, a imaginação brilhante de uma criança empalidece com o passar dos anos se ela deixa de exercitá-la." Mas por que a capacidade imaginativa do espírito humano atrofia quando se passa da infância para a maturidade, do mundo da imaginação à realidade adulta, como sugere Kanye West? Conforme crescemos, nos tornamos responsáveis por nossa sobrevivência de modo concreto: ganhar o próprio pão e assim por diante. Muitos animais demonstram flexibilidade lúdica durante a infância, mas depois seguem padrões rigidamente programados quando viram adultos. A neotenia nos salva.

"Neotenia" é um termo cunhado por biólogos evolutivos para designar a capacidade humana de perpetuar até a vida adulta características juvenis, como curiosidade, ludicidade e imaginação.[201] Em um artigo de 1979 na *National History* chamado "A biological homage to Mickey Mouse" ("Uma homenagem biológica a Mickey Mouse"), Stephen Jay Gould, de Harvard, observou que "humanos são neotênicos. Nós evoluímos para reter na idade adulta as características originalmente juvenis de nossos ancestrais... Temos períodos muito longos de gestação, infâncias marcadamente extensas e a maior expectativa de vida de qualquer mamífero. As características morfológicas da juventude eterna nos foram de grande serventia."[202] Uma imaginação "e se…" de criança é uma das características que nos torna humanos. Ela é responsável por nossas descobertas e inovações em artes, ciência e nas formas como nos organizamos socialmente. Ela nos permite enxergar o mundo do futuro. Como uma eterna criança, Albert Einstein afirmou em 1929: "Sou artista o suficiente para depender de minha imaginação. Imaginação é mais importante do que conhecimento. Pois o conhecimento é limitado, ao passo que a imaginação engloba o mundo todo, estimulando o progresso, criando a evolução."[203] Embora o progresso da humanidade deva-se à neotenia, esse termo especializado não é familiar para a maioria de nós (e, definitivamente, tampouco para o meu corretor ortográfico). Neotenia: a retenção de características juvenis em adultos; um hábito que preservou nossa espécie e é tão profundamente arraigado que fica quase oculto por completo.

Em suma, o que concluímos dessa expedição pelas mentes infantis de gênios ao longo dos séculos? Aprendemos que a coisa menos útil que podemos dizer às nossas crianças, bem como a nós mesmos, é "vê se cresce!". As coisas de criança – histórias de ninar, contos de fadas com gênios e fadas madrinhas, brinquedos e fantoches, casas na árvore e casinhas de boneca, recreio, acampamentos do lado de fora da escola e de casa, amigos imaginários – e seus equivalentes na vida adulta – espaços de trabalho lúdicos, refúgios criativos, períodos de descontração e a expressão "vá brincar com essa ideia" – permitem que nós mantenhamos ou recapturemos nossas mentes criativas. O poeta Charles Baudelaire tinha razão quando comentou em 1863: "A genialidade é apenas a infância recuperada voluntariamente."[204]

CAPÍTULO 5

DESEJO DE APRENDER

A Rainha da Inglaterra Elizabeth I (1533–1603) recebeu a educação tradicional mais refinada que o dinheiro de um rei pode pagar. Enquanto seu pai, Henrique VIII, mandava Ana Bolena e as esposas seguintes para a morte, ele proporcionava aos filhos os melhores tutores privados, sabendo que algum dia um deles, talvez até uma mulher, poderia se tornar governante. Elizabeth, sua filha mais nova, recebeu uma educação clássica típica de um príncipe humanista do Renascimento, mas excepcionalmente rara para uma mulher na época. Elizabeth estudou não só história, filosofia e literatura antiga, mas também leu os primeiros padres da Igreja, o Novo Testamento em grego e os escritos em latim de teólogos reformistas. Seu tutor, D. Roger Ascham, de Oxford, afirmou, quando sua pupila estelar Elizabeth tinha apenas dezessete anos: "A constituição de sua mente é isenta de fraquezas femininas[!], e ela é dotada de um poder masculino de aplicação. Nenhuma compreensão é mais rápida do que a sua, nenhuma memória é mais absorvente. Francês e alemão ela fala como se fossem inglês; latim, com fluência, propriedade e juízo; ela também fala comigo em grego, frequentemente, voluntariamente e razoavelmente bem."[205]

Contudo, a educação de Elizabeth não foi interrompida quando a tutoria com Ascham se encerrou; depois de se tornar rainha, em 1558, Elizabeth permaneceu autodidata pelo resto da vida. Como ela disse certa vez em uma carta para sua madrasta, a rainha Catarina Parr: "A inteligência de um homem ou mulher perde o fio e fica inapta a fazer ou compreender qualquer coisa perfeitamente, a não ser que fique sempre ocupada com algum meio de estudo."[206] Tendo estabelecido três horas de leitura diária como seu padrão, Elizabeth pôde lembrar o parlamento do seguinte em 29 de março de 1585: "Devo considerar isso como verdade: suponho que poucos (além de professores) tenham lido mais."[207] Seu contemporâneo, William Camden, disse: "Ela informou sua mente com documentos e instruções deveras aptos e diariamente estudou e praticou boas cartas, não por pompa, mas pela prática do amor e da virtude, de modo que ela foi um milagre por aprender entre os príncipes de sua época."[208]

De fato, o aprendizado de Elizabeth era milagroso. Mas que utilidade prática todo o seu aprendizado lhe rendeu? Deu poder à rainha. Como diz a famosa fala de um dos cortesãos de Elizabeth, Francis Bacon, talvez com ela em mente: "Conhecimento é poder." Elizabeth, erudita, havia conquistado posto igual ou superior ao de todos os diplomatas homens de sua época. Sua fluência em latim, francês e italiano lhe permitia conversar com funcionários estrangeiros (e ouvir o que eles diziam aos outros), além de ler cartas vindas do exterior sem precisar de intérpretes. Quando, em 1597, um embaixador polonês tentou ofuscar a rainha falando em latim, ela o interrompeu, improvisando completamente um discurso no idioma. Ela então deu as costas para o emissário infeliz e disse a seus cortesãos, com falsa modéstia: "Meus senhores, fui forçada hoje a tirar a poeira de meu velho latim!"[209]

Tendo adquirido poder e autoridade com o aprendizado, Elizabeth não tinha intenção de abrir mão dele. Como lema pessoal, ela escolheu a frase em latim "*Video et taceo*" ("Vejo e me calo"). O grande desequilíbrio entre o que Elizabeth tinha na cabeça e o que dizia publicamente atuava a seu favor em todas as questões políticas. Compare a abordagem de Elizabeth com os políticos contemporâneos do Reino Unido e dos Estados Unidos, Boris Johnson e Donald Trump, que tuítam impetuosamente todo dia. Por saber tudo e não dizer nada, Elizabeth governou por 44 anos, o reinado mais longo de qualquer monarca inglês até então, criou o alicerce do Império Britânico e emprestou seu nome a toda uma época, a era elisabetana. O controle ponderado que ela exercia sobre tudo o que colocava na cabeça permitiu que a genial Elizabeth mantivesse tais coisas, e mantivesse sua nação seguindo em frente.

CHAME DE DESEJO DE APRENDIZADO, PAIXÃO PELO SABER OU curiosidade potente – é tudo o mesmo impulso, e todos nós o temos, embora em graus variados. Por mais que seja invisível e imensurável, a curiosidade é parte essencial da personalidade de cada um, e está inevitavelmente entrelaçada com outros traços de personalidade, em particular com a paixão. Para gênios, mais do que para o restante de nós, o desejo de entender é comparável a uma coceira. Grandes mentes ficam incomodadas com um problema misterioso e querem uma solução; eles veem uma discrepância, um "descontentamento divino", como Jeff Bezos descreveu, entre o que há e o que pode haver... e eles agem. Marie Curie, como veremos, estava determinada a resolver o mistério da radiação em pechblenda. Albert Einstein sentia-se motivado pelo mistério da agulha de bússola que não se movia. De forma similar, pessoas curiosas querem trazer conforto a um desconforto: há uma discrepância entre o que veem e o que sabem; e se sentem compelidas a conciliar as duas variáveis.

Com graus variados de frequência e intensidade, todos queremos saber o que não sabemos. Especialistas de marketing buscam se aproveitar desse desejo humano profundo. Sigmund Freud, quando procurava cogumelos com seus filhos e achava um espécime raro, não exclamava: "Olha, ali está." Em vez disso, colocava seu chapéu sobre ele e deixava que as crianças descobrissem o segredo por conta própria. Freud intuiu o que psicólogos mais contemporâneos demonstraram em um estudo de 2006: "Quando lhes era solicitado que se lembrassem de informações aprendidas, os indivíduos se lembravam com muito mais sucesso dos itens pelos quais haviam expressado surpresa." Crianças lembram melhor quando descobrem as coisas por si mesmas.[210] Talvez a melhor maneira de aprender não seja ser ensinado, mas sim ser curioso.

Leonardo da Vinci já foi chamado de "o homem mais insaciavelmente curioso da História".[211] Talvez se trate de uma hipérbole, mas Da Vinci fazia muitas perguntas, para os outros e para si mesmo. Considere, por exemplo, uma lista de afazeres de um único dia que ele escreveu quando estava em Milão, em meados de 1495:[212]

- Calcular a medida de Milão e de seus arredores.
- Encontrar um livro que descreva Milão e suas igrejas; deve haver um na papelaria no caminho para a Piazza Cordusio.
- Descobrir os comprimentos da Corte Vecchia [antigo pátio do palácio do duque].
- Pedir ao mestre da aritmética [Luca Pacioli] que mostre como determinar a área de um triângulo.
- Perguntar a Benedetto Portinari [um mercador florentino de passagem por Milão] de que modo eles andam sobre o gelo em Flandres.
- Desenhar Milão.
- Perguntar ao mestre Antônio quantos morteiros ficam montados nos baluartes de dia ou de noite.
- Examinar a balestra do mestre Gianetto.

- Encontrar um mestre da hidráulica e fazer com que ele explique como consertar uma eclusa, um canal e um moinho, ao modo dos lombardos.
- Perguntar a medida do sol, prometida a mim pelo mestre Giovanni Francese.

As perguntas de Da Vinci se estendiam a diversos campos: planejamento urbano, hidráulica, desenho, arquearia e combate armado, astronomia, matemática e mesmo patinação no gelo. Quantos desses assuntos Da Vinci estudou na escola? Nenhum deles, pois, como filho ilegítimo, era vetado do único sistema de educação formal na época, o da Igreja Católica. Ele não recebeu instrução em latim ou grego, as línguas cultas da época, e posteriormente descreveu a si próprio dizendo "sou um *uomo senza lettere*"[213] – um homem iletrado. Portanto, Da Vinci pertence ao primeiro de dois tipos de indivíduos curiosos: os que aprendem experimentando e os que aprendem indiretamente, lendo. Em outras palavras: os que fazem e os que leem a respeito do que os outros fizeram ou descobriram.

Da Vinci era alguém que fazia as coisas. Ele pintava, é claro, mas também ia às montanhas em busca de examinar rochas e fósseis, e aos pântanos salgados, para observar as asas e os hábitos de voo de libélulas. Ele desmontava máquinas para ver como funcionavam, e desmontava humanos com o mesmo objetivo. Ele registrou todas as suas descobertas no que totalizaria cerca de 13 mil páginas de notas e desenhos.

O que fazia dele alguém tão curioso? Entre as primeiras tentativas de explicar sua natureza interrogativa consta uma teoria proposta em 1910 pelo gênio Sigmund Freud. Por mais estranho que possa parecer hoje, Freud atribuía a curiosidade de Da Vinci ao aparente fato de ele ser gay, o que "fez com que ele sublimasse sua libido em avidez por conhecimento".[214] Freud acreditava ver evidências físicas da homossexualidade de Da Vinci nos rostos andróginos retratados em algumas de suas pinturas, notavelmente seu *São João Batista*, bem como na caligrafia do artista.

Muitos gênios ao longo da História eram canhotos,[215] e Leonardo da Vinci talvez seja o mais famoso deles. Mas Da Vinci tinha outra peculiaridade em sua escrita: ele escrevia quase tudo de trás para a frente, espelhado. Há, é claro, uma explicação simples para isso: para uma pessoa canhota, mover a mão da direita para a esquerda evita que o escritor a passe pela tinta fresca, borrando-a.

No entanto, Freud enxergou mais do que uma explicação prática: a caligrafia invertida de Da Vinci era uma marca de "comportamento secreto", um sinal de sexualidade reprimida em uma sociedade pouco receptiva. Com essa escrita codificada, Da Vinci poderia manter sua vida privada, um enigma a respeito de suas ideias e desejos. A conclusão de Freud: "A libido sublimada reforça a curiosidade e o poderoso impulso investigativo. A investigação torna-se de certo modo compulsiva e substitutiva da atividade sexual."[216] Resumindo: a curiosidade pode manifestar-se como substituto do sexo.

Embora isso tudo pareça disparatado, o próprio Leonardo fez a seguinte observação em seu *Codex atlanticus*: "A paixão intelectual afasta a sensualidade."[217] Seria a paixão homossexual um estímulo à curiosidade e, por consequência, à criatividade, como Freud sugere? Um relatório de 2013 na revista científica *The Journal of Psychological Studies* refuta a ideia, resumindo os estudos a respeito desse assunto da seguinte maneira: "As evidências atuais são compatíveis com a de estudos anteriores indicando que homossexuais não são mais nem menos criativos."[218] Embora as experiências de vida de indivíduos gays possam apresentar novas perspectivas de alteridade, homossexuais aparentemente não são mais nem menos propensos a terem curiosidade – e a tornarem-se gênios criativos – em comparação aos heterossexuais.

Para criar suas famosas pinturas, incluindo a *Mona Lisa*, Da Vinci, sempre questionador, parecia sempre parar por um momento e se perguntar: "O que é que estou pintando e como esse organismo vivo opera?" Ele ia atrás da resposta para essas perguntas não com um pincel, mas com uma faca. Para satisfazer suas curiosidades de anatomia, Leonardo dissecava cadáveres de porcos, cavalos, bois e também de humanos, incluindo uma criança de dois anos.

Dissecar humanos nessa ou em qualquer época exige coragem, uma combinação de paixão com tolerância ao risco. E Da Vinci tinha coragem em abundância, como seu primeiro biógrafo, Giorgio Vasari, observa em vários trechos de *As vidas dos artistas* (1550).[219] Para começo de conversa, onde obter cadáveres humanos? Em uma época na qual as autoridades da Igreja ainda consideravam a autópsia uma heresia, Leonardo não identificava diretamente suas fontes, embora saibamos que pelo menos um corpo veio do hospital de Santa Maria Novella, em Florença.[220]

Depois que Da Vinci obtinha os corpos, as coisas só pioravam. A temperatura em Milão e em Florença pode ficar bem alta. Para retirar camadas de pele ou levantar tendões, precisa haver certo grau de firmeza e integridade do tecido. Sem refrigeração e ar-condicionado, tecidos antes vivos se degeneram e se aproximam do estado líquido. As dissecções de Da Vinci pareciam ser feitas na discrição da noite, visto que ele relata o seguinte ao leitor:

"Mas, embora tenha interesse no assunto, é possível que seja detido por uma repugnância natural ou, caso isso não o restrinja, talvez pelo medo de passar a noite na companhia desses cadáveres esquartejados, esfolados e terríveis de se ver; e caso isso não o detenha, talvez careça da habilidade de desenho essencial para a representação; e mesmo que tenha essa habilidade, ela talvez não seja complementada com a noção de perspectiva; e, mesmo que tudo isso seja o caso, talvez falte a instrução nos métodos de demonstração geométrica ou no método para estimar a força dos músculos, ou talvez acabe faltando a paciência, de modo que não se tenha diligência."[221]

Além de tudo isso, haveria o fedor. Mas Da Vinci não foi dissuadido de sua tarefa. Ele sequer percebia? É possível que não, pois Vasari relata que, de brincadeira, Leonardo certa vez colocou em um escudo os cadáveres de várias criaturas selvagens, cujo fedor logo ficou intenso. O odor passou despercebido pelo criador.

Isso nos leva a uma pergunta: quando uma pessoa genial está no auge da investigação apaixonada, ela percebe desconfortos? Michelangelo não lamentou seu destino ao passar quatro anos, dezesseis horas por dia, em sua "agonia" sob o telhado da Capela Sistina. Newton não parece ter reclamado quando colocou uma agulha grande em seu olho e a remexeu para medir sua percepção de cores. Tesla seguiu em frente após levar mais de um choque com correntes elétricas de alta voltagem. Será que as chamas da curiosidade criativa afastam a dor?

Após perseverar, o que Da Vinci aprendeu com tantas dissecções? Nada menos do que a estrutura da anatomia humana como a entendemos. Ele foi o primeiro a identificar a condição que hoje chamamos de arterosclerose. Foi o primeiro a compreender que a visão é o processo da luz dispersando em toda a retina, não em um ponto único do olho. Foi o primeiro a descobrir que o coração tem quatro câmaras, não duas. E foi o primeiro a demonstrar que uma corrente de sangue girando em vórtice na base da aorta força um fechamento da válvula aórtica – algo que não foi verificado por periódicos de medicina até

1968.[222] E assim por diante. Depois de determinado tempo, 450 anos após sua morte, as ciências médicas alcançaram a genialidade de Da Vinci, com o advento de máquinas de tomografia computadorizada e de ressonância magnética que podiam visualizar o interior do corpo sem abri-lo. Entretanto, mesmo hoje, alguns médicos preferem recorrer a cópias dos desenhos feitos à mão por Leonardo (Figura 5.1) em vez de a imagens computadorizadas em livros de medicina, acreditando que os tons hachurados do mestre mostram processos funcionais no corpo com mais clareza.[223] A curiosidade de Da Vinci o ensinou a pintar os músculos no sorriso de Mona Lisa,[224] mas também o levou a descobertas que vão muito além do mundo das artes.

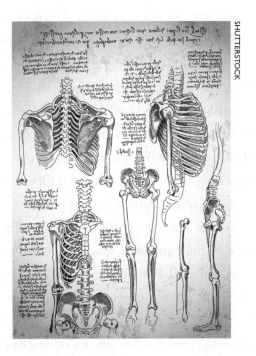

Figura 5.1 – Desenhos e anotações de Leonardo da Vinci retratando a estrutura óssea humana.

Quando Da Vinci deu seu último suspiro, aos 67 anos, seu legado consistia em menos de 25 pinturas concluídas.[225] O que ele deixou em abundância, por outro lado, foram suas volumosas notas e 100 mil esboços e desenhos preliminares. Por que há tão poucas pinturas daquele que é possivelmente o maior artista plástico de todos os tempos? Porque assim que ele descobria como fazer algo, sua curiosidade o levava ao projeto seguinte. Ele tinha um desejo de aprender maior do que tinha de terminar as tarefas.

A MAIORIA DE NÓS NÃO DISSECA ANIMAIS OU DESVIA CORRENTES, COMO Da Vinci, para satisfazer nossa curiosidade. A maioria de nós aprende indiretamente pela leitura, e o fazemos por pelo menos três motivos: 1) Adquirir informação que pode levar a conhecimento, sabedoria, autoridade e poder; 2) Expandir experiências de vida, assim ganhando nova compreensão acerca do comportamento humano, sem risco emocional; 3) Encontrar indivíduos inspiradores que usamos como referência para nossa própria bússola moral.

Um gênio que mudou a vida de milhões é Oprah Winfrey. Como repórter televisiva e apresentadora de programa de entrevistas, a curiosidade e desejo de aprender de Oprah foram amplamente exibidos ao longo das 37 mil entrevistas que ela conduziu. Isso sem falar no impacto de seu clube do livro, que estimulou a leitura em pessoas que não haviam lido um livro sequer desde o ensino médio. Quando criança, Winfrey teve de batalhar. "Você só sabe ler livros", ela lembra de ouvir a mãe gritando enquanto arrancava o livro da mão da própria filha. "Saia um pouco de casa! Você acha que é melhor do que as outras crianças. E não vou levar você pra biblioteca nenhuma!"[226]

Trineta de uma pessoa escravizada, Winfrey é filha de mãe solteira, mudava-se com frequência, foi sexualmente molestada na infância e no início da adolescência e virou ela mesma mãe solteira aos catorze anos. "Voltei à escola depois que o bebê morreu", ela recorda, "achando que era uma segunda chance na vida. Mergulhei nos livros. Mergulhei em livros que falavam de mulheres com problemas, Helen Keller e Anne Frank. Li sobre Eleanor Roosevelt."[227]

Da pobreza, Winfrey ergueu-se e se tornou uma titã midiática e a primeira pessoa afro-americana a se tornar bilionária. Como ela conseguiu? Buscando o aprimoramento de si mesma e dos outros por meio da leitura. Toni Morrison, vencedora do Prêmio Nobel, disse o seguinte de Winfrey: "Eu muito dificilmente vejo uma casa com tantos livros – livros de todos os tipos, todos manejados e lidos. Ela é uma leitora legítima, não só decorativa. É uma leitora carnívora."[228] Em 2017, Winfrey falou a respeito da importância da leitura e da educação, mas em nenhum momento mencionou o aprendizado no contexto de escolas, faculdades e universidades. "[A educação importa] porque é uma porta aberta para a vida real, e não é possível viver sem ela e ter sucesso. É uma porta para a descoberta, a surpresa, o fascínio e a descoberta de quem você é, por que está aqui e o que veio fazer. É um convite à vida, e alimenta você para sempre."[229]

Assim como Oprah Winfrey, Benjamin Franklin foi um eterno aprendiz, tanto lendo como fazendo. Em sua autobiografia (1771), Franklin confessa ser um bibliófilo de nascença. "Desde minha infância, tinha afeição intensa pela leitura, e tudo do pouco dinheiro que vinha parar em minhas mãos era gasto comprando livros. Gostava bastante de grandes viagens. Minha primeira aquisição foi a obra completa de Bunyan em pequenos volumes separados."[230] Em 1727, Franklin formou o Junto Club, um grupo de doze comerciantes que se reuniam toda sexta-feira a fim de discutir questões de moral, filosofia e ciências. Franklin chegou a acumular 4.276 livros, uma das maiores bibliotecas (entre públicas e privadas) das colônias norte-americanas.[231]

O peregrino, de John Bunyan, *An essay upon projects* ("Ensaio sobre projetos"), de Daniel Defoe, e *Vidas paralelas*, de Plutarco, foram os primeiros companheiros de Franklin. Posteriormente, "envergonhado de minha ignorância com números, que duas vezes tentei aprender sem sucesso na escola", ele leu o *Cocker's Arithmetick* ("A aritmética de Cocker"; 1ª edição, Londres, 1677) e aprendeu sozinho um pouco de geometria para ajudar na navegação celeste. Para tornar-se uma pessoa internacional, Franklin aprendeu a falar francês e italiano, e a ler em espanhol e latim. Ele geralmente arranjava tempo para esse autoaprimoramento aos domingos, quando determinou que o período de devoção cristã tradicional seria mais bem aplicado na solidão e no aprendizado do que "na participação coletiva de adoração pública".[232] Um gênio posterior, Bill Gates, disse a mesma coisa em 1997: "Em meros termos de alocação de tempo, a religiosidade não é muito eficiente. Há muito mais coisas que eu poderia fazer aos domingos pela manhã."[233]

Aos 42 anos, Ben Franklin se aposentou de sua profissão como editor de jornais e revistas para as colônias e foi atrás de outros assuntos que lhe interessavam. Seu objetivo passou a ser a satisfação de sua insaciável curiosidade científica. O que faz com que um violino tocando uma nota aguda quebre um copo? Por que a eletricidade atravessa a água, mas não a madeira? Tais questões na época pertenciam ao campo da filosofia natural, que hoje chamamos de física (o termo "cientista" só foi cunhado em 1833). "Quando desvencilhei-me dos negócios privados, podia gabar-me do fato de que, com a fortuna suficiente – mas moderada – que eu havia adquirido, garantira tempo ocioso para o resto de minha vida para estudos e distrações filosóficas."[234] Esqueça o fato de que ele só dominava matemática de lojista e não sabia nada de física. Mais uma vez, o curioso Ben aprendeu sozinho o que era necessário.

A curiosidade de Franklin acerca da ciência da eletricidade foi estimulada por obra do acaso. Em 1746, um apresentador de variedades itinerante, Archibald Spencer de Edimburgo, chegou à Filadélfia e demonstrou os efeitos da eletricidade estática.[235] Intrigado, Franklin imediatamente comprou os aparelhos geradores de eletricidade de Spencer, começou a ler a respeito do assunto e a fazer experimentos, sobretudo para divertir-se. Como ele disse a respeito dessa empreitada: "Nunca antes estudei nada que consumisse tanto minha atenção e meu tempo como esse estudo tem feito ultimamente, com a realização de experimentos quando consigo ficar sozinho e a reprodução deles para amigos e conhecidos que [...] continuam vindo em multidões para vê-los."[236] Em um desses experimentos com plateia, Franklin tentou matar (e assar) um peru de Natal eletrocutando-o. Na empolgação do momento, ele se esqueceu de colocar sapatos isolantes e quase eletrocutou a si mesmo.[237]

Entre 1746 e 1750, Franklin passou de seus truques de palco a uma investigação mais séria acerca da eletricidade. Em 1752, ele audaciosamente empinou uma pipa durante uma tempestade com raios. Quando um relâmpago a acertou, um fio levou a carga até um molho de chaves pendurado, assim como ocorreria se estivesse conectada a uma carga elétrica vindo de uma garrafa de Leiden no chão. Isso era perigoso: inclusive, no ano seguinte, o físico alemão Georg Wilhelm Richmann se eletrocutou tentando reproduzir o experimento de

Franklin.[238] Mas Franklin provou que o relâmpago no céu e a eletricidade na terra eram a mesma coisa, que o relâmpago se move do chão às nuvens com a mesma intensidade que se move do céu para a terra, e que a eletricidade não é nem um éter nem um fluido, mas sim uma força que, como a gravidade, percorre toda a natureza. Como reconhecimento, Franklin não só recebeu diplomas honorários de Yale e Harvard como também ganhou o equivalente do século XVIII ao Prêmio Nobel de Física: a Medalha Copley da Royal Society (de Londres). Curioso até o fim e até mesmo depois, Franklin escreveu a um amigo em 1786 que ele havia vivenciado muito deste mundo, mas agora sentia "uma curiosidade crescente para ver o outro".[239] Quatro anos depois, seu desejo foi concedido.

O CIENTISTA E INVENTOR NIKOLA TESLA (1856–1943) TAMBÉM demonstrava desejo intenso de aprender mais a respeito da eletricidade. O resultado das atividades de Tesla levaram à adoção universal da corrente alternada, o sistema que ainda é usado hoje, além do motor de indução, aparelho que ainda é usado para fornecer energia para grande parte do mundo. Homônimo da Tesla Motors, que escolheu esse nome em sua homenagem, ele era um visionário que previu o aquecimento solar, os raios-X, o rádio, a máquina de ressonância magnética, robôs, drones, telefones celulares e a internet. Como Franklin antes dele, Tesla fora um bibliófilo ávido desde o início da vida, como ele também escreve em sua autobiografia:

"Meu pai tinha uma grande biblioteca e, sempre que eu tinha a oportunidade, tentava satisfazer minha paixão pela leitura. Ele não permitia que eu o fizesse, e ficava furioso quando me pegava no ato. Ele esconeu as velas quando descobriu que eu lia em segredo; não queria que eu estragasse minha vista. Mas eu juntava cera, fazia o pavio e fundia as velas em formas de estanho, e toda noite eu cobria a fechadura e as rachaduras na porta e lia, muitas vezes até o amanhecer."[240]

Além de estudar física, matemática e engenharia elétrica, quase tudo por conta própria, Tesla absorvia filosofia e literatura. Ele alegava ter lido todos dos muitos volumes de Voltaire e de ter memorizado *Fausto*, de Goethe, e vários épicos sérvios – feitos possíveis devido à sua memória fotográfica.

Se uma imagem vale por mil palavras, há aquela de 1899, em que Nikola Tesla está em seu laboratório, vestido de modo impecável, com gola engomada e sapatos engraxados. Em suas mãos há um livro, um exemplar de *Teoria da filosofia natural* (1758), de Ruđer Bošković.[241] Tesla lê, alheio à eletricidade relampeando a seu redor. Ele criou essas "propulsões eletrostáticas", como ele chamava, com "bobinas de Tesla" construídas dentro de um laboratório de construção especial em Colorado Springs.[242]

O objetivo principal de Tesla era criar um novo "sistema mundial" elétrico que pudesse transportar não só eletricidade em estado bruto, mas também informação e lazer de todos os tipos (notícias, valores do mercado de ações, música e telefonemas) de forma instantânea e sem fios por todo o globo. Não é necessário comentar que os experimentos que ele fazia com rajadas elétricas de alta voltagem em seu laboratório eram perigosos.[243] A fotografia mencionada anteriormente na verdade é uma montagem de Tesla, que acrescentou a imagem de ondas elétricas sobre uma mais simples, que o mostrava sentado. O resultado foi uma jogada de autopromoção feita para impressionar tanto possíveis investidores como o público geral. No meio da tempestade há a imagem que Tesla queria criar de si mesmo: um gênio lendo em silêncio.

O GÊNIO MODERNO ELON MUSK, ATUAL CEO DA TESLA MOTORS (o nome "Tesla" não foi escolhido por Musk, mas por um fundador anterior a ele) também é um leitor voraz desde a infância. Musk – a força motriz por trás não apenas de uma companhia de carros elétricos, mas da Solar City, do Hyperloop e da SpaceX – sempre tinha um livro em mãos durante a juventude. Seu irmão, Kimbal, disse o seguinte: "Não era incomum ele ler dez horas por dia. Se fosse fim de semana, ele lia dois livros inteiros em um dia." O próprio Musk conta que, quando tinha cerca de dez anos, "não havia mais livros para ler na biblioteca da escola [em Pretória, na África do Sul] e na biblioteca da região. Isso foi talvez na terceira ou quarta série. Tentei convencer os bibliotecários a encomendar livros para mim. Então, comecei a ler a *Enciclopédia britânica*. Isso foi muito útil. Você não sabe quantas coisas não sabe. Você se dá conta de que há tantas coisas mundo afora."[244]

Então, desde a infância, Musk lê "desde a hora que acordo até a hora de dormir". Depois de um tempo, ele havia lido tanto que parecia saber tudo. A mãe de Musk lembra que sempre que Tosca, sua filha, tinha uma pergunta, ela dizia: "Bem, pergunte ao menino gênio."[245] Quando perguntam como ele aprendeu sobre foguetes para ajudar a esboçar os projetos de foguetes reforçadores para sua companhia aeroespacial (a SpaceX), ele responde em voz baixa: "Li muitos livros."[246] O objetivo de Musk é chegar a Marte.

A curiosidade de Musk é inata, foi uma característica adquirida, ou um pouco de ambos? A psicóloga Susan Engel, autora de *The hungry mind* ("A mente faminta"; 2015), afirma que a curiosidade, assim como a inteligência, é em maior parte um elemento inato e estável da personalidade do indivíduo. "Desde o nascimento", diz Engel, "algumas crianças são mais propensas a explorar novos lugares, objetos e até pessoas".[247] No entanto, em uma pesquisa de 2010 conduzida em todos os 50 estados dos Estados Unidos, pesquisadores buscando identificar o catalisador de "talento" entre crianças descobriram que psicólogos em 45 estados fizeram testes em busca de um QI alto, mas apenas três buscaram por curiosidade motivadora.[248] O que é mais essencial para a grandiosidade: inteligência ou curiosidade?

Eleanor Roosevelt diria que é a curiosidade, visto que declarou em 1934: "Creio que, se quando um bebê nascesse, a mãe pudesse pedir a uma fada madrinha que abençoasse a criança com o dom mais útil, esse dom seria a curiosidade."[249] De fato, pesquisas recentes ligaram a curiosidade à felicidade, a relacionamentos satisfatórios, crescimento pessoal potencializado, maior sensação de sentido na vida e mais criatividade.[250] Além disso, a curiosidade pode desempenhar um papel na própria sobrevivência de nossa espécie, como sugeriu Jeff Bezos em uma entrevista para a *Business Insider* em 2014: "Creio que provavelmente seja uma habilidade de sobrevivência o fato de sermos curiosos e gostarmos de explorar. Entre nossos ancestrais, os que não tinham curiosidade e não exploravam provavelmente não eram tão longevos quanto os que olhavam no topo da cordilheira seguinte para ver se havia mais fontes de comida, climas mais favoráveis e assim por diante."[251] Assim como Musk e seu programa SpaceX, Bezos e seu projeto Blue Origin observam com olhos curiosos o planeta seguinte em nosso sistema.

Quanto às pessoas sem curiosidade neste mundo, talvez elas não tenham começado a vida assim. Muitos psicólogos evolutivos acreditam que os humanos nascem curiosos, mas perdem sua natureza questionadora com o tempo.[252] Mas a curiosidade de uma criança parece sempre acompanhar o gênio. Como Albert Einstein descreveu a si mesmo em seus últimos anos de vida: "Não tenho talentos especiais. Só sou avidamente curioso."[253]

Na infância, Albert Einstein ficava intrigado com bugigangas mecânicas, especialmente trens a vapor de brinquedo e quebra-cabeças. Ele também brincava com um conjunto de tijolinhos de pedra (precursores do Lego) e usava essas peças para reproduzir conceitos visuais em sua mente (o conjunto de peças de Einstein existe até hoje e ficou à venda em 2017 no Seth Kaller Inc. por 160 mil dólares). Einstein posteriormente lembrou-se de que, com quatro ou cinco anos, uma bússola chamou sua atenção, e ele ficou obcecado pelo modo como a agulha permanecia apontada para o norte em vez de se mover para onde ele girava. "Ainda lembro – ou pelo menos acredito lembrar – que essa experiência deixou uma impressão profunda e duradoura em mim. Tinha de haver algo profundamente escondido sob as coisas."[254] Todos nós ficamos intrigados com a agulha de bússola imóvel, mas apenas um de nós seguiu essa curiosidade até chegar à Teoria da Relatividade Específica.

Quando tinha dez anos, Einstein teve acesso a uma série em volumes de "ciência popular" chamada *Naturwissenschaftliche Volksbücher* ("Livros do povo sobre ciência natural"; 1880), por Aaron Bernstein, que ele lia "com atenção e sem respirar".[255] Ali dentro havia questões para as quais o curioso Albert queria respostas. O que é tempo? Qual é a velocidade da luz? Há algo mais rápido? Bernstein pedia a seu leitor que imaginasse um trem em movimento e uma bala sendo disparada pela janela de um vagão; o trajeto da bala pareceria curvo de dentro do trem conforme ele avança. Mais tarde, Einstein, ao trabalhar em sua teoria da Relatividade Geral e do espaço-tempo curvilíneo, pediu a seus leitores que imaginassem um elevador subindo rapidamente, mas com um furo na lateral permitindo a intrusão de um raio de luz; quando a luz chegasse ao outro lado do elevador, pareceria ter percorrido um arco descendente. Max Talmey, amigo da família, contou o seguinte acerca da juventude de Einstein: "Em todos esses anos, nunca o vi ler livros fáceis. Também nunca o vi na companhia de colegas de escola ou outros garotos de sua idade."[256]

Einstein educou-se sozinho. Aos doze anos, aprendeu por conta própria álgebra, geometria euclidiana e, pouco depois, integrais e cálculo diferencial. Ao entrar na faculdade, o autodidatismo continuou. O Instituto Politécnico em Zurique não ensinou a Einstein o que ele tinha paixão de aprender: física de ponta. Assim, Einstein, por conta própria, estudou as equações eletromagnéticas de James Clerk Maxwell, a estrutura molecular de gases proposta por Ludwig Boltzmann e as cargas elétricas atômicas descritas por Hendrik Lorentz. Depois da faculdade, Einstein e dois colegas formaram um clube, a Academia Olímpia, para que se autoeducassem coletivamente, assim como Franklin fizera 170 anos antes com seu Junto Club. Reunidos, Einstein e seu grupo liam e discutiam, entre outras obras, *Dom Quixote*, de Miguel de Cervantes; *Tratado da natureza humana*, de David Hume; e *Ética*, de Baruch Espinoza. A experiência decepcionante que Einstein teve na faculdade o fez dizer posteriormente: "É, na verdade, nada menos do que um milagre que os métodos modernos de instrução não tenham ainda asfixiado a curiosidade sagrada da indagação."[257] Acredita-se que Mark Twain tenha dito: "Nunca deixei que a escola interferisse em minha educação." Einstein parece ter feito uma versão dessa ideia quando observou, irônico: "Educação é o que sobra depois que se joga fora tudo o que foi ensinado na escola."[258]

EINSTEIN NÃO TINHA COMO ESPERAR OUTRA COISA. A MAIORIA DAS escolas – mesmo faculdades e universidades de ponta – não ensina explicitamente a coisa mais importante na vida: como tornar-se um eterno aprendiz. Portanto, gravado no arco de entrada de toda instituição acadêmica deveria haver as seguintes palavras: *Discipule: disce te ipse docere* ("Aluno: aprenda a ensinar a si mesmo").[259] Estudantes podem receber informação e aprender metodologias na escola, mas as pessoas que mudam o mundo adquirem a maior parte de seu conhecimento com o tempo e por conta própria. Talvez Isaac Asimov, escritor de ficção científica, tenha chegado perto da verdade quando afirmou, em 1974: "Autoeducação é a única forma de educação que existe."[260]

SHAKESPEARE UMA VEZ FOI REPREENDIDO POR SEU CONTEMPORÂNEO, Ben Johnson, por saber "pouco de latim e menos ainda de grego"; mas ao menos o Bardo havia aprendido *um pouco* de latim e grego. Mozart e Michael Faraday nunca receberam educação formal. Abraham Lincoln passou menos de doze meses na escola. Da Vinci tornou--se o cientista médico mais pioneiro de sua época sem treinamento em ciências médicas. Michelangelo, Franklin, Beethoven, Edison e

Picasso nunca foram além de parte do ensino fundamental. Elizabeth I e Virginia Woolf receberam educação domiciliar. Einstein abandonou o ensino médio, mas voltou um ano depois para estudar para a faculdade. Tesla abandonou a universidade depois de um ano e meio e nunca mais voltou.

Que fique claro, a maioria dos que abandonam os estudos não viram gênios ou histórias de sucesso. Mas entre os titãs que abandonaram o ensino superior da História recente estão Bill Gates (Harvard), Steve Jobs (Reed College), Mark Zuckerberg (Harvard), Elon Musk (Stanford), Bob Dylan (Universidade de Minnesota), Lady Gaga (Universidade de Nova York) e Oprah Winfrey (Universidade Estadual do Tennessee). Jack Ma nunca foi à faculdade, tampouco Richard Branson, que abandonou o ensino médio aos quinze anos. O altamente criativo Kanye West abandonou, aos vinte anos, a Universidade Estadual de Chicago para ir em busca de uma carreira musical; seis anos depois, ele lançou seu primeiro álbum que foi sucesso de crítica e de vendas: *The college dropout* (2004). A questão não é encorajar o abandono aos estudos, mas sim apontar que essas figuras transformadoras de algum modo conseguiram aprender o que precisavam saber. Quanto a isso, pessoas de sucesso e gênios têm uma característica em comum: a maioria é viciada em aprender durante toda a vida. É um bom hábito de se ter.

Por fim, como nós, que não somos gênios, podemos cultivar o desejo de aprender, indo além das ações óbvias de ler, assistir a palestras ou viajar para um lugar mais desafiador nas férias? Eis aqui algumas ideias para o cotidiano:
- Fique aberto a experiências novas e desconhecidas. Force-se a fazer algo que o assuste. Permita-se perder-se enquanto caminha em uma nova cidade; você descobrirá vários lugares que não sabia que existiam.

- Seja destemido. Novamente, quando estiver em uma cidade nova, não chame um Uber. Caminhe ou use o transporte público; você aprenderá geografia, história e a cultura local.
- Faça perguntas. Quando estiver no lado do "apresentador" (como professor, pai ou líder corporativo), use o método socrático. E quando estiver no lado de aluno ou empregado, não tenha medo de revelar o que você não sabe – em vez disso, pergunte!
- Depois de perguntar, *escute* a resposta com atenção; você há de aprender algo. Aqui, podemos todos aprender com o exemplo negativo: os gênios geralmente *não* são bons ouvintes, pois normalmente estão obcecados demais com a própria visão do mundo. No entanto, as pessoas perspicazes de sucesso sabem ouvir.

UMA PESSOA SÁBIA UMA VEZ DISSE: "A EDUCAÇÃO É DESPERDIÇADA COM os jovens." Mas a educação não precisa ser exclusividade da juventude. Hoje, tanto pessoas jovens quanto as mais velhas podem aprender de modo independente com plataformas on-line de educação como Coursera (que tem cursos da Yale e de outras universidades), EdX (cursos de Harvard e do MIT) e Stanford Online. A plataforma Coursera oferece mais de seiscentos cursos para o público geral, e a maioria deles é totalmente grátis. Uma das disciplinas que leciono em Yale, "Introdução à música clássica", hoje soma mais de 150 mil estudantes on-line, cuja idade média é 44 anos. Clubes de livros para adultos também estão se proliferando. Da mesma maneira, nunca foi tão fácil conseguir acesso a praticamente qualquer livro que você queira ler, entregue em poucos dias ou baixado instantaneamente em seu e-reader ou tablet. "Suponho que poucos tenham lido mais", disse a rainha Elizabeth; "Não tinha mais livros para ler na biblioteca da escola", disse Musk; "É um convite à vida, e alimenta você para sempre", disse Winfrey, em relação à leitura e à educação. Com tecnologias modernas em mão, as oportunidades para se autoeducar são mais robustas e diversificadas do que nunca. Em comparação aos gênios de antigamente, as coisas são fáceis para nós.

CAPÍTULO 6

ENCONTRE A PARTE QUE FALTA

"Tenha paixão. Faça o que ama", disse Katie Couric aos formandos na Williams College em 2007. "Se quiser mesmo voar, primeiro cultive seu poder em sua paixão", incitou Oprah Winfrey na Universidade de Stanford em 2008. "Siga sua paixão, seja fiel à sua verdade", disse Ellen DeGeneres na Universidade Tulane em 2009. "A inércia será sua guia ou você seguirá sua paixão?", Jeff Bezos perguntou retoricamente em Princeton em 2010. Ano após ano, ouvimos essa mensagem passada a formandos com brilho nos olhos. Bobagem idealista? Mas considere o seguinte: Platão enfatizava o poder da paixão já em 380 a.c. – "o verdadeiro amante do conhecimento [...] eleva-se com uma paixão que não diminui e não deteriora até que se obtenha a natureza essencial das coisas" (*A República*, 490a); assim como Shakespeare em 1595 em *Romeu e Julieta*; e Van Gogh em uma carta datada de 2 de outubro de 1884: "Prefiro morrer de paixão do que de tédio." Então, talvez haja algo de valor no imperativo de discursos de graduação: "Siga sua paixão."

Antes de seguirmos nossa paixão, precisamos, é claro, encontrá-la, um processo que pode ocorrer rapidamente ou levar quase uma vida inteira. Picasso, Einstein e Mozart sabiam aos cinco anos de suas paixões por artes plásticas, ciências e música, respectivamente. Mas, como Vincent van Gogh escreveu a seu irmão Theo em 1880: "Um homem nem sempre sabe o que é capaz de fazer, mas sente instintivamente: sou bom em algo [...]; há algo dentro de mim. O que pode ser?"[261] Van Gogh tentou diversas áreas antes de descobrir sua paixão. Só depois de tentar carreira como vendedor em galeria de arte, professor, livreiro e missionário urbano, ele se voltou para a arte, aos 29 anos. Seu colega de ofício, o pintor Paul Gauguin passou seis anos como marinheiro e depois onze como corretor de valores antes que a pintura se tornasse sua única paixão, aos 34. Grandma ("Vovó") Moses (1860–1961) só começou a pintar aos 61 anos.

Sigmund Freud certa vez atendeu um paciente que lhe perguntou: "Quais são as coisas mais importantes na vida?"; e sua resposta foi "*lieben und arbeiten*" ("amar e trabalhar").[262] Ele talvez pudesse ter combinado as duas questões em "um trabalho que se ama", pois é desse jeito que a maioria das pessoas, incluindo grandes atletas, encontra sua paixão. Em uma entrevista explicando seu documentário de 2018 *Na trilha do sucesso*, o cineasta Gabe Polsky conclui que o fator motivador mais importante dos grandes atletas é a alegria que sentem. "Se você encontra a coisa que mais lhe diverte em seu esporte, há uma chance de que você alcance a excelência porque deixa de ser um trabalho. Vira uma alegria. Você pode ficar obcecado com essa alegria."[263] Como afirmou Confúcio há cerca de 2,5 mil anos: "Encontre um trabalho que ama e nunca trabalhará um dia sequer na vida."

Eu adorava ler as histórias de Shel Silverstein para os meus filhos. Silverstein começou sua carreira como veterano da Guerra da

Coreia de estilo durão, que desenhava cartuns para a *Playboy* e escrevia contos, roteiros de filme, romances e músicas *country*. Posteriormente, ele passou a escrever poemas e histórias, ambos para o público infantil, e obteve sucesso fenomenal, vendendo mais de 20 milhões de livros. O gênio Silverstein não encontrou sua paixão até bem tarde na vida. Segue o que ele contou à *Publishers Weekly* em 1975:

"Quando eu era novo – com 12 ou 14 anos –, eu gostaria mais de ser um bom jogador de beisebol ou fazer sucesso com as meninas. Mas eu não jogava bem. Não sabia dançar. Por sorte, as meninas já não se interessavam por mim. Não havia muito que eu pudesse fazer a respeito disso. Então comecei a desenhar e a escrever. Também tive a sorte de não ter ninguém para copiar, para me impressionar. Precisei desenvolver meu próprio estilo; criava antes que houvesse um [James] Thurber, um [Robert] Benchley, um [George] Price e um [Saul] Steinberg. Não vi o trabalho deles antes dos trinta. Quando cheguei a um ponto em que atraía garotas, já estava envolvido com o trabalho, que era mais importante para mim. Não que eu não preferisse fazer amor, mas o trabalho havia virado um hábito."[264]

O livro infantil de Silverstein, *A parte que falta*,* fala sobre seu próprio hábito apaixonado de trabalhar. A história é protagonizada por um humanoide circular que está sem uma parte de si, na forma de uma cunha. O círculo se sente incompleto e segue em uma grande aventura em busca da parte que lhe falta. Rolando alegremente, ele canta: "Ô, procuro por minha parte que falta / procuro por minha parte que falta / Alalá-ô, agora eu vou / procurar por minha parte que falta." Depois de um tempo, o círculo encontra sua parte que falta e ela se encaixa com perfeição. Mas ele

---

* No Brasil, o livro *A parte que falta* se tornou muito popular em razão de um vídeo da youtuber Jout Jout, no qual ela faz uma leitura interpretativa da obra. A publicação do vídeo foi feita no canal JoutJout Prazer em 20 fev. 2018. (N.E.)

se dá conta de que a felicidade estava na busca, não na conquista. Então, o círculo cuidadosamente coloca a parte no chão e retoma a busca.

A fábula de Silverstein nos traz outra história de paixão, felicidade e busca por uma parte que falta: Marie Curie e a descoberta do elemento químico que chamamos de rádio.

Quais eram as chances de uma mulher jovem, trabalhando como babá na região rural da Polônia, sem educação formal depois dos quinze anos, vir a ganhar o Prêmio Nobel de Física? Baixas ou nulas. Mas Marie Skłodowska (1867–1934), conhecida como Marie Curie depois de seu casamento com Pierre Curie, foi esse gênio vindo do nada. Apenas a paixão de Curie – e sua perseverança aplicada – explicam o que de outra forma seria inexplicável.

Por volta dos vinte anos, Curie deixou para trás seu interesse por literatura e sociologia e encontrou sua paixão na matemática e na física. Em 1891, ela imigrou para a França para frequentar a Faculté des Sciences da Universidade de Sorbonne com a intenção de estudar física em nível de pós-graduação, tendo educado a si mesma intensamente até tornar-se capaz de passar no exame vestibular da instituição. Ela não tinha diploma de graduação, era estrangeira e era uma das apenas 23 mulheres em uma turma de 1.825 alunos.[265]

E Curie quase não tinha dinheiro. Ainda assim, ela era feliz durante seus dias estudantis de privação:

"O quarto em que eu morava era um sótão, muito frio no inverno, pois o aquecimento insuficiente vinha de um forno pequeno que muitas vezes não tinha carvão. [...] No mesmo quarto, eu preparava minhas refeições com ajuda de uma lamparina a álcool e alguns utensílios de cozinha. As refeições muitas vezes consistiam em pão com uma xícara de chocolate quente, ovos ou uma fruta. Não tinha ajuda doméstica e carregava sozinha o pouco carvão que usava pelos seis andares.

Essa vida, dolorosa segundo certos pontos de vista, apresentava, apesar de tudo, um charme genuíno para mim. Deu-me uma sensação preciosa de liberdade e independência. Desconhecida em Paris, eu estava perdida na grande cidade, mas a sensação de morar ali sozinha, cuidando de mim mesma sem nenhuma ajuda, não me deprimia nem um pouco. Se às vezes eu me sentia solitária, meu estado mental predominante era de calma e grande satisfação moral."[266]

Mas os anos de privação satisfatória de Curie não haviam acabado. Depois disso viriam dez anos de pesquisa árdua no que Curie passaria a chamar de "galpão velho e desgraçado".[267] Em 1897, após completar o mestrado tanto em física como em matemática, Curie começou a pesquisa de doutorado sob orientação de seu agora marido, o físico Pierre Curie. O objeto da dissertação eram "raios Becquerel", as ondas altamente energéticas emanadas por sais de urânio, descobertas por Henri Becquerel em 1896. Em um momento crucial da pesquisa, Curie teve uma experiência que não foi um momento "a-há!" repentino, mas sim uma descoberta "ora, que estranho": subtrair a energia do urânio de minérios de urânio não resolvia a presença da radiação potente que dali emanava. Como ela disse para a irmã na época: "Sabes, Bronya, a radiação que eu não pude explicar vem de um novo elemento químico. O elemento está lá e eu preciso encontrá-lo."[268] Assim, Marie Curie foi em busca da parte que lhe faltava. No fim, ela encontrou, bem no interior de uma amostra de pechblenda, o resíduo da extração de urânio de um minério de urânio.

Ao longo dos anos, Marie Curie processou aproximadamente oito toneladas de pechblenda no galpão que ela ocupava como laboratório improvisado. Situado em Paris logo ao sul do Panteão, onde agora ela está sepultada, o anexo havia antes sido usado como sala de dissecção pela Faculté de Médecine, mas fora abandonado, mesmo pelos cadáveres. Nesse galpão (que não dispunha de eletricidade e aquecimento adequado) e em um jardim contíguo, Curie primeiro fervia a pechblenda em tonéis, separava seus componentes com cristalização fracionada, e por fim media a quantia minúscula de material radioativo até um milésimo de miligrama. Ao assiduamente testar e eliminar cada elemento dentro do minério, um a um, ela conseguiu chegar a apenas dois suspeitos radioativos. Ela nomeou o primeiro "polônio" em homenagem à sua terra natal. Mas mesmo o polônio não era a resposta: a parte que faltava era muito mais radioativa. Em 1902, Curie tinha a substância em mãos, ou pelo menos em seu tubo de ensaio. Depois de certo tempo, ela destilou oito toneladas de pechblenda para obter apenas um grama de rádio, em seu estado puro e letal.

Muitos de nós guardamos nossas paixões – como ler, pintar ou viajar – para nós mesmos, de modo que elas não exercem impacto mundo afora. Se tivermos paixão e talento excepcional em assuntos que interessam aos outros, como cantar na televisão ou jogar futebol, o resultado pode ser o estrelato instantâneo. Se as paixões nos levarem a caminhos que acabam mudando a sociedade, essa mudança é a marca de um gênio. O que se seguiu à descoberta do rádio por Marie Curie foi o reconhecimento público de sua genialidade, no caso com dois Prêmios Nobel, um em física (1903) pela descoberta da radioatividade e um em química (1911) pelo isolamento do rádio. Curie descobriu dois novos elementos (polônio e rádio), cunhou o termo "radioatividade" e mostrou que o rádio podia ser usado para destruir tumores fatais – o que ainda é a base da radioterapia na oncologia de hoje. Por ironia, e pela lei das consequências imprevistas, sua descoberta do rádio também levou, em 1939, ao desenvolvimento da bomba atômica.

Deve-se imaginar que extrair rádio de pechblenda não era divertido – mas isso depende de sua definição de "diversão". Marie Curie trabalhava em seu galpão com goteiras onde, como ela descreveu: "O calor era sufocante no verão, e o frio amargo do inverno era apenas um pouco atenuado pelo forno de ferro."[269] Nele, ela conviveu com "gases que causavam irritações" e queimaduras de irradiação nas mãos e dedos que faziam com que tocar objetos fosse doloroso dali em diante. "Algumas vezes eu tinha de passar um dia inteiro", ela disse, "mexendo uma massa fervente [de pechblenda] com uma barra de ferro pesada quase do meu tamanho". O isolamento do rádio levou anos, e o marido de Marie, Pierre, estava pronto para desistir.[270] Mas Marie seguiu mexendo, sem notar a dor e o sofrimento. Será que sua paixão pela pesquisa a anestesiou da dor? Como Curie disse posteriormente: "Foi naquele galpão velho e desgraçado que passamos os melhores e mais felizes anos de nossa vida, dedicando a totalidade de nossos dias ao nosso trabalho."[271] A experiência de Curie remete à raiz da palavra "paixão" no latim: *passio*, que significa "dor". "A paixão é a ponte que leva você da dor à mudança", Frida Kahlo nos faz lembrar.[272]

No fim, a paixão de Curie a matou. Ela carregava pedaços de rádio nos bolsos. Elementos e gases radioativos estavam em todo o seu galpão e anotações de pesquisa – documentos hoje preservados na Bibliothèque Nationale, em Paris, envolvidos em caixas de chumbo para evitar expor gerações futuras à radiação. Por diversão, ela e Pierre gostavam de sentar-se no escuro expostos ao rádio, fascinados por seus efeitos luminosos similares a um abajur de lava. Só agora sabemos o que ela nos ajudou a descobrir: a radiação atômica pode matar células malignas *assim como* as saudáveis. Curie entendia alguns dos efeitos perniciosos desse "mal", como ela chamava, mas praticamente não tomara precauções até os anos 1920. Ela morreu aos 66 anos de anemia aplástica, uma doença rara na qual a medula óssea e as células geradoras de sangue dentro dela encontram-se danificadas. Sua filha, Irène Joliot-Curie, também ganhou um Prêmio Nobel pelo trabalho com rádio e, igualmente, morreu de leucemia, aos 58 anos. Uma paixão mortal, sem dúvida.

O FILÓSOFO JOHN STUART MILL OBSERVOU EM SUA AUTOBIOGRAFIA QUE a felicidade é algo que acontece em nossas vidas enquanto estamos atrás de outro objetivo; ela vem discretamente e de lado, "como um caranguejo".[273] Marie Curie se deu conta de que seu momento mais feliz foi quando fervia pechblenda em um galpão. Em *O mundo como vontade e representação* (1818), o filósofo Arthur Schopenhauer liga a distração apaixonada à genialidade. "Genialidade é o poder de deixar completamente de lado os próprios interesses, desejos e objetivos, assim renunciando por completo à própria personalidade por um período."[274] No livro *Flow: the Psychology of optimal experience* ("Fluxo: a psicologia da experiência ideal"; 1990), o psicólogo Mihaly Csikszentmihalyi chama esse estado transcendente simplesmente assim: "Fluxo." Todos os indivíduos criativos – compositores, pintores, escritores, programadores, arquitetos, advogados e chefs de cozinha – ficam em estado de fluxo quando buscam a parte que falta. A felicidade chega de mansinho até nós, como um caranguejo. O tempo voa – esqueça e-mails, esqueça de comer.

Louisa May Alcott chamou seu estado transcendental não de fluxo ou zona, mas de vórtice. Alcott escreveu o romance em dois volumes *Mulherzinhas* (1868), também publicado no Brasil sob o título *Adoráveis mulheres*, em um período de menos de quatro meses, buscando escrever um capítulo por dia.[275] Acadêmicos em unanimidade classificam *Mulherzinhas* como um romance autobiográfico. Quando lemos "Jo" ou "ela" no trecho abaixo, é a própria Alcott revelando como é a paixão:

> "Periodicamente, ela se enfiava no quarto, colocava seu manto de escrita e 'caía em um vórtice', como ela expressava, escrevendo seu romance de coração e alma, pois enquanto aquilo não estivesse concluído, ela não teria paz. [Sua família de vez em quando ia ao quarto e perguntava:] 'A genialidade arde, Jo?' Ela não pensava em si mesma como um gênio de forma alguma, mas, quando o impulso de escrita vinha, entregava-se a ele com completo abandono e levava uma vida alegre, inconsciente de desejo, preocupação e mau tempo, enquanto ela estava segura e feliz em um mundo imaginário, cheia de amizades quase tão reais e queridas a ela quanto qualquer uma de carne e osso. O sono abandonava os olhos, refeições ficavam sem ser provadas, dia e noite eram curtos demais para apreciar a felicidade que só a abençoava nesses momentos e faziam essas horas valerem a pena viver, mesmo que não rendessem outro fruto. A insuflação divina normalmente durava uma ou duas semanas, e então ela emergia de seu 'vórtice': faminta, sonolenta, mal-humorada ou desesperada."[276]

"A felicidade que só a abençoava nesses momentos" a consumia por completo. Na época em que se dedicava a *Mulherzinhas*, Alcott disse: "Estou tão cheia de meu trabalho que não consigo parar para comer, dormir ou fazer qualquer coisa que não seja uma corrida diária."[277]

Paixão, determinação, garra, compulsão ou obsessão — cada palavra exibe um significado com nuances. Juntas, elas formam uma gama do positivo ao negativo. Onde no espectro uma paixão positiva se converte para o lado sombrio da obsessão? O primeiro impele e pode ser autorregulado, o segundo compele e não pode. Um é considerado saudável, o outro não. Marie Curie conscientemente brincou com os perigos do rádio. Em 1962, Andy Warhol criou treze versões da imagem da atriz e *sex symbol* Marilyn Monroe, depois reproduziu 250 litografias de cada uma delas. Em 1964, ele fez mais imagens dela, dessa vez maiores. Paixão ou obsessão?

"Gênios são bastante peculiares", disse o economista de renome John Maynard Keynes em 1946, em um ensaio homenageando Isaac Newton.[278] Newton era de fato peculiar. Como estudante e depois como membro da Trinity College, em Cambridge, ele ficava em seus aposentos por dias sem-fim, obcecado com um problema, comendo pouco e, mesmo quando o fazia, geralmente era de pé, para não interromper "o fluxo".[279] Nas ocasiões em que Newton comia no refeitório, ele quase sempre se sentava sozinho, pois os outros membros haviam aprendido a deixá-lo com seus pensamentos solitários. Voltando a seus aposentos, Newton às vezes parava e desenhava diagramas com uma vara no caminho de pedregulhos. Essa concentração obsessiva era parte da persona de Newton, e acabou levando a uma nova compreensão do funcionamento mecânico do universo e à sua reputação hoje como o maior físico que este mundo já viu.[280]

Mas oculto a nossos olhos, pelo menos até que todos seus documentos viessem à tona, em 1936, havia Newton, o alquimista.[281]

A parte que faltava a Newton, no fim das contas, era feita de ouro. Durante sua vida, Newton preencheu mais cadernos com ideias com relação à alquimia e ao ocultismo do que os que tratavam de matemática ou física. Dos 1.752 volumes de sua biblioteca pessoal, 170 eram dedicados ao que hoje chamaríamos de magia oculta.[282] É necessário considerar que, na época de Newton, pouco se sabia sobre o processo que transmutava um metal em outro, de modo que a fronteira entre a química legítima e a pseudociência da alquimia não era nítida.[283] As observações de Newton a respeito do que mantém uma substância unida, ou desfaz essa união, poderiam ser interpretadas como precursoras distantes do campo da física quântica. Mas a maioria das leituras de Newton acerca da transmutação química concentrava-se na "pedra filosofal" – um material secreto que supostamente curaria doenças e transformaria chumbo em ouro. Em suas próprias palavras, ele pretendia descobrir "se eu tenho conhecimento suficiente para preparar um mercúrio que se aqueça com ouro".[284] Por vinte anos, Newton, assim como Curie, trabalhou em uma fornalha em um galpão que servia de laboratório – em seu caso, próximo a seus aposentos na Trinity College, em Cambridge.

Sua liberação ocorreu em 1700, quando a paixão de Newton por metais, bem como sua reputação como físico, fizeram com que o rei Guilherme III lhe concedesse o cargo de administrador da casa da moeda britânica. Agora guardião da moeda real, Newton abandonou quase todas as empreitadas científicas e se mudou para um casarão em Londres. Lá, ele buscou implacavelmente quem adulterasse o dinheiro do rei, levando homens à forca por falsificação.[285] Quanto a seu ouro miraculoso, Newton nunca o encontrou.

Então Newton iniciou outra busca: queria determinar quando o mundo acabaria. John Conduitt, marido da sobrinha de Newton,

Catherine, afirmou: "Vi [Newton] em seus últimos dias trabalhando na penumbra, obsessivamente, em uma obra de História do mundo – ele escreveu pelo menos doze rascunhos – *The chronology of ancient kingdoms amended* ("A cronologia dos reinos antigos retificada"). Ele media os reinados de reis e as gerações de Noé, usava cálculos astronômicos para datar a navegação dos argonautas e declarou que os reinos antigos eram centenas de anos mais novos do que geralmente se supõe".[286] Por fim, Newton identificou o ano da segunda vinda de Cristo e do fim do mundo como o conhecemos: 2060.

Como as histórias do ouro de tolo e da previsão apocalíptica de Newton podem sugerir, a paixão às vezes tira o gênio do caminho. Beethoven ficou ávido para escrever a sinfonia populista *A vitória de Wellington* (1813) pelo clamor popular que ganharia, mas hoje a música parece banal e quase nunca é executada; porém, sem deixar-se deter, Beethoven seguiu adiante e compôs sua magistral 9ª sinfonia, com sua amada *Ode à alegria*. Em 1983, Steve Jobs estava tão entusiasmado com seu novo computador, o Apple Lisa, que deu a ele o mesmo nome de sua filha; foi um fracasso, mas Jobs depois criou o Mac, o iPad e o iPhone. Na década de 1920, George Herman "Babe" Ruth mudou o modo como o beisebol nos Estados Unidos era jogado com seus *home runs* de arregalar os olhos. No dia 30 de setembro de 1927, ele atingiu um recorde na Major League Baseball, que permaneceria invicto por 34 anos, quando marcou seu 16º *home run* da temporada, e ao longo da carreira totalizaria 714 *home runs*, há muito tempo um recorde nos Estados Unidos. Ruth também foi eliminado 1.330 vezes por *strike out*, provando que mesmo o gênio nem sempre acerta o alvo. No entanto, fosse rebatendo de primeira ou sequer acertando a bola, Babe seguia mirando para além do campo.

CHARLES DARWIN ERA MOTIVADO POR UMA PAIXÃO PELO MUNDO natural. Inicialmente, como recebedor de uma herança, o abastado Darwin parecia ter paixão apenas por atirar em pássaros e colecionar insetos. Na busca pelo segundo, ele realizou feitos que inicialmente pareciam bizarros, mas que, em retrospecto, para um naturalista, podem ser interpretados como marcas incipientes de genialidade.

Quando jovem, Darwin era guiado por uma obsessão por besouros. "Contratei um trabalhador", ele disse, "para raspar, durante o inverno, musgo de árvores velhas, colocá-lo em um saco grande e também coletar os resíduos na base dos botes que coletavam caniços dos brejos, e assim obtive espécies bastante raras".[287] Se isso não produzisse o suficiente das partes que faltavam, Darwin resolveria a questão por conta própria. Uma vez, ele enterrou uma serpente para desenterrá-la semanas depois, na esperança de encontrar insetos carnívoros no lugar.[288] Às vezes Darwin tinha sucesso demais, como ele conta em sua autobiografia: "Darei uma prova de meu zelo: um dia, abrindo cascas de árvore velhas, vi dois besouros raros e peguei um em cada mão; depois vi uma terceira espécie nova, que eu não podia perder, então coloquei o que estava na mão direita dentro da boca."[289] E o que motivava Darwin? A curiosidade, claro, mas depois de um tempo, outra coisa: a necessidade de uma boa autoestima.

Um estudante longe de ser espetacular, Charles Darwin não conseguiu permanecer no programa de medicina da Universidade de Edimburgo em 1827, indo no ano seguinte para a Universidade de

Cambridge, onde ele aparentemente se graduou em bebidas, apostas, caça e tiro.[290] Aborrecido com o boletim ruim e os hábitos volúveis do filho, o pai de Darwin, Robert, certa vez o repreendeu: "Você não se importa com nada além de tiro, cães e pegar ratos; será uma desgraça para si mesmo e para toda a sua família."[291] Em determinado momento, Robert pagou para que Charles embarcasse no HMS *Beagle* para o que seria uma expedição de cinco anos pelo mundo. A viagem do *Beagle* forneceu o contexto que formou a busca de Darwin por algo que ninguém ainda havia concebido: uma explicação rigorosamente científica para como e por que as espécies sobrevivem e evoluem ao longo do tempo.

Quando Darwin voltou à Inglaterra, em 1836, ele se concentrou na questão da evolução com uma intensidade que o tornou um viciado no trabalho até o dia de sua morte. Listando candidamente suas forças e fraquezas em sua autobiografia, Darwin relatou o seguinte a respeito de sua paixão: "Muito mais importante [do que minha capacidade de observação], meu amor pelas ciências naturais tem sido constante e ardente. Esse amor puro, porém, recebeu muita ajuda da ambição de ser estimado por meus colegas naturalistas."[292] Portanto, Darwin nasceu com amor pela natureza, mas também desenvolveu o desejo de provar-se como um igual diante dos cientistas superiores que ele não conseguiu impressionar em Edimburgo e Cambridge, e possivelmente provar a seu pai também. Seja uma insegurança ou a compensação pelo tempo perdido, Darwin aqui soa como Orson Welles, que disse: "Passei a maior parte da minha vida adulta tentando provar que não sou irresponsável!"[293]

Quando perguntado em 1903 sobre a fonte de sua genialidade, o inventor Thomas Edison deu a famosa resposta: "Genialidade é 1%

inspiração e 99% transpiração."[294] Ao longo do tempo, a proporção, segundo Edison, havia mudado: "2% é genialidade e 98% é trabalho duro", alegou em 1898. Mas a mensagem é a mesma: Thomas Edison trabalhava duro. Segundo seu assistente de laboratório, Edward Johnson, Edison passava uma média de dezoito horas diárias em sua escrivaninha. "Ele fica sem ir para casa por dias, seja para comer ou para dormir", embora sua casa ficasse a apenas alguns passos de distância.[295] Em 1912, aos 65 anos, Edison inventou e instalou em seu escritório um relógio de ponto para que ele, o chefe, pudesse calcular o número de horas que trabalhava toda semana. Para Edison, assim como para Elon Musk, era uma medalha de honra para colocar-se acima de seus próprios funcionários e até para os manter humildes. No fim da semana, Edison ligava para repórteres a fim de transmitir a notícia autoelogiosa: ele tinha trabalhado duas vezes mais horas do que seus funcionários.[296]

O que motivava a paixão de Edison? Ele tinha, mais ainda do que Darwin, um ego competitivo. "Não me importo tanto com obter minha fortuna", ele disse em 1878, "mas sim com ficar à frente dos outros",[297] e, igualmente, em 1898: "Se quiser ter sucesso, arranje inimigos."[298] Edison se importava, sim, com dinheiro, e tinha vários inimigos, incluindo George Westinghouse e J. P. Morgan. Embora Edison coordenasse uma equipe científica em seu laboratório de pesquisa, quando ele registrava uma patente, só o seu nome aparecia na solicitação. Outros grandes inventores, como Nikola Tesla e Frank Sprague, deixaram a empresa de Edison em menos de um ano; tinham suas próprias paixões e egos. Mas Edison perseverava com uma independência implacável. Ao longo da vida, Edison reafirmou várias vezes e de diferentes formas: "Eu não fracassei. Apenas encontrei dez mil jeitos que não funcionam."[299] Mas Edison encontrou 1.093 jeitos que funcionavam;

1.093 peças que faltavam. Esse é o número de patentes que ele conseguiu registrar, um recorde nos Estados Unidos até hoje.

"As pessoas deveriam seguir aquilo sobre o qual nutrem paixão. Isso as faria mais felizes do que qualquer outra coisa", disse Elon Musk, em 2014.[300] Determinadas paixões vêm do amor por outras pessoas e outras vêm da busca por uma diversão simples ou um jogo, como jogar golfe ou acompanhar um time para o qual se torce. Algumas paixões são motivadas por inveja (ter a casa maior do que a do outro) ou ganância (ganhar o próximo bilhão). Algumas pessoas são apaixonadas por aplicar seus talentos ao máximo e por fazer um bom trabalho em qualquer que seja a profissão. Mas raramente paixões assim levam à genialidade. O que resulta de paixões cotidianas pode ser único, mas não é transformador.

A genialidade surge de um ímpeto diferente. A avaliação dos gênios neste livro revela um traço comum a todos eles: gênios não são capazes de aceitar o mundo como lhes é descrito. Cada um deles vê o mundo como despedaçado e não consegue descansar enquanto as coisas não forem colocadas no devido lugar. Portanto, pergunte-se: você vê algo que o resto do mundo ignora? Esse ponto cego lhe causa incômodo? Você acredita ser a única pessoa no planeta que talvez pudesse consertar o problema, e sente que não tem como descansar até que faça isso? Se sua resposta para essas perguntas for afirmativa, então você encontrou sua paixão e, talvez, sua genialidade.

Todavia, depois que descobrir sua paixão, tenha cuidado. "O segredo da vida", disse o escultor Henry Moore, "é ter uma missão, algo a que você dedica toda a sua vida, algo em que você coloca tudo, cada minuto de cada dia pelo resto da vida. E o mais importante: deve ser algo que você não tem como fazer."[301] Moore e Shel Silverstein entenderam bem: uma paixão pura é essencial para a felicidade e para o progresso humano. A parte que falta, no entanto, não passa de ouro de tolo.

CAPÍTULO 7

APROVEITE SUA DIFERENÇA

Na noite de 23 de dezembro de 1888, em Arles, na França, Vincent van Gogh, enfurecido com a ideia de que seu colega pintor e possivelmente parceiro romântico, Paul Gauguin, estava prestes a abandoná-lo, pegou uma navalha e cortou sua orelha esquerda – não parte dela, a orelha inteira.[302] Com o lóbulo rasgado em mãos, Van Gogh em seguida foi a um bordel próximo e apresentou o troféu a uma jovem prostituta, Gabrielle Berlatier. As autoridades logo apreenderam o automutilador e o internaram em um sanatório.

A história de Van Gogh mutilando a própria orelha é bem conhecida e foi imortalizada em seu famoso *Autorretrato com orelha enfaixada e cachimbo* (1889). Associamos Van Gogh a instabilidade mental e comportamento desvairado, e projetamos tais características em sua arte. Van Gogh pintava mesmo suas alucinações? Na mesma linha interrogatória, será que o excêntrico e meio louco Beethoven compunha mesmo sons que não era capaz de ouvir? Simples anedotas podem nos ajudar a entender questões complexas. Mas essas histórias de "gênios loucos" são representações precisas? Ou será que foram exageradas porque gostamos de uma boa história? Há maior grau de incidência de insanidade e suicídio entre gênios ou uma pequena parcela de criadores notoriamente perturbados distorce nossa visão?

Desde a Grécia antiga, a fronteira entre genialidade e insanidade era vista como turva. Platão descrevia a genialidade como "mania divina".[303] Seu pupilo, Aristóteles, ligou a criatividade à insanidade quando disse: "Não há grande gênio sem um toque de loucura."[304] O poeta do século XVII John Dryden expressou o mesmo sentimento com os versos: "Grande engenho certamente à loucura é quase aliado / E finas linhas suas fronteiras dividem."[305] Ao ser chamado de insano, Edgar Allan Poe respondeu: "Me chamaram de louco, mas a questão ainda não está resolvida, se a loucura é ou não a mais elevada inteligência; se muito do que é glorioso – se tudo que é profundo – não nasce da doença do pensamento."[306] "Você é louco, maluco, completamente fora de si", disse a Alice de Charles Dodgson em *Alice no País das Maravilhas*, "mas eis um segredo: as melhores pessoas são assim".[307] E o comediante Robin Williams trouxe esse conceito antigo do gênio louco aos tempos modernos quando afirmou melancolicamente: "Você recebe só um pouquinho de loucura, e, se você perder isso, não é mais ninguém."[308]

Embora psicólogos tenham debatido a relação entre genialidade e doenças mentais por mais de um século, ainda não há unanimidade de opinião. Pelo menos desde 1891, o doutor Cesare Lombroso, criminologista italiano, em seu livro *Gênio e loucura*, propôs um vínculo entre hereditariedade, transtorno mental, degeneração e comportamento criminoso, associando tudo isso à genialidade.[309] "A genialidade é só uma das várias formas de insanidade", ele disse. Mais recentemente, psiquiatras como Kay Redfield Jamison e outros associaram criadores ilustres a transtornos mentais identificáveis, conforme a classificação do respeitado *Manual diagnóstico e estatístico de transtornos mentais* (também conhecido como DSM).³¹⁰ Taxas de desequilíbrio podem aparentemente ser quantificadas em minúcias. As conclusões de Jamison acerca de poetas, a partir de seu estudo de 1989 considerando 47 "escritores e artistas britânicos eminentes", são típicas da abordagem estatística: "Uma comparação com taxas na população geral de doenças maníaco-depressivas (1%), ciclotimia (1–2%) e transtornos depressivos graves (5%) mostra que esses poetas britânicos tinham trinta vezes mais chances de sofrerem de doenças maníaco-depressivas, dez a vinte vezes mais chances de terem ciclotimia ou outras formas mais moderadas de doenças maníaco-depressivas, mais de cinco vezes mais chances de cometerem suicídio e pelo menos vinte vezes mais chances de serem internados em um asilo ou manicômio".³¹¹ Cientistas, de acordo com um estudo, tinham a menor prevalência de psicopatologias (17,8% a mais do que o público geral) e a proporção aumentava firmemente em compositores, políticos e artistas, sendo a maior prevalência entre escritores (46%) e, novamente, poetas (80%).³¹² A maior incidência entre artistas talvez confirme uma fala atribuída ao rapper Kanye West: "Grande arte vem de uma grande dor."³¹³

A dor, contudo, não é garantia de grande arte. Muitos indivíduos sofrem de grande dor psíquica, mas nenhuma arte (ou ciência) resulta dela. Da mesma maneira, muitos indivíduos produzem grande arte ou ciência sem dor. Bach, Brahms, Stravinsky e McCartney vêm à mente entre compositores bem ajustados; o mesmo pode ser dito de Michael Faraday, James Maxwell e Albert Einstein entre cientistas. Para cada Bobby Fischer oficialmente insano, há um Magnus Carlsen aparentemente normal; para cada Van Gogh há um Matisse.

Observando de modo nada científico a genialidade e transtornos mentais, o que os quase 100 sábios vistos neste livro nos contam?

Pelo menos um terço do grupo – uma alta porcentagem – sofria seriamente de transtornos de humor. Hildegarda de Bingen, Newton, Beethoven, Tesla, Yayoi Kusama, Van Gogh, Woolf, Hemingway, Dickens, Rowling, Plath e Picasso, entre outros, apresentavam alguma forma de transtorno. Gênios não têm o hábito de serem desequilibrados, mas têm uma propensão. Matemáticos e cientistas, segundo especialistas, sofrem com menor incidência de transtornos psíquicos do que artistas, possivelmente porque trabalham com percepções lógicas e limites racionais em vez de expressões emocionais ilimitadas.[314] Um protocolo ordenado do tipo passo a passo geralmente se desenvolve dentro das delimitações do método científico, assim como a solução de uma equação matemática.

O matemático e vencedor do Prêmio Nobel de Economia, John Nash, retratado no filme *Uma mente brilhante*, é uma exceção à regra do "cientista são". Esquizofrênico desde o final da adolescência, Nash disse ao *Yale Economic Review* em 2008: "[A intuição criativa] é algo um tanto misterioso. É uma área especial na qual o pensamento inteligente e o pensamento desvairado podem estar relacionados. Se você pretende desenvolver ideias excepcionais, isso exige uma método de pensar que não é mero pensamento prático."[315] E em outra ocasião ele afirmou: "As ideias que tenho a respeito do sobrenatural ocorrem-me do mesmo modo que minhas ideias matemáticas me ocorreram, então as levo a sério."[316]

Quando Nash alega que essas ideias "ocorrem-me do mesmo modo", ele implicitamente nos leva a outra questão: a criatividade que é gerada pelo cérebro desequilibrado é coincidente ou causal? Em outras palavras: a capacidade de criar é causada pela psicose, ou acontece junto a ela, mas de modo independente? Vincent van Gogh nos dá um estudo de caso que não revela uma resposta clara.

Médicos propuseram mais de cem hipóteses para a causa do estado de loucura de Van Gogh, dentre as quais transtorno bipolar, esquizofrenia, neurossífilis, transtorno disfórico interictal, insolação, porfiria intermitente aguda, epilepsia do lobo temporal causada pelo uso de absinto, glaucoma por fechamento angular subagudo, xantopsia e síndrome de Menière.[317] Além disso, havia um componente genético forte no desequilíbrio mental do pintor. Vincent suicidou-se aos 37 anos; seu irmão mais novo, Theo, foi considerado louco aos 33 e morreu em um hospital psiquiátrico seis meses após Vincent; outro irmão ainda mais novo, Cornelius, morreu aparentemente pelas próprias mãos; e uma irmã, Wilhelmina, passou quarenta anos de sua vida em uma instituição psiquiátrica onde ela morreu em 1941, aos 79 anos.[318]

Van Gogh entendia que muitas vezes estava louco. "Ou me tranquem em um manicômio de uma vez – não vou me opor – ou me deixem trabalhar com toda a força", ele escreveu em 28 de janeiro de 1889.[319] Ambas as coisas acabaram ocorrendo. Em maio do mesmo ano, Van Gogh foi admitido em um asilo em Saint-Rémy, na França, e ocupou dois cômodos com janelas gradeadas, um dos quais ele usava como estúdio. No ano seguinte, Van Gogh produziu algumas de suas criações mais queridas, incluindo *Lírios*, que ele viu no pátio de Saint-Rémy, e *A noite estrelada*, pintada da vista de sua janela no sanatório. A última obra de Van Gogh, *Raízes da árvore*, feita após sua liberação, "é uma dessas pinturas", conta a historiadora de arte Nienke Bakker, "nas quais você consegue sentir o estado mental por vezes atormentado de Van Gogh".[320]

Mas a dúvida permanece: será que Vincent van Gogh era um gênio porque era louco (e sua loucura moldou sua arte visionária) ou será que ele era um gênio que, por acaso, também era louco? Todas as peculiaridades do estilo de Van Gogh – sua abordagem teórica com relação à pintura, cores e perspectiva. Suas texturas em redemoinho e luzes fracas são explicadas com cuidado a seu irmão, Theo, muito antes de serem executadas em sua plenitude em tela em outra fase de sua vida.[321] O uso exclusivo do amarelo, os vermelhos e verdes intensos juntos, a junção de pinceladas estriadas bicolores são todas parte de uma estética radicalmente nova, mas completamente racional.[322] No caso de Van Gogh, a desintegração mental e a produção artística podem ser duas partes separadas, embora com efeitos colaterais entre elas, de sua experiência de vida. Quando estava são, Van Gogh sabia com precisão o que estava fazendo.

Mais importante, Van Gogh também sabia quando estava são e quando não estava. Quando estava debilitado, não pintava, como disse no dia 6 de julho de 1882: "Quando se é paciente, o indivíduo não está livre para trabalhar como deve, e também não está apto."[323] Alucinações podem ou não ter sido fonte de material artístico para ele, mas sem dúvida eram uma experiência aterrorizante que se desejava evitar. Para fazê-lo, e permanecer vivo, Van Gogh pintava. Como disse em 1882: "Sim, entendo pessoas que se matam por afogamento, mas eu [...] decidi juntar forças e encontrar meu remédio no trabalho";[324] e, em 1883: "O trabalho é o único remédio. Se isso não ajudar, a pessoa entra em colapso."[325] O grito pela sobrevivência de Van Gogh, como ele enfatizou muitas vezes em suas cartas, era: "Preciso pintar."[326]

E ele pintou, produzindo de forma maníaca quase 150 obras em seu último ano. Após certo tempo, alternando entre mania e depressão, insanidade e lucidez, asilo e mundo exterior, mesmo a pintura não era suficiente. Na manhã de 27 de julho de 1890, Van Gogh caminhou até um campo próximo ao rio Esa, ao norte de Paris, e atirou no próprio estômago com um revólver.

Na manhã de 28 de março de 1941, Virginia Woolf, com 59 anos, encheu os bolsos com pedras e andou até o rio Ouse, ao norte de Londres, com o mesmo destino fatal. O desequilíbrio mental de Woolf era compatível com os critérios clínicos para diagnosticar tanto esquizofrenia como transtorno bipolar.[327] Como seu sobrinho, Quentin Bell, escreveu: "Essa era uma das dificuldades de morar com Virginia; sua imaginação era equipada com um acelerador e nenhum freio; voava rapidamente, separando-se da realidade."[328] Leonard Woolf, o marido que sempre a apoiou, concordava: "No estado maníaco, ela ficava extremamente agitada; a mente corria, ela falava de maneira ininterrupta e, no auge do ataque, incoerente; ela era acometida por delírios e ouvia vozes; por exemplo, ela disse-me que, em seu segundo ataque, ouviu pássaros no jardim para o qual dava sua janela e eles falavam em grego; ela ficava violenta com a equipe de enfermagem. Em seu terceiro ataque, que começou em 1914, o estado durou vários meses e acabou com ela entrando em coma por dois dias."[329] Antes disso, em 1904, Woolf atirou-se de uma janela, mas sobreviveu.

De onde Woolf obteve as ideias para seus romances introspectivos? Herman Melville obteve uma base profunda para *Moby Dick* ao navegar em um baleeiro pelo Pacífico Sul e, de modo similar, Ernest Hemingway obteve "contexto" jornalístico como repórter nas linhas de frente durante as duas Guerras Mundiais. Alguns escritores são observadores agudos do cotidiano. Outros se apoiam muito em sua imaginação viva, mas racional – Shakespeare parecia ter ao mesmo tempo olhar aguçado *e* imaginação expansiva. De vez em quando, um escritor viaja às profundezas de sua própria mente psicótica.

Em seu romance mais revelador acerca de si mesma, *Mrs. Dalloway*, Woolf transfere a seu personagem suas próprias experiências, tanto reais como imaginárias. Mrs. Dalloway é a Virginia sã e convencional; Peter Walsh serve como seu alter ego hipomaníaco; e Septimus Warren Smith representa sua versão psicótica que ouve pássaros cantando em grego, acha que profissionais da saúde desejam fazer-lhe mal, e escapa pulando de uma janela para morrer. "Como experiência", Woolf disse, "a loucura é algo assombroso e nada que possa ser desprezado; e é em sua lava que encontro a maioria das coisas sobre as quais escrevo".[330]

A escrita era como Woolf exorcizava seus demônios – os demônios da loucura que conduziam sua genialidade. A maioria dos pacientes fala com seus psiquiatras como parte da "cura pela fala", mas Woolf, agindo como sua própria psiquiatra, simplesmente escrevia. Em um ensaio de 1931, ela demonstrou com sua escrita a conexão entre uma experiência psicótica e a autoterapia, assim eliminando um alter ego que era uma ameaça. "Descobri que, se eu fosse resenhar livros, eu precisaria lutar com certo fantasma. Era ela quem normalmente ficava entre mim e o papel quando eu escrevia resenhas. Era ela que me aborrecia, gastava meu tempo e me atormentava de tal modo que, finalmente, matei-a. [...] Virei-me para ela e peguei-a pela garganta. Dei o meu melhor para matá-la. [...] Peguei o tinteiro e arremessei nela. Ela foi difícil de matar."[331]

Como muitos maníacos-depressivos, Woolf alternava entre altos e baixos, além do estado equilibrado (eutímico) entre os dois. Como ela certa vez descreveu a passagem do estado maníaco para o normal: "Via a mim mesma, meu brilhantismo, genialidade, charme e beleza diminuírem e desaparecerem. Era, na verdade, uma velha deselegante, irrequieta, feia e incompetente; uma mulher vaidosa, tagarela e fútil."[332] Mas era somente nesse segundo estado (o normal), quando sua discórdia podia ser sintetizada em fio narrativo coerente, que Woolf ficava estável o suficiente para escrever. Isso ela percebeu em uma noite, em junho de 1933, enquanto seguia pelo subúrbio de Londres no qual morava: "Pensei, dirigindo por Richmond a noite passada, algo muito profundo acerca da síntese de meu ser: como somente a escrita o compõe; como nada me torna inteira a não ser que eu esteja escrevendo."[333] Um dos hábitos secretos de alguns gênios é a capacidade de entrar em um mundo imaginário e depois retornar. Woolf era capaz de fazer isso, até o momento em que não era mais.

A ARTISTA CONTEMPORÂNEA YAYOI KUSAMA (NASCIDA EM 1929) AINDA segue uma vida entre o hospital psiquiátrico Seiwa, em Tóquio, no Japão, onde ela mora desde 1977, e o mundo externo. Considerada uma das 100 pessoas mais influentes do mundo pela revista *Time* e possivelmente um dos artistas vivos mais conhecidos do mundo, Kusama ainda segue o mesmo regimento obsessivo-compulsivo: "Do outro lado da rua do hospital, construí um estúdio, e é lá que trabalho todo dia, indo e vindo de um prédio a outro. A vida no hospital segue um cronograma fixo. Eu me recolho às nove da noite e acordo na manhã seguinte para um exame de sangue às sete. Às dez da manhã, vou todo dia ao meu estúdio e trabalho até as seis ou sete da noite."[334] Em outra parte de sua autobiografia, ela acrescenta: "Flutuo entre os dois extremos, a sensação de satisfação que um artista ganha por criar e a feroz tensão interna que alimenta a criatividade [...] entre sentimentos de realidade e irrealidade."[335]

Kusama tem contato com a irrealidade desde criança. Ela descreve o tipo de ocorrência psicótica que veio a marcar sua estada em Nova York (1957–1973) como uma jovem adulta:

> "Eu muitas vezes sofria episódios de neurose severa. Cobria uma tela com redes, depois continuava pintando-as na mesa, no chão e, por fim, em meu próprio corpo. Conforme eu repetia esse processo de novo e de novo, as redes começavam a expandir ao infinito. Esquecia-me de mim mesma enquanto elas me envolviam, agarrando-se a meus braços, pernas e roupas e preenchendo o cômodo inteiro. Acordei uma manhã e encontrei as redes que havia pintado no dia anterior grudadas nas janelas. Maravilhada com isso, eu chegava perto para tocá-las e elas rastejavam para dentro da pele de minhas mãos. Meu coração disparava. Nos espasmos de um ataque de pânico total, ligava para uma ambulância, que me levava ao hospital Bellevue. Infelizmente esse tipo de coisa ocorria comigo com certa regularidade. [...] Mas eu continuava pintando feito louca."[336]

Deixando de lado as redes infinitas, Kusama pintou obsessivamente infinidades de bolinhas ou outras fixações reproduzíveis com rapidez. Críticos a chamaram de "a Sumo Sacerdotisa das bolinhas" e "a primeira artista da obsessão". Ela própria rotulou seu trabalho como "arte psicossomática" – arte que surge da psicose. O objetivo de Kusama? Remover o transtorno obsessivo do qual sofre, assim permitindo que seu espírito (e o do espectador) transcendam em uma "vertigem do nada" infinita e indistinta. "Minha arte", ela diz, "origina-se de alucinações que só eu posso ver. Traduzo as alucinações e as imagens obsessoras que me assolam em esculturas e pinturas. Todas as minhas obras a pastel são produtos de neurose obsessiva e são, portanto, indissociavelmente atreladas à minha doença. [...] Ao traduzir alucinações e medo de alucinações em pinturas, venho tentando curar minha doença".[337] E em sua autobiografia, Kusama escreve: "Você pode portanto dizer que minha pintura originou-se de uma forma primitiva e intuitiva que pouco tinha a ver com a noção de 'arte'."[338]

Como os exemplos de Vincent van Gogh, Virginia Woolf e Yayoi Kusama mostram com uma certeza crescente, "distúrbios" mentais podem não só incapacitar, mas também capacitar. A expressão criativa pode proteger e curar a psique, e desse processo de sobrevivência pessoal emerge uma obra de arte. Um criador pode impor ao leitor, espectador ou ouvinte suas experiências de vida. O artista diz: "Eu vejo, eu sinto, eu quero que você veja e sinta também e, quando você sentir, eu e você estaremos em harmonia infinita, dentro de nós individualmente e um com o outro." Leia abaixo as declarações de algumas pessoas excepcionais para as quais um "desequilíbrio" mental foi seu motivador artístico.

- Vincent van Gogh: "Preciso pintar."
- Virginia Woolf: "Escrevo para me estabilizar."
- Yayoi Kusama: "A arte é uma descarga bem como um tratamento."
- Pablo Picasso: "[*Les demoiselles d'Avignon ("As moças de Avignon")*] foi minha primeira tela de exorcismo."
- Anne Sexton: "A poesia me levou pela mão para fora da loucura."
- Winston Churchill: "A pintura veio a meu resgate em um tempo deveras difícil."
- Martha Graham: "Quando parei de dançar, perdi a vontade de viver."
- Robert Lowell: "Escaparia para a escrita e ficaria curado."

- Chuck Close: "A pintura me salvou."
- Amy Winehouse: "Escrevo músicas porque sou fodida da cabeça e preciso extrair algo bom de algo ruim."[339]

Todo ser humano precisa de uma atividade com uma trajetória salutar para a frente. Mesmo se sua criação é insignificante para os outros, pensar nela como algo importante pode salvar sua vida.

EM UMA CARTA DESESPERADA ESCRITA EM 1803, CHAMADA O Testamento de Heilingenstadt por causa do subúrbio de Viena em que foi escrita, um Ludwig van Beethoven (1770–1827) à beira do suicídio explicou por que decidiu não acabar com a própria vida. "Foi apenas *minha arte* que me segurou. Parecia-me impossível deixar o mundo até que eu trouxesse a público tudo o que sentia haver dentro de mim. Então aguentei essa existência desgraçada."[340] Essa não foi a única vez em que Beethoven contemplou tirar a própria vida. Em 1811, por exemplo, ele desapareceu por três dias na floresta e foi encontrado em uma vala pela esposa de outro músico. Beethoven lhe confessou que "queria deixar-se morrer de fome".[341] Beethoven era acometido por muitas coisas. Ele sofria de transtorno bipolar, paranoia, uma doença gastrointestinal de longa data, intoxicação por chumbo e era um alcoólatra funcional.[342] A limitação pela qual o lembramos hoje, contudo, é a surdez.

Beethoven começou a ouvir um zumbido e a ter uma dificuldade maior para ouvir tons mais altos durante a década de 1790, quando estava na casa dos 20 anos. Em 1801, ele escreveu a um amigo: "Meus ouvidos continuam a zunir e zumbir dia e noite. [...] No teatro, preciso colocar-me bem perto da orquestra, apoiar-me nos parapeitos para entender os atores. [...] Às vezes também mal ouço quem estiver falando baixo; ouço os tons, mas não as palavras."[343] Em 1814, Beethoven não aparecia mais em público como parte de uma apresentação musical. Mas só em 1817, quando tinha 47 anos, sua surdez tornou-se tão grave que ele não conseguia mais ouvir música alguma. Quando Beethoven morreu, uma autópsia revelou que seus nervos auditórios estavam "contraídos e destituídos de neurina; as artérias vinculadas estavam dilatadas em um tamanho maior do que o de uma pena de corvo, além de cartilaginosas".[344]

Duas coisas dão contexto. Em primeiro lugar, Beethoven continuou a escutar, embora com capacidade bastante reduzida, de 1803 a 1813, época na qual escreveu as músicas que são mais apreciadas por amantes de concerto hoje: suas sinfonias, concertos e sonatas de piano mais populares; a noção de "Beethoven surdo", portanto, não é completamente precisa, mas dependente do tempo em questão. Em segundo lugar, muitos compositores superdotados, sendo o melhor exemplo Mozart, têm a habilidade de criar música sem ouvir o som externo, compondo por meio de um "ouvido interior"; Beethoven também tinha a capacidade de ouvir música na cabeça, escrever esboços e finalizar a música em uma escrivaninha sem a ajuda de um instrumento sonoro.

Mas uma deficiência pode fazer diferença. O processo que fez das músicas de Beethoven algumas das melhores de todos os tempos foi, em parte, sua reação a um "déficit". Ironicamente, a contribuição do Beethoven "surdo" à história da música foi sua descoberta do som musical. Isso significa que sua música privilegia menos a ideia musical e mais o som da ideia em questão repetido de novo e de novo. Beethoven criou sua música única colocando um acorde, frase melódica ou ritmo em determinado lugar e depois simplesmente repetindo e repetindo as notas, aumentando o volume e muitas vezes elevando o tom a cada iteração. Reduzir a música a seus elementos básicos e depois avançar insistentemente com eles em uma onda crescente de som conferiu um poder sem precedentes à música de Beethoven. "Não estou ouvindo, não estou ouvindo, não estou ouvindo. MAIS ALTO!", parecia dizer.

As pessoas com deficiência auditiva muitas vezes "escutam" apenas vibrações – tremores na terra – quando expostas a músicas. Será por isso que tantas composições de Beethoven são danças estilizadas (música reduzida a pulsações básicas)? Talvez a melhor maneira de observar o lado dançante de Beethoven e as vibrações terrenas seja ouvir o primeiro movimento de sua 7ª sinfonia, na qual o compositor repete sucessivamente o mesmo movimento 57 vezes. A maior das evidências são as texturas belas e estranhas e os deslocamentos abstratos – chamemos de interioridade extrema – encontrados nos últimos quartetos e sonatas de piano, compostos por um Beethoven então completamente surdo.[345] "A surdez não prejudicou e talvez tenha até elevado suas habilidades como compositor", conclui o especialista em Beethoven, Maynard Solomon.[346] De fato, em certa medida, a genialidade de Beethoven repousa nos sons que sua deficiência o forçou a ouvir internamente para em seguida transmitir em papel.

QUE ARTISTA ENFRENTA O MAIOR DESAFIO: O COMPOSITOR INCAPAZ DE ouvir ou o pintor incapaz de ver? O pintor Chuck Close (nascido em 1942) é incapaz de reconhecer amigos, parentes ou conhecidos independentemente de quantas vezes os veja. Além de dislexia e outros problemas cognitivos, Close sofre de "cegueira de rostos", uma condição à qual os neurologistas deram o nome clínico de prosopagnosia.[347] A cegueira de rostos resulta de problemas na área fusiforme de faces, localizada no giro fusiforme do lóbulo temporal, que liga caminhos neurais relacionados ao reconhecimento visual.[348] Eric Kandel, neurologista vencedor do Nobel, disse a Close em uma entrevista: "Você é o único artista com cegueira de rostos na história da arte ocidental que decidiu pintar retratos."[349]

Chuck Close não reconhece rostos em parte porque não consegue interpretar imagens tridimensionais, mas é capaz de fazê-lo com coisas bidimensionais. Para criar um retrato, Close obtém a fotografia de um rosto e então divide a imagem bidimensional em uma série de unidades menores, as quais ele pinta separadamente e de forma distinta. Para o retrato de seu amigo Bill Clinton (2005), Close criou um conjunto de 676 losangos individuais. O resultado é algo análogo a uma atomização da face, uma desmontagem que nos faz perceber que uma pessoa – e cada possível gênio – é composta de inúmeros elementos menores que podem ou não se encaixar uns nos outros. Close destaca os dentes desconstruídos de Clinton: "Cada dente estava separado, e eu tive de juntá-los para que parecessem dentes."[350] Forçado a enxergar o mundo de forma diferente devido à sua prosopagnosia, Chuck Close improvisou uma solução à sua maneira. O retrato de Bill Clinton feito por Close hoje está em exibição na National Portrait Gallery, em Washington, D.C., o registro de um presidente e de uma deficiência.

Se por um lado o retratista Chuck Close não consegue se lembrar de rostos, o artista Stephen Wiltshire vê e recorda tudo. Wiltshire tem memória eidética (ou fotográfica). Ele consegue ver uma paisagem urbana ou lugar em Londres, Nova York, Roma, Dubai ou Tóquio uma única vez, por cerca de vinte minutos, e em seguida reproduzir meticulosamente cada detalhe do que viu. Seus desenhos, que podem levar horas para serem produzidos, são depois vendidos em sua galeria, em Londres, por dezenas de milhares de libras.

Stephen Wiltshire é um gênio? Por mais impressionante que sejam seus feitos de memória, não é o caso. Enquanto autista savantista, Wiltshire tem a capacidade de processar informações visuais quase à mesma velocidade de um computador, mas seu desenvolvimento cognitivo geral é o de uma criança de cinco anos.[351] Wiltshire pinta exatamente o que vê; nada mais, nada menos. E quanto a outros savantistas chamados de gênios – Kim Peek, mestre de cálculos que foi inspiração ao vencedor do Oscar *Rain Man* (1988), e Derek Paravicini, prodígio musical que consegue reproduzir qualquer música nota por nota após ouvi-la uma só vez? Processamento relâmpago é uma coisa, mas originalidade é outra. Ao pintar à mão cada uma de suas unidades incrementais e juntá-las de forma única, Chuck Close gera valor em seus retratos; Stephen Wiltshire e Derek Paravicini meramente reproduzem coisas existentes. Como apontou Oliver Sacks com relação a Wiltshire e outros autistas com savantismo, a arte de verdade precisa envolver um processo pessoal no qual o criador pega o material emprestado, "coloca-o em relação a si mesmo e o expressa de uma nova forma, própria de si".[352]

"Para ter sucesso na ciência e nas artes, uma pitada de autismo é essencial", diz Hans Asperger, que dá o nome à síndrome de Asperger.[353] Uma pitada de autismo pode ser necessária, mas também é necessário imaginação à beça, além da habilidade de enxergar e realizar novas conexões. Isaac Newton – que via relações por toda a galáxia –, Srinivāsa Rāmānujan (1887–1920), que solucionou problemas matemáticos antes considerados impossíveis de se solucionar, e Alan Turing (1912–1954), cujo papel exercido foi fundamental para desenvolver a computação moderna e decodificar a máquina de criptografia nazista, a Enigma – tinham todos relatos de sintomas de transtorno do espectro autista, mas além disso possuíam imaginações expansivas. Os dois últimos foram popularizados em filmes recentes: Rāmānujan em *O homem que viu o infinito* (2015) e Turing em *O jogo da imitação* (2014). Entretanto, entre figuras públicas recentes que exibiam capacidades e incapacidades igualmente extremas, ninguém tinha uma imaginação mais desvairada e cósmica do que o falecido comediante Robin Williams.

Mencionar que o referencial de Robin Williams era amplo é um desserviço à sua mente. Certa vez, após falar sobre meios de neutralizar terroristas no Próximo-Oriente, ele rapidamente passou para os Estados Unidos e acrescentou: "Se você estiver em território amish e vir um homem com uma arma enfiada no traseiro de um cavalo, trata-se de um mecânico, não de um terrorista."[354] A mente de Williams pensava na velocidade da luz. Billy Crystal determinada vez disse o seguinte de seu amigo: "Se eu fosse rápido em uma noite, ele seria ainda mais rápido." E James Lipton começou sua entrevista com Williams no programa *Inside the actors studio* perguntando: "Como você explica os reflexos mentais que você aplica com tanta velocidade? Você pensa mais rápido do que o restante de nós? O que diabos acontece?"[355] A resposta, talvez, seja: transtorno de déficit de atenção e hiperatividade.[356]

"Eu tentava conversar com Robin", disse o colega de escola dramática Joel Blum, "e a conversa iria bem por mais ou menos dez segundos. Depois ele começava a fazer vozes, fazia uma piada. Ele quase literalmente ricocheteava pelas paredes com suas loucuras. E aí ele sumia."[357] Embora Williams nunca tenha sido oficialmente diagnosticado com transtorno de déficit de atenção e hiperatividade, vários observadores qualificados em saúde mental tinham essa suspeita.[358] Muitas pessoas com TDAH também são conhecidas por terem imaginações bastante ativas, possibilitando dons criativos especiais.[359] Elas também têm propensão a desenvolver demência com corpos de Lewy (DCL),[360] uma doença que se manifesta por meio do aumento anormal de proteínas neuroquímicas no cérebro. Williams sofria de DCL e isso provavelmente acelerou sua morte por suicídio aos 63 anos. Em muitos casos, de modo subjacente tanto ao TDAH quanto à DCL, há a depressão. O desespero, porém, pode ser fonte de humor mórbido, levando, ironicamente, a uma piada boa e terapêutica. "Eu teria, em muitos bons dias, estourado meus miolos", disse o Lorde Byron, "se não fosse a lembrança de que isso daria muito prazer à minha sogra."[361]

Humor mórbido, um senso de ironia trágico... muitas mentes geniais os têm. Quanto mais fundo o poço, mais humor é necessário para sair dele. O comediante Jonathan Winters, que tinha depressão e foi um mentor para Williams, certa vez disse: "Eu precisava dessa dor – seja lá o que fosse – para evocar de tempos em tempos, não importava o quanto fosse ruim."[362] "Não é engraçado", observou o próprio Williams, "como eu consigo trazer muita felicidade pra toda essa gente, mas não para mim".[363] Os pensamentos sombrios de Williams deram à luz risos alegres com piadas como: "No Texas, há tantas cadeiras elétricas que até mesmo o Papai Noel tem uma. E eles passam um algodão com álcool no seu braço antes de aplicarem uma injeção letal. Assim você evita infecção."[364] Williams havia previsto o futuro: "Isso que é emocionante: a ideia da atividade exploradora. É com isso que lidamos como artistas, comediantes, atores. Você vai até a beirada para dar uma olhada, e às vezes você cruza o limiar e depois você volta, com sorte."[365]

Será que o TDAH energizava as conexões rápidas que Robin Williams fazia a serviço da comédia? Chuck Close tinha prosopagnosia, criando a necessidade de um "contorno", que por sua vez abriu uma nova direção para a arte moderna. Stephen Hawking tinha esclerose lateral amiotrófica (ELA) e, segundo seu colega e recebedor do Nobel, Kip Thorne, "teve de aprender todo um novo modo" de avançar em sua carreira como físico.[366] Cientistas britânicos atribuíram a capacidade extraordinária que Isaac Newton tinha de se concentrar, bem como a inclinação de Andy Warhol para imagens repetitivas, à síndrome de Asperger.[367] A síndrome de Asperger foi adicionada ao DSM em 1995, mas depois removida em 2013 e reclassificada dentro da categoria de transtorno do espectro autista. Os tempos e as culturas mudam. O mesmo pode ser dito de nossas atitudes com relação a gênios e suas aparentes deficiências.

Em abril de 2015, Joseph Straus, professor renomado no centro de pós-graduação da Universidade da Cidade de Nova York, veio a meu curso de genialidade em Yale para falar sobre autismo. Straus escreveu um livro sobre a questão das deficiências (*Extraordinary measures* ["Medidas extraordinárias"]; 2011), atraído ao assunto porque seu filho mais velho é autista. Ao fim de sua apresentação sóbria, Straus e o conjunto de aproximadamente oitenta estudantes começaram uma discussão cada vez mais acalorada. Muitos alunos eram graduandos em psicologia e neurobiologia; vários haviam participado de estágios em laboratórios nos quais os Institutos Nacionais da Saúde dos Estados Unidos financiavam pesquisas acerca do autismo. Estavam todos ávidos para saber mais sobre avanços recentes a fim de encontrar uma "cura" para o autismo.

Straus não aceitou isso. Ele e sua esposa haviam passado muito tempo de suas vidas acomodando e acolhendo o potencial humano de seu filho em toda a sua diversidade e integridade. "Para a pessoa autista", disse Straus, "os interesses e habilidades especiais surgem não a despeito do autismo, mas precisamente por causa dele: o autismo possibilita a habilidade. É uma diferença, não um déficit que precisa ser remediado, normalizado ou curado por profissionais médicos". Quando o tempo da aula se esgotou, apenas uma conclusão era unânime em ambos os lados: havia ali um dilema ético urgente e relevante para milhões de pessoas. Seria desejável eliminar o autismo, ou qualquer "deficiência", se isso fosse possível? Será que esses "outros" perfis psicológicos não são nada mais do que modos alternativos de inteligência que talvez levem à genialidade?[368]

Martin Luther King Jr. valorizava os desequilibrados quando disse: "A salvação humana reside nas mãos dos desajustados criativamente."[369] Gênios precisam criar e nós precisamos que eles criem. Da mesma maneira, muitas divergências neurológicas mostram-se habilitadoras secretas da genialidade. Em vez de pensar nelas como barreiras insuperáveis ou deficiências, podemos percebê-las como oportunidades a partir das quais o pensamento original é capaz de emergir.

Se Beethoven estivesse vivo hoje, cirurgias poderiam atenuar, ou talvez eliminar, a otosclerose que ele tinha em seu ouvido interno. A psicanálise e antidepressivos poderiam ter ajudado Woolf a continuar escrevendo, mas a que custo? Yayoi Kusama tentou a "cura pela fala" da psicanálise freudiana por seis anos, mas sua arte foi prejudicada. "Ideias pararam de vir independentemente do que eu pintava ou desenhava", ela dizia, "porque tudo saía de minha boca".[370] Robin Williams sabia que nunca seria equilibrado e duvidava querer sê-lo um dia, por ter medo de perder sua genialidade cômica. "Aí você está morto, entende?!", ele disse.[371] Cientistas talvez um dia descubram um modo de eliminar ou amenizar radicalmente "deficiências" como a surdez, o autismo, a síndrome de Asperger, o TOC e o TDAH. Mas isso pode ser mesmo chamado de progresso se significar que não teremos mais *Ode à alegria*, nem teoria da gravidade, nem *A noite estrelada* em minha caneca, nem piadas de chorar de rir? A decisão é sua.

Uma última coisa: pensamos muitas vezes em gênios como estrelas que brilham intensamente, mas se apagam rapidamente. Usando Van Gogh como arquétipo, imaginamos um louco suicida que morre jovem, no caso, aos 37 anos. Mas Van Gogh prova-se uma exceção. Embora sua vida sensacional seja uma história individual cativante, ela ofusca o fato de que gênios habitualmente têm vidas longas.

Podemos discutir quem são os maiores gênios entre pintores, cientistas ou compositores clássicos – isso, novamente, depende de seus valores e de sua perspectiva cultural. Mas para fazer uma observação simples a respeito da longevidade, conduzi um estudo nada científico. Fui ao Google e busquei pelos "dez maiores compositores clássicos", obtendo uma lista de nomes que incluía Beethoven, Mozart, Bach, Wagner e Tchaikovski. Para esses dez gênios musicais, calculei que a expectativa de vida era de 51,4 anos. Para pintores, minha busca identificou Picasso, Da Vinci, Van Gogh, Michelangelo, Warhol, Kahlo e outros, e a expectativa de vida era de 67,2 anos. Esses pintores famosos viveram, em média, 30 anos a mais que Van Gogh. Quando fiz o mesmo cálculo para os cientistas – Newton, Galileu, Einstein, Curie, Hawking, Tesla e seus colegas – encontrei uma expectativa de vida de 75,3 anos. Para contextualizar esses números, quase todos esses gênios nasceram antes do uso difundido de antibióticos (1940), épocas em que as pessoas viviam por bem menos tempo; a expectativa de vida da população geral para homens brancos, com ajuste relativo à mortalidade infantil, era de aproximadamente 35 anos em 1750, 40 em 1830 e 47 em 1900. Portanto, segundo esses cálculos grosseiros, muitos gênios parecem viver talvez uma década a mais em comparação com a média da população. Por quê?

Por que otimistas vivem em média uma década a mais do que pessimistas? Isso segundo um estudo de 2019 da Universidade de Harvard, publicado pela *Proceedings of the National Academy of Sciences*.[372] Quando indivíduos foram comparados com base em seus níveis iniciais de otimismo, pesquisadores descobriram que homens e mulheres mais otimistas apresentavam, em média, expectativa de vida de 11% a 15% mais alta, e eram 50% a 70% mais propensos a chegar aos 85 anos em comparação com os grupos menos otimistas."[373] Embora a fisiologia do "porquê" ainda seja desconhecida, o fato importante é claro: otimistas, assim como gênios, vivem mais.

Mas gênios – pessoas criativamente desajustadas – *são* em maior parte otimistas. Como disse Mark Zuckerberg em 2017: "Otimistas tendem a ter sucesso e pessimistas tendem a ter razão. [...] Se você acha que algo será terrível e irá fracassar, então você irá atrás dos dados que provem que está certo. E você os encontrará! É isso que pessimistas fazem. Mas, se você acha que algo é possível, então tentará encontrar um jeito de fazer dar certo."[374] Encontrar "o jeito de fazer dar certo" é a missão do gênio, sua paixão, talvez sua obsessão compulsiva. Sejamos gênios ou pessoas comuns, precisamos todos de uma missão que acreditemos ser possível de ser cumprida. Racional ou irracional, essa obsessão nos mantém vivos.

CAPÍTULO 8

REBELDES, DESAJUSTADOS E ENCRENQUEIROS

"Aos loucos, aos desajustados, aos rebeldes, aos encrenqueiros, aos pinos redondos em buracos quadrados [...] aos que veem as coisas de modos diferentes / que não são afeitos a regras [...]. Você pode citá-los, discordar deles, glorificá-los ou os maldizer, mas o que não é possível é ignorá-los, pois eles mudam as coisas [...], eles fazem a raça humana avançar e embora alguns os vejam como loucos, nós vemos gênios, pois aqueles que são loucos o suficiente para achar que podem mudar o mundo são aqueles que o fazem."

Com o discurso desse comercial televisivo de 1997, chamado "Think different", o gênio Steve Jobs iniciou o que acabaria sendo o ponto de virada para a Apple Computer Inc., na época em crise. Milhões assistiram à transmissão original desse comercial, que ficou no ar de 1997 a 2002, com narração do ator Richard Dreyfuss (originalmente era para ser o próprio Jobs) e fotografias de vários dos gênios icônicos do século XX aparecendo na tela: Albert Einstein, Bob Dylan, Martin Luther King Jr., John Lennon, Thomas Edison, Muhammad Ali, Mahatma Gandhi, Amelia Earhart, Martha Graham, Jim Henson, Pablo Picasso e Frank Lloyd Wright. Acompanhada por uma música lenta e quase religiosa, a mensagem parece menos uma proposta de venda e mais um hino a uma de nossas crenças mais arraigadas: os gênios rebeldes fazem de nosso mundo um lugar melhor. Nesse contexto, "louco", "encrenqueiro" e "desajustado" soam como elogios. Esses gênios são nossos amigos, nossos heróis, nossas divindades contemporâneas.

Como cultura, nós honramos gênios rebeldes porque são pessoas capazes de nos fazer ver o mundo de forma diferente. De quais conformistas nos lembramos? Sem rebelião contra o *status quo*, não há genialidade. Nem todo rebelde é um gênio, claro, porque nem toda ideia que rompe com os paradigmas prova-se brilhante. O rebelde Ícaro voou perto demais do sol e no que isso resultou? O gênio, porém, tem o hábito de não apenas rebelar-se, mas também de ter a ideia certa.

Mas gênios nem sempre são universalmente amados. Sócrates era tão perigoso que os cidadãos de Atenas o obrigaram a se envenenar. Martinho Lutero e Galileu Galilei foram condenados à prisão domiciliar. Nelson Mandela, Martin Luther King Jr. e Mahatma Gandhi foram encarcerados. Joana d'Arc foi queimada na fogueira. Segundo o historiador John Waller, Vincent van Gogh, Albert Einstein, Winston Churchill e Jesus Cristo eram apenas alguns dos visionários que passaram por períodos de exílio público, real ou figurativo.[375] Mudanças sociais precisam de tempo e de boa vontade para que sejam aceitas. Só com o tempo uma noção disparatada torna-se a nova regra.

Às vezes a aceitação demora bastante. Por milênios, alguns cientistas em diferentes períodos defendiam que o Sol, não a Terra, era o centro do nosso sistema; mas somente em 1820 essa crença tornou-se oficialmente aceita pela Igreja Católica Apostólica Romana.[376] Em meados de 1796, William Jenner recolheu pus de vacas infectadas com varíola bovina e injetou em humanos; famílias da época, incluindo os Mozart, recusaram-se a tomar a vacina e sofreram as consequências, mas em 1980 a varíola foi erradicada. A Teoria da Relatividade Geral de Einstein foi comprovada em 1919, mas levou exatamente um século para que houvesse a confirmação visual de um corolário da teoria: a existência de buracos negros.[377] Em comparação, a ascensão de Martin Luther King Jr. de prisioneiro a ícone dos direitos civis no National Mall, em Washington, levou algumas décadas. Por que leva tanto tempo? Porque os demais entre nós não gostam de quebras de paradigmas nem dos rebeldes que as trazem.

"Quando um gênio de verdade surge no mundo", disse Jonathan Swift em 1728, "você pode reconhecê-lo pelo seguinte sinal: que os tolos estão todos em confraria contra ele".[378] Então por que nós, tolos, todos nos juntamos contra os gênios, pelo menos inicialmente? Porque gênios causam problemas, e pessoas assim dificultam as coisas para nós. Eles nos deixam desconfortáveis. Eles nos forçam a mudar. E mudança exige trabalho. Diante da escolha de uma ideia nova e criativa e uma antiga e prática, a maioria das pessoas escolhe a velha e prática, a julgar pelos resultados de um teste publicado em 2011 na *Psychological Science*.[379] O *status quo* é nossa configuração padrão. Mesmo professores que declaram uma responsabilidade profissional de encorajar estudantes para que sejam criativos acabam considerando estudantes criativos uma perturbação que atrapalha o ambiente da sala de aula.[380] "Não importa o que digam", escreve Amanda Ripley, autora de *As crianças mais inteligentes do mundo*, "a maioria dos professores na verdade não gostam de criatividade e pensamento crítico entre seus estudantes. [...] [Há inúmeras] histórias de gênios mirins enxotados de ambientes de aprendizado."[381]

Em 1632, Galileu Galilei criticou o Papa Urbano VIII referindo-se a ele repetidas vezes como "o Simplório".[382] Urbano não podia aceitar a noção radical de que a Terra girava em torno do Sol e Galileu não podia aceitar a ignorância de Urbano. Coloque-se no lugar do papa. Toda a evidência empírica sugere que o sol nasce no leste, move-se pelo céu e põe-se no oeste; a Bíblia inclusive afirma isso em 67 passagens.[383] Eu não sinto meu corpo voando pelo espaço a 800 mil quilômetros por hora e o Papa Urbano também não. E no entanto, Galileu, usando o novo telescópio com ampliação de trinta vezes que ele inventara, podia ver o planeta Júpiter e as quatro luas que o orbitam. Então ele fez a analogia: se Júpiter gira, com suas quatro luas, em torno do Sol, será que a Terra com sua única lua não faz o mesmo?

Nicolau Copérnico (1473–1543) havia aludido a isso, mas ele foi comedido (e salvou a própria vida) ao afirmar que sua perspectiva heliocêntrica era apenas um modelo conceitual. Ele tinha motivo para ser cauteloso: a Inquisição estava em plena atividade, e empregava tortura e execução no combate a heresias. Um de seus discípulos, o filósofo Giordano Bruno, foi queimado na fogueira em 1600 por ensinar a heterodoxia copernicana. Galileu, porém, foi além de Copérnico tanto na fala como na escrita: a teoria copernicana, ele disse, era mais do que mera hipótese, era a realidade. Frente a frente com a Inquisição em Roma, em 1616, Galileu retirou o que disse... por um tempo. Depois, em 1632, ele publicou o *Diálogo sobre os dois principais sistemas do mundo*, que oferecia pleno endosso ao modelo copernicano, sustentado por mais evidências. Então, em janeiro de 1633, Galileu foi a Roma a fim de se explicar para a Inquisição.

Para nós, esse aspecto da astrofísica pode parecer distante da vida cotidiana, mas para a Igreja Católica o assunto era muito sério. Na visão cristã pré-moderna, a Terra era o centro do cosmo e Roma era seu epicentro espiritual. Acima do ponto terreno havia o paraíso com santos e anjos; abaixo, o inferno com pecadores e diabos. A postulação de Galileu de que a Terra voava pelo espaço e era na verdade apenas um entre vários planetas e de que o Sol era apenas uma entre várias estrelas era uma blasfêmia. Em vez de ocupar uma posição imóvel e central no cosmo, a Terra, a Igreja e toda a escatologia cristã seria agora relegada a uma atração secundária em alta velocidade. Em vez de um plano divino, a realidade pode ser algo mais próximo a um acidente misterioso. Algo revolucionário, sem dúvida!

Diante da possibilidade de ser queimado na fogueira por pregar uma doutrina falsa, Galileu fez um acordo com a Inquisição.[384] Ele concordou em se declarar culpado por ter, sem querer, criado a impressão de que seus textos apoiavam a noção de um sistema solar heliocêntrico, e as autoridades de Igreja não o puniriam com nada além de prisão domiciliar pelo restante de sua vida, o que acabou sendo oito anos. Mas enquanto Galileu, o rebelde, afastava-se do banco em seu julgamento, diz-se que ele sussurrou: *"E pur si muove"* – "Contudo, ela [a Terra] se move".

Hoje parece óbvio: a Terra gira em torno do Sol. Mas mesmo hoje alguns de nós não parecem dispostos a ceder diante de toda a evidência e consenso científico. Em 1953, o pesquisador Jonas Salk anunciou uma vacina contra a poliomielite, mas alguns países africanos ainda relutam em distribuí-la. Em 1963, John Enders descobriu uma vacina contra o sarampo, mas ainda hoje há quem se recuse a recebê-la, assim como não deixam que seus filhos sejam vacinados contra difteria, tétano, coqueluche e HPV. A maioria dos cientistas defende que tanto os incêndios florestais como as tempestades oceânicas cada vez mais intensas estão ligadas ao aquecimento global, mas negacionistas das mudanças climáticas contestam que haja uma ligação causal. Alguns líderes mundiais inicialmente negaram as evidências científicas de que haveria uma pandemia da COVID-19. Que coisa na qual *todos* acreditamos hoje será provada errada amanhã por um gênio?

HOJE USAMOS A PALAVRA "PROTESTANTE" SEM PENSAR MUITO: "Um protestante é um cristão que não é católico", pode-se dizer, grosso modo. Mas em termos estritos, os protestantes originais eram defensores (*pro + testamentum*) de uma noção rebelde: a religião podia ser estruturada a partir de um novo sistema, diferente do da Igreja Romana. Da mesma maneira, geralmente pensamos em "protestos" como atos de antagonismo, pessoas marchando e clamando por mudanças no *status quo*, como os protestos contra a Guerra do Vietnã nos Estados Unidos ou os mais recentes contra a muralha na fronteira e as políticas anti-imigratórias do presidente Donald Trump. Martinho Lutero (1483–1546) era um protestante e também protestava, promovendo uma nova religião e contestando a antiga; se um dia houve um gênio que trouxe mudança, esse gênio foi Lutero.

Ao fim da vida, Martinho Lutero havia criado uma nova religião com sua própria teologia e liturgia, instituiu o casamento para o clero, deu início à dissolução das ordens monásticas, fez o norte da Europa independente do sul e cultivou um ambiente no qual o capitalismo individual e as sementes da democracia podiam germinar. A estrutura de poder, que antes seguia uma lógica de cima para baixo – do papa ao prelado (episcopado) ao presbítero (sacerdotes) aos paroquianos – foi revertida, agora vindo dos paroquianos para os líderes que eles escolhessem. Possivelmente mais do que qualquer indivíduo, Martinho Lutero abriu a porta que levou da teocracia à democracia, do medieval ao moderno.

Tudo começou na porta de entrada da Igreja do Castelo de Vitemberga, na Alemanha. Ali, em 31 de outubro de 1517, Martinho Lutero fixou com um prego suas 95 teses – 95 objeções a ações do papa no geral, e especificamente da prática papal de vender indulgências.[385] "Assim que a moeda no cofre cai / A alma do purgatório sai"[386] dizia o *jingle* de agentes coletores enviados de Roma para oferecer a graça espiritual eterna em troca de dinheiro alemão. Portanto, a rebelião de Lutero era econômica, além de religiosa, e só porque teve o apoio de alguns príncipes alemães com crenças similares ele foi capaz de escapar de um julgamento eclesiástico em 1518 e de um julgamento secular em 1521.[387] Um emissário papal declarou: "Em três semanas, jogarei o herege ao fogo!"[388] O imperador Carlos V, do Sacro Império Romano-Germânico, ordenou que Lutero fosse preso, mas ele escapou. Depois, passou os anos restantes de sua vida sob a proteção e custódia de cidades e fortes pró-luteranos. Lutero era motivado por sua consciência e a disposição de arriscar a própria vida protestando em favor do que acreditava. Ao fim do relato publicado de sua defesa, em Worms, Lutero fez sua famosa declaração: "Não posso e não quero retirar nada do que disse, pois não é seguro nem certo ir contra a consciência. Não posso fazer diferente. Essa é minha posição. Que Deus me ajude. Amém."[389]

QUE OUTROS AGENTES DE RUPTURA TINHAM A CORAGEM DE AFERRAR-SE às suas convicções? Quando outros duvidaram, Colombo navegou para o oeste em busca do Extremo Oriente, Marx escreveu seu *Manifesto comunista* e Eiffel construiu sua torre. Darwin entendia que o homem não havia sido criado no sexto dia por Deus, mas evoluíra gradualmente de primatas menos desenvolvidos; o livro do Gênesis, ele concluiu, era na melhor das hipóteses uma metáfora.[390] Tesla foi aos Estados Unidos em 1884 com o intuito de trabalhar para Thomas Edison, mas logo cortou laços com seu chefe porque acreditava que seu sistema de corrente alternada, não a corrente direta de Edison, iluminaria o mundo. Em uma transmissão de rádio em 1963, Einstein agradeceu aos que o premiaram por "inconformidade em questões científicas" dizendo isto: "Me dá um imenso prazer ver a teimosia de um inconformado incorrigível ser calorosamente aclamada."[391] Cada um desses gênios se rebelou contra o conhecimento convencional. Mas que impulso gera essa rebelião?

Em uma palavra: descontentamento. Como apontado anteriormente, os gênios veem coisas que as outras pessoas não veem e isso os deixa empolgados, alarmados ou ambos. Louis Pasteur estava abismado com o número de pessoas morrendo por causa de leite contaminado e desenvolveu o processo de exterminação de germes – ou pasteurização. Tim Berners-Lee viu redes locais desconexas e as transformou na World Wide Web. Jeff Bezos observou o tráfego de dados de usuário na web e ficou empolgado com a possibilidade de abalar as bases do comércio tradicional de modo lucrativo. Steve Jobs estava frustrado porque todos os mainframes e computadores domésticos ficavam em moldes metálicos. "Fiquei com uma teima de que queria um computador em um revestimento de plástico", ele recorda em 1997.[392] Elon Musk estava alarmado com os perigos dos combustíveis fósseis e do aquecimento global, levando à Tesla Motors, à Solar City e à SpaceX.

Andy Warhol parecia descontente com praticamente tudo. Ele rejeitou seu nome de nascença (trocando-o de Warhola para Warhol), a sexualidade que seus pais esperavam dele, seu cabelo natural (ele usava peruca) e seu nariz (ele fez uma rinoplastia). Em 1949, Warhol deixou sua terra natal, Pittsburgh, e foi para Nova York a fim de trabalhar como artista gráfico comercial. Lá, sentiu uma discrepância entre a arte dos "velhos mestres" que dominava os museus e galerias respeitados de Manhattan e os valores descaradamente comerciais que conduziam o mundo dos negócios.

Warhol perguntou: por que as artes visuais tinham de ser avaliadas com base em contexto, simbolismo, significado e técnica de pintura? Essas eram todas questões implícitas da arte do passado. Warhol transformou o mundo da arte ao apontar as obsessões da sociedade moderna: o narcisismo, o exibicionismo, o consumismo e a superficialidade. Esses estados foram transformados em representações visuais que podiam ser imediatamente reconhecidas e apreciadas no momento. Objetos comerciais cotidianos, como uma garrafa de Coca-Cola, uma lata de sopa Campbell e uma caixa de palha de aço Brillo, além de celebridades de alto quilate, como Marilyn Monroe, Marlon Brando, Mao Tsé-Tung e Elvis Presley, lembram-nos do aspecto vibrante do aqui e agora. Seguindo o espírito da indústria comercial, Warhol construiu um estúdio de arte que ele chamava de "The Factory" ("A fábrica"). Conforme o estúdio se tornava uma meca para a elite cultural nos anos 1960, Warhol agressivamente usava sua influência para ver e ser visto junto a toda celebridade de vanguarda em Nova York, ganhando apelidos burlescos como "o papa do pop" e "Drella", uma aglutinação de "Drácula" com "Cinderela".[393]

Todavia, como é o caso com muitos inovadores encrenqueiros, a visão criativa de Warhol não foi apreciada de imediato. Na Feira Mundial de Nova York de 1964, ele causou um escândalo quando instalou uma obra encomendada no Pavilhão do Estado de Nova York: treze imagens bem dispostas das fotos de ficha policial dos gângsteres mais procurados dos Estados Unidos. O governador Nelson Rockefeller ficou irado e mandou Warhol remover a obra; dentro de poucos dias, os criminosos desapareceram sob uma camada de tinta prateada. Em 1962, Warhol montou sua primeira exposição, na galeria Ferrus, em Los Angeles, e pôs à venda 32 imagens de latas de sopa Campbell (uma para cada sabor), por trezentos dólares cada. Nenhuma foi vendida, então o dono da galeria, Irving Blum, comprou todas por mil dólares e as juntou em uma única peça. Em 1996, Blum vendeu *32 latas de sopa Campbell*, de Warhol, ao MoMA – o Museu de Arte Moderna de Nova York – por 15 milhões de dólares.[394] Em menos de trinta anos, esse filho de um metalúrgico imigrante havia passado de iconoclasta rebelde a ícone do *establishment*, reconhecido abaixo apenas de Picasso entre os artistas mais influentes do século xx.[395]

EM UM ENSAIO TITULADO "WHY INDIVIDUALS REJECT CREATIVITY" ("Por que indivíduos rejeitam a criatividade"), Barry Staw, psicólogo de Berkeley, fez uma breve lista de características comuns a inovadores rebeldes. Segundo Staw, "pessoas criativas são inconformistas. Estão dispostas a desafiar a convenção e mesmo as autoridades para explorar novas ideias e chegar à verdade. Elas são persistentes. Não desistem quando suas tentativas são frustradas ou repelidas por um problema; seguem tentando. Elas são flexíveis. São capazes de reformular um problema diante do fracasso em vez de desistir ou seguir pelo mesmo caminho". Mas, acima de tudo, enfatizou Staw, pessoas criativas assumem riscos. "Estão dispostas a tentar a sorte com uma solução sem prova em vez de seguir com o testado e aprovado."[396]

REBELDES, DESAJUSTADOS E ENCRENQUEIROS

Todos os gênios correm riscos. Em 1891, Marie Curie deixou a Polônia em um vagão de quarta classe com pouco dinheiro e ainda menos perspectiva de futuro. Entre 1927 e 1947, o revolucionário Mao Tsé-Tung combateu o exército mais bem equipado do generalíssimo Chiang Kai-shek antes de obter a vitória e estabelecer a República Popular da China. Em 1988, o escritor Salman Rushdie publicou *Versos satânicos*, sabendo que podia ser interpretado como uma blasfêmia ao Alcorão; o líder supremo do Irã emitiu uma fátua pedindo a cabeça de Rushdie, encorajando radicais muçulmanos em todo o mundo a assassiná-lo. Em 1994, Jeff Bezos pediu demissão de seu emprego e usou todo o dinheiro que tinha, além de pegar emprestado de amigos e parentes, para dar início à Amazon. Steve Jobs notoriamente disse: "Você tem de estar disposto a enfrentar grandes fracassos."[397]

Se, em 1870, você perguntasse a alguém na cidade sulista de Cambridge, Maryland: "Harriet Tubman é um gênio?", a resposta provavelmente seria: "Não, ela é uma encrenqueira rebelde." Tubman, que nasceu escravizada no condado de Dorchester, Maryland, e escapou para a Filadélfia, rebelou-se contra o sistema legal dos Rebeldes da Confederação durante a Guerra Civil dos Estados Unidos (lembremos novamente que a maioria dos rebeldes não são gênios, porque suas ideias no fim se mostram inúteis à sociedade).[398] Se você fizesse a mesma pergunta aos nortistas em 1870, a maioria provavelmente responderia: "Quem?". Poucos sabiam que Tubman havia ajudado a criar a rede de rotas clandestinas conhecida como Underground Railroad ("ferrovia subterrânea"), liderando treze missões de resgate da Filadélfia até o território inimigo em Maryland e libertando mais de setenta pessoas escravizadas. Ela também serviu no exército, com arma na mão, e foi líder de um ataque militar bem-sucedido na Carolina do Sul, libertando mais 750 pessoas escravizadas. Quando ela morreu aos 91 anos, em 1913, uma das poucas menções ao ocorrido foi em um obituário do *The New York Times*, com apenas quatro frases.[399]

Os tempos mudaram. Em relação a 1913, os valores sociais elevaram a rebelde Tubman ao patamar de heroína norte-americana e gênio, e ela foi recentemente retratada em um filme aclamado (*Harriet*, 2019). Em 2016, a gestão do presidente Barack Obama concebeu um plano para substituir Alexander Hamilton por Tubman na nota de dez dólares.[400] Mas a fama crescente do musical *Hamilton*, de Lin-Manuel Miranda, aumentou o reconhecimento pelo pai do Sistema de Reserva Federal dos Estados Unidos, então o plano passou a ser que Tubman substituísse o "populista" e dono de escravos Andrew Jackson na nota de vinte dólares. Mas então os Estados Unidos elegeram o "populista" Donald Trump como presidente. Trump logo colocou um retrato de Jackson ao seu lado no Salão Oval e engavetou o plano para colocar Tubman na nota. Conforme os ares políticos trocam de direção e os valores sociais se modificam, quem merece o título de "gênio" também muda. Sociedades movem o alvo oculto incessantemente. A rebelde Tubman disparou sua flecha 160 anos atrás, mas só de modo gradativo o público começou a mover o alvo (a caminho da justiça racial e da igualdade de gênero) para uma posição que permitisse que Tubman acertasse na mosca; só agora a maioria dos norte-americanos enxerga Tubman como exemplo de ação corajosa ante uma situação esmagadoramente desfavorável.

REBELDES, DESAJUSTADOS E ENCRENQUEIROS

Determinados gênios correm riscos pequenos para nos provocar. Em um domingo, dia 13 de março de 2005, uma figura encapuzada levando uma sacola de compras entrou no MoMA, passou por guardas dorminhocos e subiu até o terceiro andar, onde estavam em exposição as icônicas *32 latas de sopa Campbell*, de Andy Warhol. Tirando da sacola uma imagem de três cores com o mesmo tamanho e forma das latas de Warhol, o invasor rapidamente fixou sua própria pintura, *Lata de sopa* (no caso, uma de sopa de tomate da rede de varejo Tesco), na parede. Três horas depois, chegaram os seguranças, mas àquela altura o vândalo havia escapado, aparentemente saindo pela loja de suvenires.[401] No fim, essa instalação passageira foi realizada pelo famoso artista urbano conhecido como Banksy. Banksy realizou artimanhas similares em outras ocasiões. Em 2004, no Museu de História Natural de Nova York, ele se disfarçou de funcionário do museu e colocou em exposição um rato empalhado com o título *Banksus Militus Ratus*, e, no mesmo ano, no Louvre, ele instalou sua própria reprodução da *Mona Lisa*, com seu rosto substituído por um sorriso misterioso de desenho animado.[402] Não sabemos o nome verdadeiro de Banksy nem muito a respeito de sua identidade, embora haja muitas teorias. O artista anônimo ganhou fama como um "vândalo" envolvido em arte urbana clandestina, levando a revista *Time* a colocá-lo em 2010 em sua lista das 100 pessoas mais influentes do mundo.

Treze anos após a travessura da lata de sopa, em 5 de outubro de 2018, um leiloeiro da Sotheby's em Londres bateu o martelo para indicar o lance final de uma cópia da famosa obra de Banksy, *Garota com balão*. O preço: 1,04 milhão de dólares. O artista rebelde havia sido cooptado e domado pelo *establishment*, ou assim parecia. Após a venda, enquanto a pintura era removida da parede, ela se autodestruiu.

Banksy havia adulterado a moldura para que ela picotasse o trabalho ao receber o comando. Mais de um milhão de dólares reduzido a nada, um belo desconto. Andy Warhol agiu fora do convencional para tornar a arte equivalente ao comércio. Banksy correu riscos para revelar a verdade como lhe parece: muito da arte moderna não tem valor nenhum – ou não deveria ter preço.

A TOLERÂNCIA AO RISCO É UM HÁBITO DE GÊNIO, BEM COMO A resiliência. Considere a pintura de Frida Kahlo de 1944, *A coluna quebrada*. Ela exibe uma mulher (a própria Kahlo) vestindo algo como uma cinta modeladora médica que sustenta sua espinha dorsal. Na pintura, uma coluna iônica quebrada representa uma medula espinhal lesionada e as fissuras na paisagem desolada sugerem um mundo destruído e solitário. Pelo corpo da mulher há pregos fixados, como os usados para simbolizar a paixão e dor de Cristo; eles se estendem por sua perna direita, mas não pela esquerda. Lágrimas escorrem dos olhos, mas o rosto mostra determinação, até mesmo insubordinação.

Aos seis anos, Frida Kahlo contraiu poliomielite, o que a deixou com a perna direita mais curta e, posteriormente, com escoliose. Aos dezoito, Kahlo estava em um ônibus que colidiu com um bonde. Muitas pessoas morreram; Kahlo quebrou duas costelas e a clavícula, e um balaústre de ferro atravessou sua bacia.[403] Ela passou três meses de cama em recuperação, e pelo resto da vida teve que usar cintas médicas de vários tipos: gesso, metal e couro, sendo essa última representada em *A coluna quebrada*. Durante seu período de imobilidade forçada, Kahlo passou de desenhista ocasional para pintora comprometida, levando o braço a um cavalete que seu pai construíra sobre a cama. Nos anos 1940, ela não conseguia ficar em pé ou sentada sem sentir dor, e uma série de fusões espinhais e aplicações de enxertos ósseos foram realizadas, com graus limitados de sucesso, em hospitais em Nova York e na Cidade do México. Em agosto de 1953, a dor em sua perna direita ficou tão insuportável que precisou ser amputada abaixo do joelho.[404] Mas ela perseverou, às vezes de uma cadeira de rodas, às vezes de uma cama de hospital.[405] "A dor não é parte da vida, mas pode se tornar a própria vida", ela afirmou.[406] Outros gênios – Chuck Close (ruptura de artéria espinhal), John Milton (cegueira), Beethoven (surdez) e Stephen Hawking (ELA), por exemplo – perseveraram diante de obstáculos físicos, mas talvez nenhum outro tenha demonstrado tamanha resiliência. Kahlo disse: "Não estou doente, estou acabada. Mas fico feliz em estar viva enquanto puder pintar."[407]

A adversidade pode enrijecer a determinação e o fracasso pode se tornar oportunidade. Como mencionou Oprah Winfrey em um discurso para formandos de Harvard em 2013: "Fracasso é algo que não existe. O fracasso é somente a vida tentando nos levar a outra direção."[408] Gênios não buscam fracassar, mas a maioria em algum momento fracassa, às vezes de modo espetacular. Em 1891, Thomas Edison tentou extrair e processar um minério rico em ferro em Nova Jersey e, para isso, construiu uma usina de processamento; quando descobriram minérios baratos em Minnesota, a usina foi desmantelada. Ao trabalhar para desenvolver um transmissor telefônico de melhor qualidade, Edison precisava do material certo no diafragma para converter ondas sonoras em impulsos elétricos. A lista dos que ele testou inclui vidro, mica, borracha dura, papel-alumínio, pergaminho, piche, couro, camurça, pano, seda, gelatina, marfim, casca de bétula, couro cru, bexiga de porco, entranhas de peixe e uma nota de cinco dólares.[409] "Resultados negativos são exatamente o que quero. Eles são tão valiosos para mim quanto resultados positivos."[410] Em 1901, Nikola Tesla achou que podia emitir eletricidade pura em rajadas a partir de sua torre de transmissão em Wardenclyffe, NY; não era o caso e, em 1917, sua torre foi vendida para desmantelamento. George Balanchine precisou de quatro tentativas para ter uma companhia de balé de sucesso em Nova York, Elon Musk precisou de cinco para fazer um foguete decolar e voltar à Terra com segurança. "Se as coisas não dão errado, você não está inovando o suficiente", ele afirmou em 2015.[411] Steve Jobs teve um fracasso colossal em 2004. "Sou a única pessoa de que tenho conhecimento que perdeu um quarto de bilhão de dólares em um ano. [...] Isso molda bastante o caráter."[412] Jeff Bezos parece ser receptivo a fracassos na Amazon, como ele escreveu a acionistas em 2019: "A Amazon estará no nível certo de experimentação para uma companhia de nosso tamanho se de vez em quando tivermos fracassos multibilionários."[413]

A ESCRITORA J. K. ROWLING CONHECE O FRACASSO EM PRIMEIRA MÃO. "Meros sete anos após me formar", ela escreveu em 2008, "fracassei em uma escala épica. Um casamento excepcionalmente curto implodiu e eu estava desempregada, era mãe solteira e o mais pobre que se pode ser na Grã-Bretanha moderna sem estar em situação de rua. Os temores que meus pais nutriam por mim, e os que que eu tinha por conta própria, haviam se confirmado, e para todo critério comum eu era o maior fracasso que eu conhecia."[414] Ironicamente, na visão de Rowling, um mínimo de sucesso teria agido contra sua genialidade. "Se eu tivesse conquistado sucesso com qualquer outra coisa, eu talvez nunca tivesse encontrado a determinação para obter sucesso na área a que creio pertencer de fato. Fui libertada porque meu maior medo se concretizou, e eu continuava viva. [...] Então, o fundo do poço se tornou o alicerce sobre o qual reconstruí minha vida. [...] Saber que você emergiu mais sábia e mais forte de contratempos faz com que, a partir disso, você tenha certeza da sua habilidade de sobreviver. Você nunca vai conhecer de fato a si mesma, ou a força de seus relacionamentos, até que ambas as coisas sejam postas à prova por adversidades."[415]

Carrie, a estranha, o primeiro romance de Stephen King a ser publicado, foi rejeitado por trinta editoras antes de ser enfim adquirido pela Doubleday, com um adiantamento de 2,5 mil dólares. Avaliando sua carreira em 2018, King tem 83 romances publicados com um total de 350 milhões de exemplares vendidos, dos quais obtém aproximadamente 40 milhões de dólares anualmente em direitos autorais. Theodore Seuss Geisel também recebeu cerca de trinta "nãos" com seu primeiro livro infantil, *And to think that I saw it on Mulberry Street* ("E pensar que eu vi na rua Amoreira"). Um encontro inesperado com um colega de Dartmouth possibilitou sua publicação, em 1937, e o que veio depois foi a venda de aproximadamente 600 milhões de livros do "Dr. Seuss". O primeiro livro de Harry Potter escrito por Rowling foi rejeitado por várias editoras antes de ser adquirido pela Bloomsbury em Londres por um adiantamento de 1,5 mil libras, em 1996. Os livros de Rowling hoje somam mais de 500 milhões de exemplares vendidos. E, no entanto, mesmo Barry Cunningham, editor da Bloomsbury, tinha suas dúvidas, na época dizendo a Rowling: "Você nunca vai ganhar dinheiro com livros infantis, Jo."[416]

Além disso há todos estes trechos de cartas de rejeição enviados a hoje autores famosos:[417]

- A Herman Melville, a respeito de *Moby Dick* (1851): "Em primeiro lugar, precisamos perguntar: precisa ser sobre uma baleia?"
- A Louisa May Alcott, com relação a *Mulherzinhas* (1868–1869): "Dedique-se à carreira de professora."

- A Joseph Heller, de *Ardil-22* (1961), após receber 22 rejeições: "Aparentemente, o objetivo do autor é que seja engraçado."
- A Ernest Hemingway, a respeito de *O sol também se levanta* (1926): "Não ficaria surpreso em saber que você redigiu essa história inteira trancado na boate, com uma caneta em uma mão e conhaque na outra. Seus personagens bombásticos, dipsomaníacos e prontos para a próxima me fizeram desejar meu próprio copo de conhaque."
- Finalmente, a F. Scott Fitzgerald, com relação a *O grande Gatsby* (1925): "Você teria um livro decente caso se livrasse daquele tal de Gatsby."

Como pode ser notado pelas datas de publicação de cada uma dessas obras, esses autores brilhantes foram resilientes e autoconfiantes. Siga o exemplo deles. Se você é do tipo criativo ou um empreendedor determinado a executar mudanças, não se deixe abalar, entenda que a rejeição faz parte do processo e esteja pronto para ser incompreendido por muito tempo. Aprecie o status de elemento alienígena de quem "pensa ao contrário", assim como Galileu, Warhol e Banksy. Por fim, lembre-se da determinação feroz de Vincent van Gogh. Em janeiro de 1886, o diretor da Academia Real de Belas-Artes da Antuérpia contemplou a obra não convencional de Vincent van Gogh e considerou-a "putrefação", mandando o pupilo voltar às aulas de iniciante.[418] Van Gogh ignorou as regras do diretor Verlat e pintou obras hoje icônicas e que originaram novos paradigmas, como *Os girassóis* e *A noite estrelada*. O gênio vê o contratempo com descrença: sem dúvida o juiz, o crítico ou as evidências estão errados; sem dúvida a solução está por perto.

REBELDES, DESAJUSTADOS E ENCRENQUEIROS

Como alguém que cresceu nos Estados Unidos do pós-2ª Guerra Mundial, passei minha infância contruindo casas na árvore, explorando esgotos e aprendendo sozinho a andar com a bicicleta que outro menino havia deixado na rua – tudo isso sem supervisão. Hoje a situação é diferente. Existem termos modernos que descrevem a tendência atual de pais que se envolvem demais, como "mãe superprotetora", "pai helicóptero" e "criança em plástico bolha".[419] O ambiente social mudou de criação *laissez-faire* para um controle intenso dos pais. Em 2019, o escândalo de ingressos universitários na Operation Varsity Blues revelou que 33 famílias, incluindo pessoas de negócios proeminentes e atores conhecidos, foram acusadas de subornar membros da faculdade, muitas vezes para inflar a pontuação do exame vestibular dos filhos e contribuir com sua aprovação em instituições de prestígio. Nada genial. Esses pais enxergaram a exposição de seus filhos ao risco e ao fracasso como dificuldades a serem evitadas, em vez de experiências de vida com as quais muito se pode aprender e que podem suscitar muita resiliência.

Como conciliar a ideia dos heróis destemidos, resilientes, de pensamento independente e dispostos a correr riscos, sobre os quais tratamos neste capítulo, ao modo como as novas gerações são refreadas hoje? Não é possível. As estatísticas mostram que as crianças e os estudantes universitários norte-americanos passaram a sentir mais ansiedade, medo e aversão a riscos,[420] embora as ruas urbanas dos Estados Unidos, segundo o Bureau of Justice Statistics (uma instituição governamental), sejam hoje bem mais seguras do que eram trinta anos atrás.[421] Pais e "cidadãos preocupados" estão mais propensos a ficar de olho, e há pais que acabam presos por deixarem que os filhos andem sozinhos no parque.[422] Um estudo de 2019 no periódico *Nature Human Behaviour* sugere que há desvantagens nessa fiscalização excessiva. Se você colocar um rato em um labirinto e o induzir a um único caminho com choques, depois de um tempo, o rato encontrará um caminho seguro no labirinto e sempre o seguirá, sem explorar outras rotas depois disso; mas ele nunca aprenderá se o risco permanece ou como lidar com ele.[423] Felizmente, determinados educadores e pais estão reagindo, com playgrounds "perigosos" que encorajam criatividade, risco e com movimentos de "criação de filhos ao ar livre".[424] Quer criar uma mente original, corajosa e brilhante? Deixe que seus filhos explorem sozinhos, corram riscos e convivam com o fracasso. Deixe que se divirtam e quebrem as regras de vez em quando. Mais trabalho, preocupação e aflição para os pais, sim, mas no fim um resultado melhor. Como perguntou-se uma vez Steve Jobs: "Por que alistar-se na Marinha quando você pode ser um pirata?".

CAPÍTULO 9

SEJA A RAPOSA

Todos conhecemos a fábula de Esopo "A lebre e a tartaruga", na qual uma lebre começa com uma vantagem natural, mas não faz jus a seu potencial. Mas Esopo tem outra parábola menos conhecida chamada "A raposa e o ouriço", cujo tema central é: "A raposa sabe um pouco de muitas coisas e o ouriço sabe muito de uma coisa." Ao passo que a raposa irrequieta define-se por explorar uma ampla gama de possibilidades, o ouriço imóvel envolve-se em uma única ideia maior. A história sugere dois estilos cognitivos contrastantes. Raposas têm estratégias diferentes para problemas diferentes, são curiosas, tolerantes a nuances e capazes de conviver com contradições. Ouriços, por outro lado, concentram-se em um grande problema, e o reduzem a uma missão em busca de uma única solução geral.

Em 1779, o intelectual britânico Samuel Johnson formulou a questão da seguinte forma: "O verdadeiro gênio é uma mente de grandes poderes gerais, acidentalmente determinada em uma direção particular."[425] De fato, pensamento amplo e pensamento estreito não são mutuamente exclusivos. Mas qual o levará a uma revelação: mil quilômetros de amplitude ou mil quilômetros de profundidade? Quem você é, naturalmente, a raposa ou o ouriço? O objetivo deste capítulo é sugerir que você, caso queira acolher os hábitos secretos dos gênios, seja a raposa.

Como a raposa, gênios percorrem um caminho amplo e são curiosos de formas aleatórias e por vezes incontroláveis. Muitas vezes a natureza investigativa é mais forte do que a disciplina, levando-os para além das fronteiras de sua área de interesse primária. "É fácil", relatou o renascentista versátil Leonardo da Vinci, "fazer-se universal" (*"Facile cosa è farsi universale"*).[426] É verdade, se você tiver essa genialidade ampla de polímata. "Minha curiosidade está atrapalhando meu trabalho!", lamentou Einstein em 1915, tentando finalizar sua Teoria da Relatividade Geral.[427] Do mesmo modo, enquanto alterna entre seus carros elétricos, foguetes, trens de alta velocidade, placas de energia solar e interesse em inteligência artificial, Elon Musk às vezes tem dificuldade em se concentrar na tarefa do momento. Mas esse tipo de busca incansável muda o mundo.

Para ilustrar os benefícios do pensamento polivalente, começo falando de duas raposas bem diferentes, uma aparentemente extravagante, outra mais calma: Lady Gaga e Ben Franklin.

"Meu nome é Stefani Joanne Angelina Germanotta. Sou ítalo-americana. Não nasci sexy, como minha mãe gostaria que você acreditasse. Ao longo do tempo, li tantos livros, vi tantos filmes, fiz tanta arte, conheci tantos escultores, cineastas, poetas, músicos e artistas de rua que inventei algo que era muito mais forte do que eu jamais poderia ter sido por conta própria."[428]

Essas foram as considerações iniciais de Lady Gaga em um jantar de premiação da ONG de arte e educação Americans for the Arts. Assim como Mozart, Stefani Germanotta começou a fazer aulas de teclado aos quatro anos e treinou bastante para se tornar uma pianista clássica habilidosa. Ela era uma estudante excelente, mas nada popular. "Por um tempo", ela disse, "achei que as outras só tinham inveja, que era por isso que eram maldosas comigo. Talvez tivessem inveja da minha intrepidez."[429] "Intrépida" é uma palavra muitas vezes usada para descrevê-la, bem como outros cruzadores de fronteiras.

Aos dezessete anos, Stefani Germanotta ingressou adiantada na prestigiosa Tisch School of the Arts, na Universidade de Nova York. Lá, ela estudou não só música como também história da arte e escrita dramática, mas abandonou os estudos depois de um ano para dar início a uma carreira de compositora e artista performática. Para ganhar dinheiro, ela trabalhava à noite como *go-go dancer* em bares da região do Lower East Side. Foi mais ou menos nessa época que Stefani Germanotta tornou-se Lady Gaga – nome de palco supostamente inspirado na música do grupo Queen, "Radio Ga Ga" –, ganhando uma nova identidade. À diferença de muitos artistas pop "intérpretes", Lady Gaga é uma criadora original e que integra várias artes. "Trata-se de tudo junto – arte performática, arte performática pop, moda…", ela disse.[430] Sua apresentação inovadora no intervalo do Super Bowl de 2017 teve 150 milhões de espectadores, a maior audiência ao vivo na história da TV. Ela ganhou quatro prêmios Grammy. Em 2019, foi indicada a um Oscar de melhor atriz e ganhou um Oscar de melhor canção original – a primeira vez em que alguém foi nomeada em duas categorias tão distintas. Compositora, coreógrafa, criadora de cosméticos (Haus of Gaga), estilista de moda, atriz, produtora musical, filantropa e ativista social, Lady Gaga é uma artista pop transformadora, cuja metamorfose e amplitude nos fazem lembrar de Andy Warhol. Como ela diz: "Não sou um ícone. Sou todos os ícones. Sou um ícone que é composto de todas as cores da paleta o tempo todo. Não tenho restrições. Nenhuma restrição."[431]

Quem poderia ser mais diferente de Lady Gaga, ex-artista burlesca noturna, do que Ben Franklin, o "primeiro a dormir, primeiro a acordar"? Mas Franklin também era um polímata de amplitude extraordinária. Cada estranheza que Franklin encontrava tornava-se objeto de inquérito: por que um redemoinho gira? Por que leva o dobro do tempo para velejar de Londres à Filadélfia do que para a viagem no sentido oposto? Por que o som agudo de um violino faz uma taça de vidro quebrar? Para o curioso Franklin, uma explicação sempre espreitava por baixo da superfície. Mas não tão no fundo! Uma típica raposa, Franklin não via motivo para escavar fundo só pela profundidade. Embora ele explorasse uma ampla gama de interesses – física, astronomia, botânica, meteorologia, oceanografia e política –, ele queria que suas investigações tivessem valor prático, e acabou chegando a descobertas com finalidades úteis. Eis aqui apenas algumas coisas que sua mente nômade concebeu:

- **O fogão de Franklin:** Lareira com revestimento metálico que produzia mais calor e menos fumaça do que uma lareira normal.
- **Lentes bifocais:** Para que andar com dois óculos se um é suficiente?
- **Para-raios:** Protege um prédio (e seus ocupantes) atraindo a eletricidade para si.
- **Harmônica de vidro:** Tanto Mozart como Beethoven escreveram músicas para esse novo instrumento de três oitavas.
- **Nadadeiras:** Sem dúvida, uma de suas invenções mais divertidas e duradouras.
- **Braço longo (ou pegador de objetos):** Feito para aqueles que precisam alcançar lugares altos ou que não podem se curvar.
- **Cateter médico:** O primeiro cateter urinário flexível a ser usado nos Estados Unidos.

- **Franklin Gothic Type:** Nome dado em 1902 para comemorar uma família tipográfica criada por Franklin em 1726.
- **Horário de verão:** Adianta-se o relógio durante os "dias mais longos". Assim, com o sol pondo-se mais tarde, economizam-se velas ou eletricidade.
- **Alfabeto fonético de Franklin:** Alfabeto alternativo que removia as letras *c, j, q, w, x* e *y*, mas adicionava quatro novas consoantes e duas novas vogais, de modo a trazer consistência à ortografia da língua inglesa.
- **Descoberta da corrente do golfo:** Explicou a viagem mais rápida no sentido leste-oeste e a necessidade de velejar para o sul ao navegar para o oeste, além dos invernos europeus, que são mais moderados do que os do hemisfério ocidental.
- **Biblioteca pública:** Franklin criou a primeira biblioteca com empréstimos nos Estados Unidos, localizada na Filadélfia.

Uma variedade extraordinária de interesses! E considere a grade curricular de Franklin para a Universidade da Pensilvânia, que ele estabeleceu em 1749. Ao passo que Harvard e Yale buscavam formar clérigos e obrigava o estudo de latim, grego e hebreu, Franklin pensava em termos de empreendedores seculares. Ele exigia que seus estudantes fossem expostos a "cada coisa que fosse útil", pois "a arte é longa e o tempo é curto".[432] Os cronogramas da faculdade garantiam que fosse dada prioridade a áreas como física, engenharia e economia, além de contabilidade e agricultura. Francês, espanhol e alemão também eram exigidos, porque eram usados no mundo dos negócios. O que Franklin defendia em 1749 era um currículo de educação geral com parte superficial de cursos pré-profissionais. O modelo educacional de Franklin depois foi adotado por muitas escolas e faculdades nos Estados Unidos, estabelecendo o que nelas é chamado de "educação em artes liberais", no qual "liberal" significa um currículo amplo que liberta o estudante de uma especialização pré-profissional prematura.

As pessoas que moveram e agitaram o mundo parecem abraçar uma gama diversa de habilidades, perspectivas e hábitos mentais. O fundador da Alibaba, Jack Ma, lembra de ter dito a seu filho em 2015: "Você não precisa estar entre os três melhores da sua turma; não tem problema em estar no meio, contanto que suas notas não sejam muito ruins. Só esse tipo de pessoa [um estudante mediano] tem tempo livre suficiente para aprender outras habilidades."[433] O empreendedor de tecnologia Mark Cuban disse o seguinte em uma entrevista de 2017 à *Business Insider*: "Creio pessoalmente que daqui a dez anos haverá uma demanda maior por graduados em artes liberais do que graduados em programação e até mesmo engenharia, pois, quando os dados são todos mastigados para você, as opções estão todas mastigadas para você; é preciso ter uma perspectiva diferente para desenvolver uma visão diferente dos dados."[434] A graduação de Lin-Manuel Miranda foi em artes liberais, com formação em teatro na Universidade Wesleyan; depois, ele obteve um emprego como professor de inglês de 8º ano. Enquanto estava de férias, em 2008, ele leu a extensa biografia de Alexander Hamilton, escrita por Ron Chernow. A combinação de seu interesse pelo teatro e por história da política levou à criação de *Hamilton*. Enquanto escrevia a peça, ele disse: "Tenho um monte de aplicativos abertos em meu cérebro no momento."[435] Quanto mais ampla é a base de informações na mente, mais provável é a combinação de ideias díspares.

Polímatas combinam aspectos díspares para criar coisas novas e transformadoras há milênios. Os egípcios antigos combinaram a cabeça de um humano e o corpo de um leão para fazer a Esfinge. Arquimedes combinou um parafuso e um cano, produzindo o parafuso de Arquimedes, máquina capaz de bombear água para cima, permitindo a irrigação ou o controle de enchentes. Johannes Gutenberg olhou para carimbos de letras blocadas usadas para impressão e para uma prensa de vinho e criou a prensa tipográfica, possivelmente a invenção mais importante entre a roda e o computador. Cyrus McCormick viu uma foice e um pente e inventou a segadora para colheita. Samuel F. B. Morse sabia como enviar sinais elétricos por curtas distâncias, mas se deparar com equipes de revezamento de cavalos deu-lhe a ideia de impulsionadores de sinal periódicos e um sistema eficaz de telegrafia. Vincent van Gogh cresceu na Holanda entre tecelões e ao longo de sua vida carregava consigo uma caixa cheia de meadas bicolores de lã; mais ou menos em 1885, ele pensou em combinar os pares estriados com as pinceladas de suas pinturas, e o resultado foi os redemoinhos redondos e de dois tons que vemos em obras como *A noite estrelada* (1889).

Mortais comuns também combinam coisas. George de Mestral (1907-1990), por exemplo, inventou o velcro quando descobriu que as rebarbas que ficaram presas em sua roupa durante uma caçada poderiam ser combinadas com uma nova fibra sintética para formar o material com sistema de gancho que chamamos hoje de velcro. Art Fry (nascido em 1931), funcionário da 3M, viu as propriedades da fita adesiva e a utilidade do marca-páginas em seu hinário; um dia, ele juntou as duas coisas e *voilà*: estava criado o *post-it*. Lonnie Johnson (nascido em 1949), que trabalhava no laboratório de propulsão a jato em Pasadena, precisava projetar uma nova bomba de calor que usasse água em vez de freon; ele viu uma pistola d'água em uma piscina em sua terra natal, o

Alabama, e juntou a pistola d'água com a bomba de calor. O resultado: o "Super Soaker", a arma d'água com bombeamento, um dos brinquedos mais vendidos no mundo. Fique de olhos abertos.

O que permite que ideias diversas convirjam em algo original? Em 2019, Jeff Bezos, da Amazon, comentou que, no mundo dos negócios, "as descobertas fora do comum – as 'não lineares' – na maioria das vezes exigem a perambulação."[436] Tim Berners-Lee (nascido em 1955), o gênio reservado por trás da World Wide Web, descreve o processo criativo da seguinte maneira: "Ideias semiformadas flutuam por aí. Elas vêm de lugares diferentes e a mente tem esse hábito maravilhoso de revirá-las até que se encaixem."[437] A mente criativa não segue em um trilho em linha reta, mas sim pula freneticamente como em uma partida conceitual de amarelinha. Quanto mais quadrados houver em jogo e quanto maior a distância entre eles, maior o potencial para uma combinação reveladora que gera uma ideia excepcionalmente original. Como disse Albert Einstein a um amigo em 1901: "É um sentimento glorioso o de descobrir a unidade em um conjunto de fenômenos que antes pareciam completamente separados."[438] O escritor Vladimir Nabokov via isso como um ato de genialidade, escrevendo em 1974 que a genialidade era "ver coisas que os outros não veem. Ou então a conexão invisível entre as coisas".[439] Faça combinações.

Em uma entrevista à *Wired*, em 1996, Steve Jobs disse: "Criatividade consiste apenas em conectar elementos. Quando você pergunta a pessoas criativas como elas fizeram algo, elas sentem um pouco de culpa porque não *fizeram* nada de fato, apenas *viram* algo. Parecia-lhes óbvio depois de um tempo. Isso porque elas foram capazes de interligar experiências que tiveram e sintetizar coisas novas."[440] Embora Jobs tivesse abandonado o ensino superior na Reed College, ele ficou lá por tempo suficiente para assistir a cursos de interesse especial. Incluindo um de caligrafia ensinado por um monge trapista. A experiência o levaria a prestar muita atenção às fontes usadas nos primeiros computadores Macintosh, que depois viraram fontes clássicas em todos os computadores da Apple.[441] Em 2007, Jobs implementou sua ideia mais transformadora – e lucrativa, quando combinou o aparelho de música portátil da Apple (o iPod) com seu novo telefone, criando o iPhone. Até aquele momento, as duas funções residiam em corpos completamente diferentes. Depois, a Apple criou um aparelho que combinava câmera, calculadora, gravador de voz, despertador, e-mail, notícias, GPS, música e... ah, sim, um telefone.

A Apple Inc. foi fundada em uma garagem na Califórnia em 1976 por dois sujeitos chamados Steve – Jobs e Wozniak. Wozniak cuidou das entranhas dos primeiros computadores da Apple: hardware, placas de circuito e sistema operacional – aspectos técnicos que Jobs não entendia por completo. Jobs se concentrava no exterior: funcionalidade, experiência de usuário e interconectividade com outros aparelhos. Era Jobs quem via a situação em larga escala: que o futuro da computação ficaria nas mãos da companhia que pudesse combinar o design de software com a produção de hardware. Wozniak era o ouriço, Jobs era a raposa.[442] Por anos os dois formaram uma grande dupla. Mas qual é o gênio do qual nos lembramos hoje?

Como Jobs sugere, a maioria das invenções vem de observar elementos díspares e notar uma relação inesperada entre eles. Fazemos isso na ciência quando usamos equações como $E = MC^2$, por exemplo; na poesia e no discurso cotidiano quando usamos metáforas e analogias.

Aristóteles considerava a metáfora algo extraordinário: "Isso por si só não pode ser feito por nenhum outro; é a marca de um gênio, pois fazer boas metáforas exige um bom olhar para similaridades."[443] O professor Dedre Gentner da Universidade do Noroeste (em Evanston, IL, nos Estados Unidos), um especialista em pensamento analógico, diz o seguinte a respeito de analogias: "Nossa habilidade de pensar em relações é um dos motivos pelos quais mandamos no planeta."[444]

Às vezes há relações benéficas não vemos ou entendemos plenamente. Por exemplo, especialistas notaram que uma educação pré-universitária com base ampla em artes e música leva a pontuações mais altas em testes padronizados de matemática e habilidades verbais.[445] Mas por quê? No caso de matemática e música, há pelo menos uma conexão oculta. A matemática consiste no padrão de números e, se examinarmos de maneira mais profunda, a música também. A música apresenta dois elementos primários: som e duração. Tons e harmonias são medidos em vibrações precisas (ondas sonoras) por segundo, e ritmos são determinados por durações proporcionais em tempos redigidos como 4/4. Todos reagimos a padrões de tons matematicamente organizados quando apreciamos uma melodia agradável e a padrões de duração quando dançamos no ritmo regular durante uma sessão de exercício. Música e matemática são processos baseados em lógica que produzem satisfação estética,[446] e muitas grandes mentes ligaram as duas. Leonardo da Vinci era um músico de nível profissional na *viola da braccio* e Galileu, filho de um teórico de música mundialmente conhecido, tocava o difícil alaúde. Edward Teller, o "pai da bomba de hidrogênio", era um violinista exímio; Werner Heisenberg, o vencedor de Prêmio Nobel que nos deu a primeira formulação da mecânica quântica, um pianista hábil. Max Planck, outro ganhador do Prêmio Nobel de Física, escrevia canções e óperas. Albert Einstein, a personificação da genialidade, disse que, se não fosse físico, teria virado músico.[447] Seu compositor favorito era Wolfgang Amadeus Mozart.

Quem sabia que Mozart era matemático? Ele começou a estudar aos quatro anos, mais ou menos na mesma época que começou a se envolver com música.[448] Sua irmã, Nannerl, contou: "Nesses anos, ele era ávido por aprendizado, e qualquer coisa que seu pai lhe escrevesse ele estudava imediatamente com muita energia, a ponto de se esquecer de qualquer outra coisa, mesmo da música. Por exemplo, quando aprendeu aritmética, ele cobriu a mesa, as cadeiras, as paredes e até o chão todo com números."[449] Quando era um jovem adulto, Mozart ficou fascinado com teoria dos números, enigmas, quebra-cabeças numéricos e com apostas. Aos 24 anos, ele obteve uma cópia da obra de Joseph Spengler, *Anfangsgründe der Rechenkunst und Algebra* ("Fundamentos de aritmética e álgebra"; terceira edição, 1779) e começou um programa autodidata, prestando atenção especial à seção "relações e proporções".

Existem vários esboços musicais de Mozart no qual seu desejo de trabalhar com padrões numéricos ofuscou seu desejo de compor música. Neles, é possível perceber, pelos cálculos obsessivos, que Mozart era profundamente interessado em relações numéricas. Não é coincidência que seus ouvintes ao longo dos séculos comentem a respeito das "proporções perfeitas" na música de Mozart, incluindo Einstein, que as descreveu como "reflexo da beleza interior do universo".[450] Aqui, as observações do psicólogo de Berkeley, Donald MacKinnon, podem ser aplicadas tanto às artes como à ciência: "Algumas das conquistas científicas mais criativas foram realizadas por homens que, com treinamento em uma área, ocuparam-se de outra."[451] É preciso um treinamento multidisciplinar.

191

Pablo Picasso, outro polímata brilhante, tem uma fala famosa: "Eu não pego emprestado; eu roubo!". E, como a raposa ladina, Picasso "roubou" de todos os lugares, absorvendo mestres antigos do século XVII tanto como o ferro-velho. Ele era capaz de combinar uma ideia em sua cabeça com uma imagem ou objeto que vira, a fim de criar algo radicalmente novo. O assento e o guidão de uma bicicleta velha podiam ser combinados com a memória de infância de uma tourada para formar uma escultura modernista. A mente de Picasso era energizada por apropriação externa e ele roubava sem intenção de devolver.

O quadro *Les demoiselles d'Avignon* (1907), de Pablo Picasso, é talvez a pintura mais importante do século XX, a primeira obra do Cubismo e os primeiros disparos do massacre da arte moderna. Em *Les demoiselles d'Avignon,* duas novas experiências externas foram combinadas na mente de Picasso. Primeiro, em 1907, Picasso confrontou a obra de Paul Cézanne (1839–1906) em uma exposição retrospectiva do artista no Petit Palais, em Paris; lá, ele se deparou com um novo tipo de pintura, que explorava formas simples, planos bidimensionais e formas geométricas. Posteriormente, naquele mesmo ano, Picasso descobriu máscaras de povos africanos no antiquado Museu de Etnografia na região do Trocadéro, separada da Torre Eiffel pelo Sena.[452] O contato com a obra de Cézanne trouxe uma nova percepção acerca do poder da forma pura na arte. As máscaras africanas tiveram o mesmo efeito, mas com um elemento adicional de terror primordial. Ver as máscaras foi um momento definidor para Picasso: "Entendi o porquê de eu ser pintor. Sozinho naquele museu terrível, com as máscaras, as bonecas dos peles-vermelhas, os manequins empoeirados... *Les demoiselles d'Avignon* deve ter vindo a mim naquele dia."[453] Picasso combinou esses dois elementos visuais com sua própria intensidade psíquica e assim mudou o rumo da história da arte.

Mas espere um pouco: "roubar" coisas, como Picasso fez, não é ilegal? Pode não ser o caso se você combinar o objeto com material original e assim criar algo novo e transformador. Picasso colocava jornais reais e outros materiais protegidos por *copyright* em sua arte de colagem e ninguém o processou. Warhol incorporou imagens de Elizabeth Taylor, Marlon Brando, Elvis Presley, Marilyn Monroe e Yo-Yo Ma em sua arte, e nenhum deles foi ao tribunal detê-lo. Você também pode ser uma raposa criativa. Apenas assegure-se de que segue a Doutrina do *Fair Use* da lei de Direitos Autorais de 1976 dos Estados Unidos* e reaproveita e transforma a obra "roubada" em prol de um benefício social ou cultural.[454]

CHARLES DARWIN ERA CAVALHEIRESCO DEMAIS PARA ROUBAR QUALQUER coisa. Mas ele combinou duas teorias diferentes em circulação no início do século XIX: a teoria da evolução por transmutação e a teoria populacional malthusiana. A primeira, proposta pelo avô de Charles, Erasmus Darwin (1731–1802) e consolidada pelo biólogo francês Jean-Baptiste Lamarck (1744–1829), defendia que as espécies evoluíam ao longo do tempo conforme se adaptavam ao ambiente local, em seguida transmitindo esses traços *adquiridos* à geração seguinte.[455] A teoria populacional malthusiana defendia que humanos

---

* No caso do Brasil, consultar a Lei 9.610, de 19 de fevereiro de 1998, em especial o Capítulo IV (Das Limitações aos Direitos Autorais), composto pelos Artigos 46, 47 e 48. (N.T.)

atingiriam níveis populacionais incontroláveis, a não ser que fossem limitados pelos efeitos "benéficos" da fome, doença e guerra. Charles Darwin havia estudado os textos de seu avô e de Lamarck antes e durante seu período na faculdade em Edimburgo. Mas só depois de sua viagem no *Beagle* (1831–1836) pelas Ilhas Galápagos ele leu *An essay on the principle of population* ("Ensaio sobre o princípio da população") de Thomas Malthus. Naquele momento, o gênio Darwin parece ter passado por um momento "eureca" de combinação.[456]

> "Em outubro de 1838, ou seja, quinze meses após eu começar minha investigação sistemática, li por lazer o ensaio de Malthus sobre população e, pronto para considerar a luta pela existência na qual tudo segue adiante a partir da longa e contínua observação dos hábitos de animais e plantas, ocorreu-me de imediato que, nessas circunstâncias, variantes favoráveis seriam preservadas e variantes desfavoráveis seriam destruídas. O resultado disso seria a formação de uma nova espécie. Foi nesse momento que eu enfim tinha uma teoria na qual trabalhar."[457]

Essa teoria, é claro, era o que hoje chamamos de teoria darwinista da evolução, baseada em vantagens genéticas ou "seleção natural".[458] Nenhuma teoria tinha potencial mais explosivo tanto para a ciência como para a teologia do que o modelo "brutal" de Darwin: apenas os animais com a sorte de ter os genes certos para um ambiente em particular irá sobreviver. No entanto, por mais vinte anos, Darwin seguiu verificando e aperfeiçoando sua grande ideia. Finalmente, em 1859, ele veio a público com *A origem das espécies*.

Então o que seria Darwin: raposa ou ouriço? Supostamente o segundo: Darwin foi atrás de uma única grande ideia, talvez a maior de todas. Mas lembre-se da observação de Jeff Bezos de que ideias criativas vêm de "perambulação". Talvez nenhum vitoriano tenha perambulado mais e visto mais coisas do que Charles Darwin. Em 1831, ele deixou o relativo conforto da Inglaterra no *Beagle* rumo a territórios desconhecidos, e acabaria por circum-navegar o globo. Mas, diferentemente dos marinheiros no *Beagle*, ele saía do barco para fazer excursões terrestres pelas planícies da Patagônia, dentro da Floresta Amazônica e na Cordilheira dos Andes, durante as quais ele viu, comeu e foi mordido por quase toda espécie imaginável. A propósito, durante sua viagem de cinco anos "a bordo" do *Beagle*, ele passou dois terços do tempo em terra firme, revirando as coisas como uma raposa.[459] No fim, ele havia virado um pluralista: zoólogo, botânico, geólogo e paleontólogo de primeira ordem. Darwin era uma raposa em pele de ouriço.

ÀS VEZES UMA RAPOSA CAI EM UM BURACO DE OURIÇO. ISSO ACONTECEU ao polivalente Thomas Edison enquanto ele buscava construir um sistema elétrico para ligar e fornecer energia a toda a América do Norte. Após inventar uma lâmpada elétrica de alta durabilidade, em 1879, Edison agora precisava de soquetes e circuitos, linhas de força, transformadores e geradores elétricos para alimentar essas lâmpadas.[460] Mas qual forma de corrente elétrica usar: direta ou alternada? A corrente direta é boa para voltagens baixas e curta distância; a alternada, para altas voltagens e longa distância. Edison, com o sucesso recente da lâmpada elétrica, apostou tudo na corrente direta. Em fevereiro de 1881, deixou seu laboratório de pesquisa na região rural de Menlo Park e levou sua família e o centro de fabricação da Edison Electric para a baixa Manhattan. Lá, seus homens escavaram túneis profundos sob as ruas a fim de instalar eletrodutos para a corrente direta.

Mas Edison errou feio. A corrente direta não é um meio eficaz para alimentar uma cidade grande ou um país porque exige geradores caros para criar uma nova corrente a cada trecho de menos de um quilômetro, variando de acordo com a carga. Para construir esse sistema dispendioso, Edison precisava de dinheiro e decidiu vender cada vez mais ações da Edison Electric para J. P. Morgan e seus sócios, que, em uma década, livraram-se de Edison e transformaram a Edison Electric em Edison General Electric, e depois apenas General Electric.[461] Com Edison fora de jogo, a J. P. Morgan e a General Electric aderiram à corrente alternada.

Uma visão afunilada é muitas vezes o resultado da "falácia do custo irrecuperável". Edison havia ido tão longe, e pagado um preço tão alto, em nome de uma única solução que parecia impossível admitir a derrota e mudar a trajetória. O problema para um gênio como Edison é reconhecer o momento no qual a garra e a perseverança precisam ceder ao bom senso. Mas o raposo Edison tinha mais de um interesse. Ele depois teria sucesso comercial com uma série de produtos práticos diversos, não apenas a lâmpada elétrica, o fonógrafo e tecnologia cinematográfica, mas também o sistema público de endereços, auxiliares auditivos, bonecos falantes e até mesmo casas de cimento pré-fabricadas.

A AUTOCONFIANÇA EXCESSIVA DO ESPECIALISTA, ALIADA À FALÁCIA DO custo irrecuperável, fez o Mago de Menlo Park fracassar nesse caso ao ignorar outras soluções possíveis. "O entrincheiramento cognitivo pode limitar a solução criativa de problemas se o especialista não conseguir olhar para além de seus esquemas existentes em busca de novas formas para abordar um desafio", disse David Robson em seu livro de 2019, *The intelligence trap: why smart people make dumb mistakes* ("A armadilha da inteligência: por que pessoas inteligentes cometem erros idiotas").[462] O ouriço vê as árvores sem ver a floresta. Por outro lado, a raposa muitas vezes segue por aí de modo tão imprudente que não enxerga o perigo que há na floresta. Pense em quantas vezes você disse a si mesmo: "Se ao menos eu soubesse no que estava me metendo, teria ficado longe!". O especialista em criatividade Donald MacKinnon explicou por que a falta de expertise pode ser algo bom: "O especialista, muitas vezes, 'sabe' tanto nos fundamentos teóricos e na base das descobertas empíricas que certas coisas não são de um jeito ou simplesmente não são possíveis. O novato ingênuo aventura-se no que o especialista jamais tentaria, e tem sucesso um número considerável de vezes."[463] O conselho de MacKinnon: não seja o ouriço restrito. Faça o que Nikola Tesla, raposa perspicaz, insistia: tenha a coragem da ignorância.[464]

Economistas como os vencedores de Prêmios Nobel, Daniel Kahneman (*Rápido e devagar*) e Philip Tetlock (*Superprevisões*), concordam. Eles observam que os especialistas com concentração mais estreita, mesmo os mais famosos, têm menos sucesso do que generalistas de formação ampla quando se trata de prever o futuro e resolver os problemas do amanhã.[465] A obra de Tetlock inspirou uma competição de quatro anos entre equipes de analistas de inteligência norte-americana, mostrando que generalistas estudiosos e que falavam línguas estrangeiras eram melhores em previsões do que especialistas restritos em assuntos de relações internacionais.[466] Estudos recentes também mostram que cientistas vencedores do Prêmio Nobel são três vezes mais propensos a serem pessoas envolvidas em atividades de belas-artes do que seus colegas menos distintos, sendo a música a atividade escolhida com mais frequência.[467] Da mesma forma, eles são

22 vezes mais propensos a serem pessoas envolvidas em atividades performáticas amadoras, como atuação, dança ou ilusionismo.

Entretanto, políticos dos Estados Unidos ainda não captaram a mensagem, pelo menos com relação à educação. Governadores e deputados estaduais ligam a educação à "empregabilidade", como relatado em artigos como "A rising call to promote STEM education and cut liberal arts spending" ("Uma demanda crescente para promover educação em ciência, tecnologia, engenharia e matemática e cortar despesas em artes liberais").[468] Algumas faculdades estão eliminando graduação em literatura clássica e história da arte.[469] Mesmo Barack Obama, considerado um ex-presidente liberal, recentemente deu alfinetadas nas "inúteis" artes liberais.[470]

Os gênios deste capítulo, porém, ensinam uma lição diferente. Eles nos instruem a perambular amplamente, combinar elementos, treinar interdisciplinaridade, não ter medo, manter os olhos abertos, evitar a falácia do custo irrecuperável e ter a coragem da ignorância. Eles também transmitem um alerta implícito de que a educação nem sempre leva a uma carreira profissional para o restante da vida. Nos anos 1920, a "meia-vida" do conhecimento útil de um engenheiro de tecnologia era de 35 anos; nos anos 1960, era de uma década; hoje, é no máximo de cinco anos.[471] A lição para todos nós é: fique esperto. Educadores da área de tecnologia já consideram que, conforme passamos de trabalho a trabalho, agora no ritmo de uma nova função a cada cinco anos, será necessário oferecer acesso a cursos breves de nível universitário que abordem uma ampla gama de assuntos ao longo de toda a vida; a ideia em questão é descrita como a "grade curricular de sessenta anos".[472]

Em 2011, Steve Jobs argumentou que, para que a tecnologia fosse de fato brilhante, precisava estar aliada à arte. "Está no DNA da Apple o conceito de que só a tecnologia não é suficiente", ele disse. "É tecnologia casada com as artes liberais, casada com as ciências humanas, que rende os resultados que faz nossos corações cantarem."[473] Portanto, jovens com aspirações em graduações de ciências exatas fariam bem em ouvir o conselho de Albert Einstein, laureado pelo Nobel e violinista, que, em 1950, criticou especializações e concluiu: "Todo profissional da ciência que seja sério está terrivelmente consciente dessa relegação involuntária a uma esfera de conhecimento cada vez mais estreita, o que ameaça privar o pesquisador de seu amplo horizonte e o rebaixa ao nível de um mecânico."[474] Todos precisamos de ouriços para consertar as coisas que amamos, mas, para criar um mundo novo e melhor, chama-se a Dona Raposa.

CAPÍTULO 10

PELO CONTRÁRIO

Para chegar ao Oriente, Cristóvão Colombo navegou para o Ocidente. Para imunizar as pessoas contra a varíola, Edward Jenner injetou varíola bovina nelas. Em vez de atrair o cliente com os produtos, Jeff Bezos levou os produtos ao cliente. Segundo a Terceira Lei de Newton, "para cada ação, há uma reação oposta e de igual intensidade". Hamlet de Shakespeare disse: "Preciso ser cruel por bondade."

As lógicas contraintuitivas acima são exemplos do processo de "pensar no oposto", uma estratégia antiga e profundamente arraigada nas ciências e nas artes, bem como na indústria. Se quiser entender uma coisa ou conceito, pense em seu oposto. Se quiser entender como uma máquina foi montada, desmonte-a. Se quiser chegar a um resultado em particular, defina o objetivo final e trace uma linha de desenvolvimento até chegar ao início. As vantagens práticas do pensamento por oposição são pelo menos quatro: primeiro, ele permite que enxerguemos soluções para os problemas que não encontraríamos de outra maneira; segundo, torna-nos mais mentalmente flexíveis e imaginativos; terceiro, ensina-nos a ficar confortáveis com ambiguidades e paradoxos; e, por fim, muitas vezes nos faz rir, sem dúvida um sinal de felicidade.

A habilidade de enxergar a importância dos opostos é um hábito secreto dos gênios, particularmente na ciência e na indústria. Por que um relâmpago ocorre? Porque cargas positivas e negativas no ar e no chão correm umas para as outras em direções opostas, como era de conhecimento de Ben Franklin. Por que um avião sobe? Porque suas asas puxam o ar sobre elas para baixo, forçando o ar embaixo e o avião a subir, como demonstrado pelos irmãos Wright.* Como podemos compreender o "Big Bang" da astrofísica? Rebobine o universo até que ele encolha na forma de um único átomo inimaginavelmente denso, como sugeriu Stephen Hawking.

Em 1953, no famoso Laboratório Cavendish, na Universidade de Cambridge, a equipe de James Watson e Francis Crick descobriram a estrutura do ácido desoxirribonucleico (DNA), a peça fundamental de todos os seres vivos. Sua descoberta envolveu a compreensão do princípio de opostos. Em cada sequência de DNA há escondido um palíndromo de moléculas. Por exemplo:

XXGATCXXXXXXGATCXX–
XXCTAGXXXXXXCTAGXX

Junta, a sequência é igual, lendo no sentido habitual ou de trás para a frente. Cada organismo vivo apresenta genes com um padrão retrógrado. Se, conforme as células se multiplicam, elas não reproduzirem com precisão o processo palindrômico, uma mutação maligna ou outros defeitos podem ocorrer. Entender essa questão é parte

---

* Existe uma controvérsia sobre quem é o verdadeiro inventor do avião. Nos Estados Unidos, o consenso é de que são os irmãos Orville e Wilbur Wright, que realizaram seu experimento em 17 de dezembro de 1903, ao passo que, no Brasil, o consenso é Alberto Santos-Dumont, cujo voo ocorreu em 12 de novembro de 1906. Os principais argumentos usados para invalidar a invenção do avião pelos irmãos Wright são: o voo executado por eles teria feito uso de uma catapulta, e também não houve testemunhas do feito. No caso de Santos-Dumont, o evento foi aberto ao público e também filmado. (N.E.)

importante da pesquisa biomédica e da engenharia genética de hoje. A descoberta da estrutura do DNA rendeu a Watson, Crick e o colega Maurice Wilkins um Prêmio Nobel de Química em 1962.

Às vezes, o pensamento por oposição é só brincadeira de criança. Quando, em 1785, o gênio da matemática Johann Carl Friedrich Gauss tinha oito anos, seu professor pediu que ele resolvesse o seguinte problema, só para manter a criança precoce ocupada por um tempo: "Qual é a soma de todos os números de um a cem?". Imediatamente Gauss voltou com a resposta: 5.050. Em vez de gastar seu tempo somando todos os números, ele pensou de modo diferente: cinquenta é a metade do caminho e os extremos se equilibram; a sequência de números 1, 2, 3, 4, 5 e assim por diante até 50, poderia ser colocada diante da mesma sequência em ordem inversa. Para os que não são gênios, reduzamos o problema de cem para apenas nove números. Isso permitirá que entendamos a epifania de Gauss; ele enxergou um padrão invertido que levaria rapidamente à solução. Em nosso esquema, nove números podem ser somados com sequência invertida:

$$1 + 2 + 3 + 4 + 5 + 6 + 7 + 8 + 9 \rightarrow$$
$$9 + 8 + 7 + 6 + 5 + 4 + 3 + 2 + 1 \leftarrow$$

Adicionando verticalmente, isso produz uma série de 9 somas com o resultado 10, ou $9 \times 10 = 90$. Nós dobramos os números (ao colocar uma segunda fileira na ordem inversa), então precisamos dividir por dois para chegar à resposta: 45. Brilhante! Mas, então, ao pensar por indução, Gauss notou que esse processo poderia ser a base de uma fórmula: "T = N × (N + 1) ÷ 2", sendo T o número total e N o último número da sequência. Tente com sua própria sequência de números consecutivos começando em 1. A lógica oposta de Gauss mostra como pensar "ao contrário" pode poupar muito tempo de um matemático.

Fazer um foguete reforçador subir e depois voltar à Terra pode economizar dinheiro a um industrialista. Em 2011, a SpaceX de Elon Musk e a NASA, antes rivais, fizeram uma parceria.[475] A partir desse acordo, os foguetes de Musk forneceriam transporte à NASA, levando carga e astronautas ao espaço. A SpaceX tornou-se a força dominante na área de transporte espacial ao demonstrar que um foguete reforçador podia fazer uma viagem de ida e volta — ir ao espaço e descer à Terra com segurança para reutilização posterior, assim reduzindo os custos de cada lançamento em até 80%.[476] Musk precisou de cinco tentativas, mas conseguiu. Como disse em uma TED Talk em 2013: "A física na verdade consiste em encontrar meios de fazer novas descobertas contraintuitivas."[477]

O PENSAMENTO POR OPOSIÇÃO, OU EM MOVIMENTO CONTRÁRIO, também pode trazer estrutura no campo das artes. O compositor Johann Sebastian Bach notou como uma música podia fazer um caminho de ida e volta, assim agradando a um rei. Em 1747, Bach foi de Leipzig a Berlim a fim de encontrar-se com o rei e amante da música Frederico, o Grande, que entregou a Bach uma melodia e pediu que ele improvisasse a partir dela. Bach voltou para casa, ponderou e entregou como resposta *A oferenda musical*, durante a qual ele virava a melodia real de cabeça para baixo com inversão musical (notas que subiam passavam a descer na mesma quantidade de tons) e depois empregava movimentos retrógrados (os tons da melodia passavam a tocar de trás para a frente). Franz Joseph Haydn, Mozart, Beethoven,

Franz Schubert, Igor Stravinsky e Arnold Schönberg usaram o mesmo estratagema retrógrado.

Mozart, cujo apelido que deu a si mesmo era Trazom, adorava palíndromos criativos. Em um caso, ele fez uma melodia que podia ser tocada em direções opostas simultaneamente, como mostrado na figura 10.1. Às vezes ele incorporava esse processo de oposição em uma composição finalizada, mas, na maioria das vezes, ele o utilizava em seus esboços para prática. Neles, Mozart empregava o pensamento por oposição em busca de desenvolver seu ofício e expandir sua imaginação.

Figura 10.1 – Uma melodia de vinte compassos que Mozart escreveu em um caderno de rascunhos (registro de *sketchbook* nº 1772o) aos 16 anos, enquanto aprendia a arte do contraponto. Ele escreveu apenas a melodia (trilha de cima), mas indicou pelo contexto que uma versão de trás para a frente deveria ser tocada simultaneamente.

Para Mozart, assim como para nós, pensar em opostos é um desafio que pode culminar em um resultado melhor. Para tocar uma escala em uma sonata sem tropeços, instrumentistas são instruídos a praticar a escala com uma síncope exagerada. Para ser um artilheiro letal no futebol, o jogador que naturalmente chuta bem com o pé direito é instruído a praticar continuamente com o esquerdo. Leonardo da Vinci aprendeu sozinho a escrever de trás para a frente e no sentido normal, o que melhorou sua habilidade como desenhista. Todos esses exercícios contrários melhoram a flexibilidade física, pois promovem a neuroplasticidade.

Leonardo da Vinci pertencia aos 10% da população geral que são canhotos.[478] Nos 100 mil esboços que ele desenhou há evidências de que ele também reconhecia o valor criativo de "pensar ao contrário". Seus esboços para a famosa pintura *A Virgem e o Menino com Santa Ana*, uma das quatro obras esplêndidas à mostra no Louvre, oferecem um ótimo exemplo.[479] Entre 1478 e 1480, ele imaginou duas versões da cena que queria criar: a Virgem e o Menino com um cordeiro (o gato era um substituto provisório para o cordeiro). Uma voltada para a direita, a outra para a esquerda, em uma imagem quase espelhada. Na composição voltada para a esquerda, consta uma segunda cabeça feminina. Aproximadamente uma década depois, uma versão mais finalizada daquela voltada para a direita surge, mas agora com a segunda cabeça (Santa Ana) quase espelhando a imagem da Virgem. As duas se encaram de maneira amorosa. Na pintura final, de aproximadamente 1503, a cabeça de Santa Ana acabou ficando alinhada com a da Virgem, mas as figuras do Menino Jesus e do cordeiro estão viradas em 180°. Nenhum espectador no Louvre diante da obra-prima de Da Vinci saberia que essa versão final foi o produto de uma batalha de vinte anos com figuras em oposições dramáticas. Aqui o processo de "pensar ao contrário", por mais essencial que tenha sido, permanece completamente oculto.

Vinte e três metros a noroeste de *A Virgem e o Menino com Santa Ana*, você encontrará a pintura mais famosa do mundo: a *Mona Lisa*, de Da Vinci. Ela também envolve uma inversão de pensamento, embora seja de um tipo mais sutil. Antes da chegada de Da Vinci, as últimas artes medievais e as primeiras renascentistas haviam sido ou religiosas ou com temas históricos. Pinturas retratavam o dogma cristão ou deixavam um registro visual de reis e rainhas regentes, e o faziam por meio de símbolos: uma pomba para anunciar a chegada de Cristo ou uma coroa para sugerir um rei. A mensagem em uma pintura era concebida de pintor para espectador, e o segundo podia aceitá-la ou rejeitá-la, acreditar nela ou não. Na pintura simbólica tradicional, a comunicação era de mão única.

Com a *Mona Lisa*, o mundo da pintura experimentou uma reviravolta quântica. As linhas de comunicação foram invertidas. Em vez de o artista nos dizer algo, a mulher na pintura deseja estabelecer um diálogo com o espectador. Sua pergunta, na forma de sorriso enigmático, é uma provocação. Aqui, a pintura deixa de ser dogma unidirecional e se torna envolvimento bidirecional. Para entender a *Mona Lisa*, precisamos aceitar que o significado de uma pintura talvez não repouse no trabalho em si, mas também no espectador. Os historiadores da arte dão a isso o nome de "perspectiva reversa".

Psicólogos definem o termo "psicologia reversa" como uma estratégia na qual dizer uma coisa tem a função de produzir efeito oposto. Escritores às vezes empregam "cronologia reversa" como técnica narrativa, e o fazem por efeito dramático pelo menos desde a *Eneida*, de Virgílio. O compositor Richard Wagner usou a cronologia reversa ao elaborar o libreto de seu drama musical de dezessete horas *O anel do Nibelungo*: ele começava com a morte de seus deuses e heróis

(*O crepúsculo dos deuses*), voltava no tempo para acompanhar eventos das vidas deles (*Siegfried* e *A valquíria*) e por fim prefaciava a trilogia com uma prévia que dava contexto (*O ouro do Reno*). George Lucas fez o mesmo com seus filmes da série *Star Wars*, dando continuidade à sua trilogia original com três "pré-sequências" que voltavam no tempo. Em 1922, F. Scott Fitzgerald publicou um conto, "O curioso caso de Benjamin Button", no qual a vida do protagonista se desdobra em ordem cronológica reversa: ele nasce com 82 anos, chega à meia-idade, depois fica jovem e por fim morre criança.

"Sempre sei o final de um mistério antes de começar a escrever", diz a escritora de romances policiais campeões de vendas P. D. James.[480] Escritores do gênero muitas vezes definem "quem matou", onde e como e depois voltam ao início para conduzir o leitor pela história. De fato, "tramas de assassinato são bichos às avessas", afirmou o escritor Bruce Hale em "Writing tip: plotting backwards" ("Dica de escrita: construindo a trama de trás para a frente").[481] Aqui abordamos romances policiais, mas o princípio tem aplicação ampla. Pode fazer bem a autores aspirantes ponderar primeiro: qual será o fim? "Pensar de trás para a frente" é, inclusive, um bom conselho para qualquer um fazendo uma apresentação pública, escrita ou falada, seja um relatório corporativo ou discurso de casamento. Examine o material, guarde o que for melhor e mais persuasivo para o fim e estruture o restante para conduzir a esse desfecho. O material não só ficará fiel ao tema como a audiência gostará da conclusão espetacular.

UM RAIO É, POR DEFINIÇÃO, UMA LINHA RETA, COMO OS PRIMEIROS centímetros de água disparados por uma pistola d'água. Uma onda é uma curva, como agitações que emanam da parte de um poço no qual uma pedra foi jogada. Se não forem completos opostos, "raios" e "ondas" são, no mínimo, muito diferentes. Pensar que a luz poderia ser ao mesmo tempo um raio e uma onda é um paradoxo, do grego *"paradoxon"*, significando "opinião contrária". "Pensar ao contrário" muitas vezes exige tolerância a paradoxos.

Mais de uma vez, Albert Einstein digladiou com condições paradoxais. Em 1905, ele solucionou um debate antigo entre teorias conflitantes a respeito da natureza da luz: ela é um fluxo de partículas (uma linha reta) ou uma onda? Isaac Newton havia optado por partículas: ele as chamava de "corpúsculos". Christiaan Huygens (1629–1695), quase contemporâneo a Newton, defendia que eram ondas. A teoria de Newton pareceu prevalecer até que James Maxwell (1831–1879) colocou a descrição de onda sobre um alicerce mais sólido com suas leis unificadas de ondas eletromagnéticas (1865).[482] Em 1905, Einstein mostrou como essas duas teorias em oposição podiam ser conciliadas com sua teoria da dualidade onda-partícula. Ondas de luz atingem um material, que por sua vez emite um fluxo de fotoelétrons (o efeito fotoelétrico de Einstein). "Nós temos dois retratos contraditórios da realidade", ele disse. "Separados, nenhum deles explica por completo o fenômeno da luz, mas juntos, explicam."[483] Essa dualidade tornou-se parte da física quântica – uma nova ortodoxia a partir do paradoxo. Além disso, a energia do fotoelétron é sempre inversamente proporcional ao comprimento de onda da luz – uma antítese embutida. Iluminar o enigma da luz fez Einstein ganhar o Prêmio Nobel em 1921.

"Quando uma mulher caindo de um prédio não está caindo?"; resposta: "Quando todo o resto está caindo junto a ela." Quando Albert Einstein resolveu essa charada hipotética, ele encontrou a resposta para outra. Em 1907, Einstein estava atormentado pela aparente oposição entre duas teorias: a teoria newtoniana de gravidade celestial, que afirma que os objetos são puxados em linha reta na direção de outros objetos, e sua própria Teoria da Relatividade Restrita, que afirma que os objetos são governados pelas regras particulares de seu contexto. "Aqui lidamos", ele observou, "com dois casos fundamentalmente diferentes, algo para mim intolerável".[484] Visualizar uma situação na qual tudo caía junto produziu imediatamente "o pensamento mais feliz de minha vida" e tirou de suas costas o peso insuportável. Por que é possível que a estase e o movimento existam em uma mesma coisa ao mesmo tempo? "Porque", disse Einstein, "para um observador em queda livre do telhado de uma casa, não há durante a queda – pelo menos não em suas imediações – nenhum campo gravitacional. Isto é, se o observador se desvencilha de todo e qualquer corpo, eles permanecem em estado de repouso com relação a ele".[485] A força da gravidade pode estar em ação, mas outra força pode agir com ela de modo contíguo e semelhante. Na língua da ciência, havia uma "completa equivalência física e simultaneidade do efeito oposto de um campo gravitacional uniforme".[486] Em termos leigos, as forças podem puxar em linha reta e em curva, dependendo da velocidade do objeto e da força do campo gravitacional. Newton não estava errado, mas sua teoria da gravidade não era precisa em todas as circunstâncias. A maçã de Newton pode cair diretamente para baixo, mas no espaço-tempo de Einstein ela faria uma curva. Do mesmo modo, o fato de que um único átomo pode comportar-se como dois átomos separados em determinadas circunstâncias é a lógica fundamental por trás da área emergente da computação quântica e do computador do futuro.[487]

"O INVERNO MAIS FRIO PELO QUAL PASSEI", DISSE MARK TWAIN, "FOI UM verão em São Francisco". Esperávamos que Twain falasse mais de uma experiência de inverno mas, em vez disso, somos levados a um verão. Mas muito antes da virada de 180° de Twain, William Shakespeare usou o mesmo recurso na fala de abertura da peça *Ricardo III*: "Agora do inverno de nosso descontentamento faz-se um verão glorioso por este sol de York." Além de fazer um jogo de opostos (inverno levando ao verão), Shakespeare faz um trocadilho em inglês – o sol ("sun") de York era Eduardo, filho ("son") do duque de York e agora o sol mais forte na dinastia dos York. *Ricardo III* é uma tragédia política sombria, mas cheia de humor devido à perspectiva invertida de Ricardo: os cidadãos o veem como uma força maligna; ele, delirante, enxerga a si mesmo como benevolente. O exemplo mais famoso das cenas antipódicas de Shakespeare é quando o assassino Macbeth cede espaço para o porteiro bêbado. Quando forças negativas e positivas conectam-se, a dramaticidade atinge o palco como um relâmpago.

A maioria das poesias de Shakespeare tem como base analogias, metáforas e comparações – dois conceitos relacionados unidos em forma de par. O pareamento poético pode ser ainda mais eficaz quando o par é uma antítese. Para apreciar aquilo que caracteriza um gênio como tal, considere uma fala de Romeu em *Romeu e Julieta*. Nela, o enamorado sente um nó de sentimentos contraditórios em dose dupla: catorze em oito versos.* Alguns são esperados: eu ou você poderíamos ter pensado em "saúde doente" e "fogo gelado". Mas "amor de luta" e "pluma de chumbo"... eis aí o gênio secreto!

Muito a ver com o ódio, mas mais com o amor
Então, amor de luta e ódio amante!

---

* Para preservar todas as antíteses, a tradução precisou ficar em nove versos. (N.T.)

Oh, qualquer coisa que do nada veio!
Pesada leveza e séria bobagem!
Caos tão disforme de formas tão nítidas!
Pluma de chumbo, fumaça brilhante,
fogo gelado, saúde doente!
Sono acordado, não é isso que é!
Esse amor sinto, que este não ama. [Ou seja: eu a amo, mas ela não me ama.]

Por fim, considere o poder de permanência da antítese de maior sucesso de Shakespeare, na qual ele justapõe duas condições existenciais opostas e incompatíveis: "Ser ou não ser?".

Henry Ford revolucionou o trabalho em fábrica e a indústria automobilística quando começou a produzir em massa o barato Modelo T em 1913 com uma linha de montagem. Uma visita a um matadouro em Chicago impressionou-o com a velocidade e eficiência com a qual um boi abatido podia ser reduzido a nada, pendurado pelas patas e puxado por uma corrente de aço. Se a "desmontagem" podia ser tão rápida, ele pensou, o processo não poderia ser invertido, para colocar peças?

O contrariador Elon Musk teve uma abordagem oposta à de Ford com relação ao preço dos carros. Quando Musk assumiu o controle da Tesla, em vez de introduzir um carro barato e depois tentar modelos mais caros, ele começou em 2011 com o Roadster (de 200 mil dólares), depois apresentou em 2015 o Model X (80 mil dólares) e por fim mostrou-nos em 2017 o Model 3 (35 mil dólares). Assim, atualmente, a Tesla está passando de uma empresa de produção de baixo volume e preços altos para uma de alto volume e preços baixos. Como Musk anunciou explicitamente em uma publicação aberta em 2006 chamada "The secret Tesla Motors master plan" ("O plano secreto geral da Tesla Motors"), sua ideia era:

"Fazer um carro esportivo;
Usar o dinheiro obtido com ele para fazer um carro mais barato;
Usar o dinheiro obtido com esse outro para fazer um carro ainda mais barato...
Não conte isso a ninguém."[488]

Como um jovem gerenciador de dados no fundo de cobertura D. E. Shaw & Co. durante o início dos anos 1990, Jeff Bezos sentia-se confortável com uma aposta comedida: posicionar corretamente um recurso econômico como contraponto a outro. Bezos percebeu que o uso da internet se expandia em estonteantes 2.300% ao ano e reconheceu que o crescimento global era questão de larga escala. O desafio era como ligar isso ao indivíduo menor e ganhar dinheiro, então ele foi atrás de um problema com o qual pudesse ganhar dinheiro. Pensando por oposição, ele encontrou: compras. Um consumidor passeia a esmo procurando por itens, mas muitas vezes acaba voltando para casa de mãos vazias. Por que não inverter o processo, usando a internet para encontrar os produtos e fazendo os produtos irem ao consumidor, economizando tempo e dinheiro? Ele fez isso, e hoje a Amazon controla 40% do comércio eletrônico nos Estados Unidos.[489] Em 2015, Bezos disse: "Às vezes as pessoas enxergam o problema e ele as incomoda muito, então elas inventam uma solução. Às vezes você pode abordar isso no sentido inverso. E, de fato, creio que na alta tecnologia muito da inovação às vezes vem dessa direção. Você vê uma nova tecnologia ou que há algo mundo afora… e então traça os passos no caminho inverso para encontrar o problema compatível."[490] A obsessão atual de Bezos: "Precisamos ir ao espaço para salvar a Terra."[491]

Para ser engraçado, "pense ao contrário". O humor envolve ironia, contradição ou pensamentos contraintuitivos. O mesmo pode ser afirmado acerca do sarcasmo. Quando dizemos "ora, *muito* inteligente", muitas vezes queremos dizer o oposto. Comediantes criativos são filósofos que às vezes revelam a verdade ao nos mostrar, com ironia, que olhamos para o alvo errado porque o de verdade está escondido. A piada a seguir é contada no especial de comédia de *stand-up* de Chris Rock, *Bigger and blacker* ("Maior e mais negro"):

"Controle de armas? Precisamos é de controle de balas! Acho que cada bala deveria custar cinco mil dólares. Porque, se uma bala custasse cinco mil dólares, as pessoas começariam a pensar antes de atirar, considerando se elas têm como arcar com os custos. […] Não teríamos mais dano colateral e, se tivéssemos, os atiradores iriam atrás dele dizendo 'devolva minha propriedade!'" [adaptado para condensar e suavizar o linguajar]

Um paradoxo pode ser um oximoro com uma moral, e é isso que Rock faz aqui ao colocar uma *impressão* de verdade diante de uma verdade: armas de fogo não matam; é a munição que mata. Talvez devêssemos simplesmente proibir a munição. Rock também disse que "a comédia é o blues para os que não sabem cantar". Em sua concepção, as piadas exploram polos opostos da experiência humana e nos permitem dar risadas no processo. Como Freud defendeu em *O chiste e sua relação com o inconsciente* (1905), as piadas revelam fraquezas, medos e contradições dentro de todos nós. Eis a piada: o livro de Freud sobre piadas é o livro menos engraçado que você lerá em sua vida.

Veja abaixo algumas frases cômicas de gênios do passado e do presente. Elas são engraçadas porque envolvem opostos, um mal-entendido, uma impossibilidade lógica ou um reposicionamento de palavras.

- **Shakespeare:** "Vilão! Serás condenado à redenção eterna por isso!" (*Muito barulho por nada*)
- **Benjamin Franklin:** "Se suspendermos nossa união, acabaremos todos suspensos."/"Eu deveria ter orgulho de minha humildade."
- **Charles Darwin:** "[Thomas] Carlyle silenciou todos com discursos ao longo de toda a festa em Londres acerca das vantagens do silêncio."
- **Mark Twain:** "Wagner não soaria tão ruim se não fosse pela música."
- **Albert Einstein:** "Para punir-me por meu desprezo por autoridades, o destino fez de mim uma autoridade."
- **Will Rogers** (no Texas durante uma seca): "O Rio Grande é o único rio que já vi que precisa de irrigação."
- **Winston Churchill:** "Quanto mais longe você olhar para trás, mais para a frente conseguirá enxergar."
- **Martin Luther King Jr.:** "Nosso poder científico ultrapassou nosso poder espiritual. Temos mísseis guiados, mas homens perdidos."
- **Elon Musk:** "Quando me perguntam por que comecei uma empresa de foguetes, respondo: 'Eu tentava aprender como fazer uma grande fortuna ficar menor.'"/ "O melhor tipo de serviço é não ter serviço algum."

- **N. C. Wyeth:** "O trabalho mais difícil no mundo é tentar *não* trabalhar!"
- **Jack Vogel:** "Você recebe por aquilo que não paga."
- **Oscar Wilde:** "O trabalho é o mal da classe bebedora."/"Amigo de verdade é aquele que apunhala você pelas costas."/"Perder um dos pais é uma grande infelicidade; perder os dois parece descuido."/"Eu resisto a qualquer coisa, menos a tentações."
- **J. K. Rowling:** "Nós compramos duzentas cópias do 'Livro invisível da invisibilidade'; custaram uma fortuna e nunca os encontramos." (*O prisioneiro de Azkaban*)
- **Oscar Levant:** "O que precisamos no mundo é de mais gênios com humildade. Somos tão poucos no momento."

Piadas são engraçadas, mas a razão está escondida de nós: é o "pensamento ao contrário".

A TEOLOGIA DE MUITAS DAS MAIORES RELIGIÕES DO MUNDO ENGLOBA um ciclo constante de começos e fins ou uma tensão eterna de forças opostas. No budismo, forças contrárias e unificadas coexistem como o *nirvana*, o fim do ciclo de renascimento, e o *samsara*, a série interminável de encarnações e reencarnações de seres vivos.[492] O *nirvana*, o estágio definitivo, é ao mesmo tempo não morte e não vida. No taoísmo, *yin* e *yang* são princípios morais opostos, mas universais, atuando juntos como uma única força. A palavra hebraica אמת, que significa "verdade" e é um dos nomes de Deus no judaísmo, usa a primeira e a última letra do alfabeto hebreu (*aleph* e *tav*, respectivamente). Satã e os anjos de Deus batalham na escatologia cristã.

Ego sum alpha et omega, a primeira e a última letra do alfabeto grego, simbolizam Deus segundo o livro do Apocalipse.

Martin Luther King Jr. formou-se no Crozer Theological Seminary, em 1951, e obteve um doutorado em teologia na Universidade de Boston quatro anos depois. Ele sabia do *"alpha et omega"*, do princípio e do fim, e ele empregou essa antítese em seu discurso mais famoso, "I have a dream" ("Eu tenho um sonho"; 1963).

Muito se escreveu a respeito de "I have a dream", o momento definitivo da carreira de King e um ponto de virada para o modo como a população dos Estados Unidos pensava sobre a questão racial. A questão aqui é que a potência retórica do discurso não deriva apenas da busca incessante de um mesmo refrão (anáfora), mas também do uso incessante de imagens contraditórias (antítese). A retórica marcha diretamente para a frente, ao passo que a poesia alterna entre opostos.

> "Agora é a hora de emergir desse vale sombrio e arrasado da segregação rumo ao caminho ensolarado da justiça racial. [...]
> Esse verão abafado do descontentamento legítimo do negro não irá embora até que haja um outono revigorante de liberdade e igualdade.
> 1963 não é um fim, mas um começo. [...]
> No processo de ganhar nosso lugar, que nos é devido por direito, não podemos ser culpados de atos indevidos.
> Não busquemos satisfazer nossa sede por liberdade bebendo do copo do amargor e do ódio. [...]
> Iremos sempre marchar avante. Não podemos recuar. [...]
> Tenho um sonho que, um dia, nas colinas avermelhadas da Geórgia, os filhos de ex-escravos e os filhos de ex-escravocratas sejam capazes de sentarem-se juntos à mesa da fraternidade.
> Tenho um sonho de que, um dia, mesmo o estado do Mississippi, um estado escaldante no calor da injustiça, escaldante no calor da opressão,

transforme-se em um oásis de liberdade e justiça. [...]
Tenho um sonho de que um dia todo vale seja elevado, toda colina e montanha seja rebaixada, que todos os lugares acidentados tornem-se planos e todos os lugares tortuosos tornem-se retos. [...]
Com essa fé, seremos capazes de tranformar as discórdias estridentes de nossa nação em uma bela sinfonia de irmandade."[493]

Na faculdade, King se deparou com as crenças religiosas indianas e estudou a vida de Mahatma Gandhi, e em 1959 ele foi à Índia para aprender com os discípulos de Gandhi a resistência passiva. Como o líder da Conferência da Liderança Cristã do Sul, King passou a usar a não violência como arma contra a violência nas ruas. Os canhões d'água e cães policiais lançados contra mulheres e crianças em Birmingham, no Alabama, tiveram efeito oposto ao desejado: criaram uma rejeição pública. Em 1964, a abordagem opositora de King lhe valeu o Prêmio Nobel da Paz.

EM SUMA: OS GÊNIOS DESTE CAPÍTULO SUGEREM QUE, QUANTO MAIS uma pessoa puder explorar as contradições da vida, maior será sua capacidade para a genialidade. Grandes artistas, poetas, dramaturgos, músicos, comediantes e moralistas usavam forças opostas em seu trabalho para efeitos dramáticos e às vezes cômicos. Cientistas e matemáticos brilhantes aparentemente não vão atrás de contradições, mas não sentem desconforto ao encontrá-las. Bach usava o contraponto para compor suas maiores criações. Bezos traçou um caminho inverso de uma solução a um problema. King usava palavras antitéticas e inação vigorosa para mudar a opinião pública acerca da questão racial nos Estados Unidos.

Todos podemos aplicar essa estratégia. Após contar uma história de ninar a uma criança, inverta o processo e faça com que ela lhe conte uma história; isso encoraja pensamento visionário tanto da parte do contador como do ouvinte. Antes de abrir uma nova empresa, faça um "*pre mortem*", traçando um caminho de trás para a frente para ver onde a empreitada pode fracassar. Para escrever um relatório corporativo de maior qualidade ou preparar um discurso melhor, analise o material e comece pelo final. Simplifique seus argumentos: menos pode ser mais. Para reduzir seus vieses pessoais e erros de raciocínio ao tomar uma decisão importante, faça uma lista de prós e contras.[494] Para testar a validade de seu posicionamento, encontre um advogado do diabo; discutir com a pessoa que é sua parceira pode ser bom e gerará uma oportunidade de exercitar o comedimento impetuoso. Para ser sagaz em conversas, pense em uma réplica oposta. Embora a estratégia de "pensar ao contrário" passe despercebida, os resultados superiores serão óbvios.

CAPÍTULO 11

TENHA SORTE

Em 1904, o gênio Mark Twain publicou um ensaio chamado "Saint Joan of Arc" ("Santa Joana d'Arc"), no qual ele sugere como a grandiosidade ocorreu a essa heroína, bem como a outras mentes transformadoras: "Quando decidimos considerar um Napoleão, um Shakespeare, um Rafael, um Wagner, um Edison ou qualquer outra pessoa extraordinária, entendemos que a medida de seu talento não explicará o resultado completo, nem mesmo a maior parte dele; não, é a atmosfera na qual o talento foi embalado que o explica. É o treinamento que recebeu enquanto crescia; a educação que recebeu por leitura, estudo e exemplo; o encorajamento que reuniu do autorreconhecimento e do reconhecimento externo a cada estágio de seu desenvolvimento: quando sabemos de todos esses detalhes, aí sabemos por que o sujeito estava pronto quando sua oportunidade surgiu."[495] Para Twain, todos esses "detalhes" externos da genialidade são pré-requisitos para o último: a oportunidade. A palavra "oportunidade" deriva do latim "*opportuna*", um vento favorável em direção ao porto. A palavra "afortunado" vem do latim "*fortuna*", significando "destino" ou "sorte". Quando o vento da sorte soprar, serão mais afortunados aqueles que estiverem plenamente preparados para velejar com ele. A genialidade, a grandiosidade e o sucesso chegam ao porto da mesma maneira.

Uma ideia similar é transmitida de forma sucinta em uma frase geralmente atribuída à lenda do golfe Gary Player: "Quanto mais pratico, mais sorte tenho."[496] Quem pode negar que os melhores resultados surgem aos "sortudos" que trabalham duro, agem com coragem ou tomam decisões ousadas? Essas ações podem ser resultado de uma decisão inteligente ou de um desarraigamento efetivamente físico. Alguns momentos de sorte surgem ao gênio no momento do nascimento; outros, estranhamente, chegam após a morte. Mas comecemos do começo, com a loteria do nascimento.

Para um gênio, nascer rico não é a mesma coisa que nascer com sorte. Gênios quase nunca surgem de condições de extrema riqueza. Charles Darwin, que foi completamente sustentado no início da vida adulta e depois herdou uma pequena fortuna, talvez seja a exceção que comprova a regra. Do mesmo modo, gênios não costumam vir da aristocracia ou da classe governante. Ao passo que pessoas geniais estão determinadas a mudar o mundo, aristocratas quase sempre se deleitam no *status quo*. Por que mudar qualquer coisa? Na verdade, gênios não brotam de nenhum dos extremos econômicos da sociedade: na miséria, há pouca oportunidade; na prosperidade, não há incentivo. Considere estes gênios e a profissão de seus pais: Shakespeare (luveiro), Newton e Lincoln (camponeses), Franklin (fabricante de velas), Bach (trompetista da cidade), as irmãs Brontë (vigário do vilarejo), Faraday (ferreiro), Edison (taverneiro), Curie (professor escolar), King (pastor), Morrison (soldador) e Bezos (dono de uma loja de bicicletas). No caso de gênios, nascer com sorte geralmente significa nascer na classe média.

A sorte, boa ou má, às vezes atinge pessoas geniais após a morte, conforme os tempos e eventos mudam a percepção acerca dessas pessoas aos olhos da sociedade. Em seu tempo, William Shakespeare era um dramaturgo muito bem-sucedido que capturou a imaginação de espectadores londrinos, mas seu público era pequeno. Gradualmente, durante o século XVIII, conforme a influência comercial dos ingleses aumentava, as peças do Bardo foram traduzidas para o francês, o alemão e o espanhol. Hoje seu impacto segue se expandindo, mesmo na Ásia, conforme o inglês se torna a língua padrão do mundo.[497] A importância de Shakespeare, agora visto como o maior autor dramático que já existiu e uma bússola moral para toda a humanidade, é parcialmente consequência de sua expansão linguística posterior. Na época de Shakespeare, apenas 0,8% da população sabia falar inglês; hoje, cerca de 20% sabe. Shakespeare teve sorte: uma maré alta elevou seu barco póstumo.

No início da manhã de 22 de agosto de 1911, um funcionário de manutenção, Vincenzo Peruggia, roubou a *Mona Lisa* do Louvre. A história do roubo e uma foto da pintura surgiram na primeira página de grandes jornais em todo o mundo, e uma caçada internacional pelo quadro teve início. "60 detetives buscam a 'Mona Lisa' roubada", proclamou o *The New York Times*.[498] Mesmo Picasso foi investigado porque bustos antigos roubados do Louvre tinham rastros que levavam a seu apartamento. Por um tempo, Peruggia escondeu a *Mona Lisa* sob a própria cama. Dois anos depois, ele tentou vendê-la a agentes da Galleria degli Uffizi, em Florença – algo nada genial, visto que a essa altura o mundo ocidental inteiro conhecia a pintura. A polícia foi alertada, Peruggia foi preso e a pintura foi devolvida a Paris. Novamente, mais fotos e notícias surgiram nos jornais. Durante os dois primeiros dias de sua volta à exposição no Louvre, mais de 120 mil pessoas foram dar uma olhada.[499]

A *Mona Lisa* é a pintura que quase todos no mundo são capazes de identificar, mas por quê? Em parte, sua fama se deve ao impacto duradouro do seu furto; seria a notícia mais sensacional no Ocidente até o naufrágio do *Titanic* em 14 de abril de 1912.[500] Em uma transmissão do centenário do crime, a National Public Radio descreveu o incidente como "o furto que fez de *Mona Lisa* uma obra-prima". Hiperbólico, talvez, mas há evidências estatísticas em favor da afirmação. Usando dados coletados na biblioteca da Universidade de Yale, calculei o número de livros e artigos listados com os assuntos "Michelangelo" ou "Leonardo da Vinci" antes de 1911. O primeiro tinha uma vantagem com relação ao segundo, 68% contra 32%. Mas nas entradas posteriores a 1911, a razão é aproximadamente igual entre os dois. Ao consultar obras referenciais padronizadas acerca dos dois artistas e o número de palavras dedicadas a cada um, em 1911, novamente o ponto de virada, a razão passa de 7 para 5 em favor de Michelangelo para 2 para 1 em favor de Da Vinci. Se o interesse público é um medidor de genialidade, o crime de um funcionário de museu sorrateiramente elevou a posição de Da Vinci.

O DNA FOI CHAMADO DE "O TIJOLO QUE COMPÕE A VIDA."[501] EMBUTIDO no núcleo de cada célula do corpo humano, o DNA contém traços hereditários na forma de genes, criptografias extremamente pequenas que conduzem o crescimento e desenvolvimento de cada organismo vivo. No início dos anos 1950, a existência do DNA era conhecida por quase um século, mas os cientistas ainda não sabiam como o DNA era estruturado ou, mais importante, como cada molécula no corpo era capaz de replicar-se e assim montar um ser vivo completo. Ali morava a chave para abrir as portas do código genético. Essa chave foi dada à humanidade em 25 de abril de 1953, na forma de um breve artigo científico publicado na *Nature* chamado "A structure for deoxyribose nucleic acid" ("Uma estrutura para o ácido desoxirribonucleico"), resultado da pesquisa de Francis Crick e James Watson, dois cientistas jovens que trabalhavam no Laboratório Cavendish em Cambridge, na Inglaterra.[502] Qual nome deveria aparecer primeiro naquele que era talvez o anúncio científico mais importante da modernidade? Eles resolveram no cara ou coroa e a honra ficou com Watson.

Watson e Crick não eram os únicos tentando explicar os processos ocultos da vida. Em 1944, Oswald Avery mostrou que o DNA era o "princípio transformador", o portador da informação hereditária. Contiguamente a Watson e Crick, Maurice Wilkins e Rosalind Franklin trabalhavam com cristalografia de raios-X para gerar imagens de uma única molécula de DNA. Além disso, o famoso químico Linus Pauling havia produzido um modelo de DNA (incorreto, como provou-se depois) tridimensional e de tripla hélice.[503] Empregando o trabalho de outros e suas próprias intuições, Watson e Crick juntaram as peças e montaram um modelo molecular, descrito no artigo, que representava corretamente a estrutura do DNA: a famosa dupla hélice entrelaçada. A informação crucial para a descoberta de Watson e Crick foi o raio-X "Fotografia 51", feito por Rosalind Franklin, mostrando o formato em dupla hélice do DNA. A descoberta da estrutura do DNA desencadeou, entre outras atividades, o sequenciamento do genoma humano, o uso de identificação genética em investigações de crimes e a pesquisas de DNA recombinante envolvendo edição de genes e terapia genética, tudo isso alimentando uma indústria de biotecnologia multibilionária. Em 1962, o Comitê Nobel deu o Prêmio Nobel de Fisiologia ou Medicina a Francis Crick, James Watson e Maurice Wilkins. Mas o que aconteceu com Rosalind Franklin? A resposta: má sorte.

As importantes fotografias de raio-X de Franklin foram roubadas dela. Sem permissão, os supervisores de Franklin mostraram as imagens a Watson e Crick em fevereiro de 1953. A partir das fotos, a dupla notou que o DNA exibia uma estrutura de hélice, quais eram suas dimensões e quantos pares de base por giro possuía.[504] Franklin obteve um diploma de graduação e um doutorado em química na Universidade de Cambridge, talvez a principal universidade de ciências do mundo. Após mudar-se para Londres em 1951, ela ocupou um cargo de pesquisa de pós-doutorado na prestigiosa King's College. Franklin recebera educação de alta qualidade, tinha oposição de respeito em sua área e era ambiciosa — todos esses pré-requisitos para a genialidade. Mas um obstáculo atuou contra ela em seu tempo: ela era uma mulher. Veja abaixo uma passagem que menciona Franklin e seu supervisor formal, Maurice Wilkins, escrita por Watson.

"Maurice, um iniciante em difrações de raios-X, queria ajuda profissional e tinha esperança de que Rosy, uma cristalógrafa treinada, pudesse acelerar sua pesquisa. Rosy, contudo, não enxergava a situação assim. Ela afirmava que trabalhava com DNA para questões próprias dela e que não pensaria em si mesma como assistente de Maurice.
Imagino que o novato Maurice esperava que Rosy se acalmasse. Mas mesmo uma mera inspeção dava a entender que ela não cederia com facilidade. Por escolha, ela não enfatizava suas qualidades femininas. Embora tivesse traços fortes, ela não deixava de ser atraente e talvez ficasse formidável se tivesse interesse mínimo em roupas. Isso ela não tinha. Nunca havia um batom para contrastar com seu cabelo negro liso, ao passo que aos 31 anos seus vestidos tinham a imaginação de uma adolescente inglesa que só sabe estudar. [...] Estava claro que Rosy precisava ser colocada em seu devido lugar."[505]

Franklin recusava-se a projetar charmes femininos e mostrou audaciosamente que uma mulher podia liderar a ciência de ponta do DNA.

Mas "Rosy" não agradava ao Clube do Bolinha e, no fim das contas, esse clube a puniu. Negaram-lhe o mérito pelo que ela havia encontrado – negação essa não só por seus colegas homens mas por uma regra póstuma fatal que só afeta as pessoas sem sorte.

O estatuto da Fundação Nobel contém uma ou outra cláusula aparentemente arbitrária. Por exemplo, a seção 4, parágrafo 1:

> A quantia de um prêmio pode ser dividida igualmente entre duas obras, ambas consideradas merecedoras de um prêmio. Se um trabalho premiado foi produzido por duas ou três pessoas, o prêmio deve ser dado a elas conjuntamente. Em nenhum caso a quantia de um prêmio deve ser dividida entre mais de três pessoas.[506]

No mínimo a partir de 1961, o Comitê Nobel já reconhecia as enormes implicações do DNA e de sua estrutura em dupla hélice. Mas para quem deveria ir a fama e a glória? Sem dúvida, para os principais pesquisadores, Watson e Crick; possivelmente, para Linus Pauling, por ter chegado perto; possivelmente para Maurice Wilkins, suposto supervisor de Franklin. Mas agora leia a seção 4, parágrafo 2: "O trabalho realizado por uma pessoa já falecida não deve ser considerado para premiação. Se, contudo, o vencedor de um prêmio morrer antes de receber o prêmio, a premiação pode ser apresentada." Quatro anos após seu trabalho influente acerca do DNA, mas quatro anos antes de o Prêmio Nobel reconhecer alguém de sua área, Rosalind Franklin morreu aos 37 anos, em decorrência de câncer de ovário. Fama e glória negadas.

Para compreender melhor a história fatídica sobre a descoberta da estrutura do DNA, almocei em março de 2017 com Scott Strobel, professor de biofísica molecular e bioquímica em Yale e atual dirigente da universidade. Strobel primeiro observou que Watson e Crick tiveram boa sorte, e Linus Pauling, má sorte. Se Pauling tivesse visto as fotos de Franklin, a descoberta talvez tivesse sido dele. Mas, ao viajar a Londres no início de 1953 com o objetivo exclusivo de ver as imagens de Franklin, Pauling teve o visto negado e não pôde sair do aeroporto de Heathrow a fim de se encontrar com ela. Strobel também enfatizou que a descoberta da dupla hélice havia sido uma conquista coletiva. Como ele explicou para mim: "A ciência observacional está ficando mais e mais complexa, e não há uma única pessoa capaz de controlar tudo em um determinado campo. Cada vez mais, descobertas científicas são produtos de laboratórios comunitários. A consequência involuntária é que o gênio solitário agora está na lista de espécies ameaçadas." Quanto à possibilidade de um Prêmio Nobel futuro ser dado pela descoberta do sistema de repetições palindrômicas curtas agrupadas e regularmente interespaçadas (também conhecido como CRISPR), o mais novo e empolgante campo da genética, Strobel observou a ironia: "Entre os principais candidatos há minha ex-colaboradora, Jennifer Doudna, em Berkeley. O problema é que há tantos candidatos ao Nobel pelo CRISPR – em Berkeley, no MIT e em outros lugares – que o Comitê Nobel pode ter dificuldade para reduzir a lista a três vencedores. O prêmio para o CRISPR talvez seja postergado."[507]

JÁ QUE É ASSIM, TALVEZ SEJA ATÉ MELHOR VIRARMOS FATALISTAS E aderirmos à noção de que nosso destino reside postumamente nas mãos da sorte. O objetivo deste capítulo, contudo, é sugerir exatamente o oposto: que, embora descobertas por acaso cumpram um papel, o gênio costuma tomar decisões conscientes que levam a resultados significativamente melhores.

A rainha Elizabeth I teve sorte em 1588 quando um furacão inesperado arrasou a Armada Espanhola antes que ela chegasse ao litoral inglês; mas nos trinta anos anteriores, sua política externa contemplava a não agressão, de forma a permitir que o inimigo destruísse a si mesmo. Wilhelm Röntgen teve sorte em 1895 quando por acaso deixou placas fotográficas em seu laboratório enquanto fazia experimentos com um tubo de raios catódicos e depois viu traços de luz impressos nas placas. Mas, como físico que estudava ondas de alta energia, ele entendeu imediatamente o que outros teriam deixado passar: por que os raios haviam sido capazes de penetrar determinados objetos e deixar uma impressão em outros, isto é, o fenômeno do raio-X. Percy Spencer teve sorte em 1945 quando uma barra de chocolate derreteu em seu bolso enquanto ele estava próximo a um magnétron. No entanto, por ser um engenheiro elétrico instruído, ele entendeu o poder termal das micro-ondas dentro de uma caixa metálica, não demorou a fazer testes com milho de pipoca e acabou patenteando o forno de micro-ondas. Louis Pasteur teve sorte em 1879 quando acidentalmente ficou sem conferir por um mês uma cultura usada para erradicar cólera aviária e em seguida descobriu que apenas a cultura "estragada" provava-se eficaz como vacina – e consequentemente fez uso do fato. Mas, enquanto microbiólogo experiente, Pasteur havia aprendido bem antes a lição que articulou ao falar em uma conferência médica em Douai, na França, em 1854: "Na ciência observacional, a sorte ("*le hazard*") só favorece a mente preparada."[508]

Primeiro, galinhas; depois, humanos: a descoberta da penicilina por Alexander Fleming é tida como o exemplo mais famoso de "genialidade acidental" na história da medicina. Mas será que foi mesmo um completo acidente? Filho de um camponês, Fleming nasceu na região rural da Escócia em 1881 e, aos treze anos, mudou-se para Londres, onde acabou se formando em medicina. Em 1921, ele descobriu a lisozima, um antisséptico, e posteriormente passou a fazer experimentos com o processo no qual uma bactéria pudesse destruir outra. Fleming tinha o hábito de deixar o laboratório bagunçado e, antes de sair para tirar férias de um mês, em agosto de 1928, ele empilhou, mas não limpou, um conjunto de placas de Petri cheias de bactérias. Ao voltar, ele se deparou com bactérias que multiplicaram-se significativamente em todas as placas, menos uma. Aquela que tinha poucas bactérias sobreviventes, no fim, estava habitada por um bolor chamado *Penicillium notatum*, cujos esporos vieram pelo ar de um laboratório vizinho e caíram na placa.

Um colega meu de Yale, o professor de química Michael McBride, uma vez disse-me: "Cientistas não têm lampejos de 'eureca'. Em vez disso, passam por momentos de 'ora, que estranho'." Após ver a condição estranha daquela placa de Petri, Fleming murmurou: "Engraçado"[509] e perguntou-se o que estaria matando a bactéria, logo determinando que era o fungo errante da penicilina. Ele então começou a especular sobre as capacidades terapêuticas do fungo, e daquele golpe de sorte surgiu a miraculosa penicilina. Cientistas frequentemente classificam a descoberta da penicilina entre os três maiores avanços medicinais da História, junto ao reconhecimento dos germes (patógenos) por Pasteur e à descoberta da estrutura do DNA por Watson e Crick. Com a chegada da penicilina – o primeiro antibiótico – a medicina ocidental entrou na idade moderna e milhões de vidas foram salvas. Se a genialidade se manifesta como uma descoberta que muda o mundo, essa descoberta nasceu acidentalmente no laboratório de Alexander Fleming. Essa é, pelo menos, a história.

Mas a história da descoberta fortuita da penicilina por Alexander Fleming envolve mais do que o acaso. Winston Churchill uma vez contou sobre seu papel na 2ª Guerra Mundial: "Senti como se eu estivesse caminhando com o Destino, e que todos os eventos anteriores de minha vida foram meros preparativos para este momento e esta provação."[510] Fleming também estava preparado. Sem saber na época, ele havia treinado para esse "golpe de sorte" por quase trinta anos de atividade profissional. Ele havia desenvolvido as habilidades de observação e o conhecimento científico para absorver a importância do que estava diante de si e fazer uso disso. O historiador da medicina John Waller resumiu a questão em poucas palavras quando disse: "Fleming teve a genialidade de ver o que outros teriam ignorado."[511]

O preparo de Fleming e sua descoberta anterior da lisozima também lhe valeram respeito na comunidade científica, de modo que os outros prestassem atenção a ele. Inclusive, outra pessoa já havia descoberto os poderes terapêuticos da penicilina, mas ninguém havia reparado. Em 1897, Ernest Duchesne (1874–1912), um estudante na universidade militar em Lion, na França, enviou uma tese ao Instituto Pasteur, em Paris, descrevendo muito do que Fleming viria a descobrir depois.[512] Mas o jovem Duchesne, de 23 anos, não teve sorte. Ele não recebeu nenhum tipo de reconhecimento, acabou entrando no exército e morreu jovem, de tuberculose (que talvez pudesse ter sido curada com antibióticos). Trinta anos depois, o status conquistado por Fleming como bacteriologista mundialmente bem relacionado na comunidade científica fez com que as pessoas lhe dessem ouvidos. Duchesne acertou um alvo oculto, mas ele não tinha reputação, então ninguém percebeu e nada mudou.

Por fim, Alexander Fleming não foi quem levou o incrível remédio ao mercado; esse processo ocorreu ao longo de mais de uma década na Universidade de Oxford e envolveu uma equipe de bacteriologistas liderados por Howard Florey. Mas Fleming tinha ambição suficiente para manter um interesse de propriedade sobre aquilo que ele chamava de "minha velha penicilina".[513] Com os esforços de guerra na Europa e a necessidade que a Grã-Bretanha tinha de um "remédio milagroso" para favorecer as tropas e elevar o moral, Fleming avidamente se tornou um garoto-propaganda do novo remédio. Quando o Comitê Nobel de cientistas médicos entregou o Prêmio de Fisiologia ou Medicina de 1945, ele foi para três pessoas: Alexander Fleming, Howard Florey e Ernst Chein, colega de equipe da Universidade de Oxford.

Então por que só lembramos de Fleming? Porque a história do "golpe de sorte" é uma narrativa mais cativante, embora simplificada em demasia. Fleming estava preparado, esforçou-se para manter sua imagem de "grande homem" em defesa de uma grande causa, e um esforço coletivo consciente rendeu frutos às suas esperanças iniciais. Portanto, ao aforismo pueril de Pasteur – "esteja preparado" – podemos adicionar mais dois relevantes a grandes conquistas: "tenha iniciativa" e "não perca o que encontrou".

"A SORTE FAVORECE OS AUDACIOSOS" É UM DITADO TÃO ANTIGO quanto Roma, sendo atribuído a fontes como Terêncio, Virgílio e Plínio, o velho. Audácia significa ter disposição para tentar a sorte. Mas o que significa "tentar a sorte"? Significa a pessoa estar disposta a agir quando o resultado, embora incerto, possa ser quantificado, como uma chance de 50%? Ou significa simplesmente confiar no puro acaso – por exemplo: "Isso foi pura sorte"? Mark Zuckerberg, fundador do Facebook, mostrou que não se intimidava nem com riscos calculados nem com puro acaso.

Se a genialidade pode ser medida pelo impacto na sociedade, então é difícil negar o título a Zuckerberg. É verdade que Zuckerberg recentemente entrou em conflito com especialistas em privacidade, com a Comissão Federal de Comércio e com procuradores-gerais em 47 estados dos Estados Unidos (ver também o capítulo 12). Ainda assim, hoje quase 2 bilhões de pessoas passam quase uma hora por dia interagindo com sua criação: o Facebook.[514] Em 2010, a revista *Time* considerou Zuckerberg a Pessoa do Ano; com 26 anos, ele era, na época, a segunda pessoa mais jovem a ter essa honra. Preparo – ele era um prodígio em programação – e ambição sem limite definem Zuckerberg. As decisões de risco que ele tomou antes dos 21 mostram até onde vai sua capacidade para iniciativas ousadas e às vezes ilícitas.

Decisão de risco nº 1: Invadir o sistema de computadores de Harvard e "pegar emprestados" dados de estudantes de "carômetros"

O nome "Facebook" vem dos "*face books*", ou "carômetros" de Harvard: catálogos de fotos e informações de cada estudante, organizados pelos dormitórios nos quais cada estudante reside.

Na noite de 28 de outubro de 2003, Mark Zuckerberg se sentou em sua escrivaninha no quarto H33 na Kirkland House para uma longa noite de programação. Antes, nesse mesmo semestre, ele havia criado o Course-Match, que permitia que estudantes em Harvard soubessem quais disciplinas seus amigos cursavam e talvez formassem grupos de estudo. Mas agora Zuckerberg estava interessado em algo muito mais ousado: um site de "pegação" que permitiria que estudantes de Harvard visualizassem colegas e determinassem quem era sensual e quem não era. Inicialmente, ele até considerou colocar a foto de estudantes lado a lado com animais de fazenda para encorajar comparações, mas depois decidiu que era melhor não fazê-lo.

Para montar a plataforma, houve roubo – ou, no mínimo, obtenção sem autorização. Zuckerberg acessou os servidores de Harvard e baixou imagens e dados dos carômetros de cada dormitório. Para citar Ben Mezrich em *Bilionários por acaso*: "Claro, de certo modo era roubo – ele não tinha direito legal a essas fotos e a universidade sem dúvida não as colocou ali para que alguém as baixasse. Mas, por outro lado, se a informação estava lá para ser obtida, Mark não tinha o direito de obtê-la?"[515] No início da manhã do dia 29, Zuckerberg lançou o que na época chamava de Facemash.

O impacto foi imediato. Tantos estudantes entraram no Facemash que os servidores de Harvard ficaram congestionados. Grupos de mulheres protestaram. A universidade exigiu que Zuckerberg tirasse o site do ar imediatamente e que comparecesse ao venerável Conselho Administrativo de Harvard. Ele fez ambas as coisas. No fim, Zuckerberg foi repreendido apenas por hackear os computadores de Harvard e roubar dados de estudantes.[516]

Decisão de risco nº 2: Tapeie seus concorrentes em Harvard

O fiasco do Facemash fez com que Mark Zuckerberg, apesar do modesto 1,70 m, se tornasse um gigante no campus, e o caso chamou a atenção de dois sujeitos maiores, gêmeos idênticos de 1,95 m chamados Tyler e Cameron Winklevoss. Eles eram bem conhecidos em Harvard por sua destreza como dupla de remo, de modo que viriam a integrar a equipe olímpica de remo dos Estados Unidos em 2008. Entretanto, em novembro de 2004, os irmãos Winklevoss tinham outra coisa em mente: uma nova rede social que se expandiria pelos Estados Unidos, a Harvard Connection. Para finalizar a programação, os gêmeos conversaram com Mark Zuckerberg, que concordou em cuidar do que faltava de código e elementos gráficos. Os gêmeos e Zuckerberg trocaram um total de 52 e-mails.[517] Ele olhou para o código-fonte dos irmãos e deu a entender que os ajudaria. Mas em 4 de fevereiro de 2004, ele lançou seu próprio site concorrente: thefacebook.com. Seis dias depois, Zuckerberg compareceu novamente diante do Conselho Administrativo de Harvard, dessa vez acusado pelos Winklevoss de violar o código de honra entre estudantes ao roubar a ideia deles. Os advogados dos Winklevoss também lhe enviaram uma ordem de encerramento das atividades, essencialmente acusando-o de roubo de propriedade intelectual. Sete meses depois, a dupla processou Zuckerberg. As partes fecharam um acordo extrajudicial em 2008, segundo o qual os gêmeos receberam 1,2 milhão de partes (com valor de 65 milhões de dólares) do que na época era definido como ações do "Facebook".[518] Os advogados insistiram para que eles vendessem as ações, mas os gêmeos audaciosamente as mantiveram e também acabaram se tornando bilionários. Eles depois entraram em um empreendimento mais arriscado, a economia de *blockchain*, na qual, com a empresa Gemini ("gêmeos" em latim), eles pretendem fazer do Bitcoin a moeda virtual do mundo. Quanto a Zuckerberg, ele se ateve ao que fundou, instituindo uma estrutura corporativa no Facebook que garante que ele não pode ser expulso, independentemente do que der errado na empresa.[519]

Decisão de risco nº 3: Abandonar a faculdade após o segundo ano

Foi isso que Zuckerberg fez. Imagine como a notícia foi recebida por seus pais: "Mãe, pai, vou sair de Harvard para montar minha própria empresa." Mas existia um precedente para essa decisão audaciosa. No outono de 2003, Zuckerberg assistiu a uma palestra de ciências da computação proferida por Bill Gates, na qual Gates afirmou que "o bom de Harvard é que você sempre pode voltar para terminar o curso."[520] Ambos partiram e nunca voltaram, exceto para receber diplomas honorários da faculdade. A ousadia deles deu certo.

Decisão de risco nº 4: Aos vinte anos, mude-se sozinho para a Califórnia

Após sair da faculdade, Mark Zuckerberg dobrou a aposta e deixou o confortável lar de sua família nos arredores da cidade de Nova York e mudou-se para Palo Alto, na Califórnia, o epicentro do Vale do Silício. Era outra jogada corajosa, mas talvez lógica, considerando a reputação da área como uma meca para engenheiros da computação e capitalistas arrojados. Como Zuckerberg refletiu posteriormente: "Há uma sensação no Vale do Silício de que você precisa estar lá, porque é lá que estão todos os engenheiros."[521] As decisões audaciosas feitas pelos gigantes da tecnologia – Larry Ellison, Musk, Brin, Bezos, Gates, Zuckerberg – sempre precisaram de uma mudança de local para seus agentes.

SHAKESPEARE UMA VEZ DISSE: "A SORTE TRAZ ALGUNS BARCOS QUE NÃO SÃO CONDUZIDOS" (*Cimbelino*). Todavia, ela não traz barcos tão ancorados que não se movem. Sabe qual é um hábito secreto dos gênios? Todos eles se mudam para uma metrópole ou para uma região universitária a fim de avançar com seus objetivos.

Pense nos gênios deste capítulo e em suas mudanças na busca por oportunidade: Shakespeare, Franklin e Fleming para Londres;

Watson e Crick para a Universidade de Cambridge; Pasteur para Lille e depois para Paris; Zuckerberg para o Vale do Silício. Cada um deles, no começo da vida adulta, mudou-se para uma região metropolitana ou universitária, ou para uma universidade em uma região metropolitana. "Não acredito em sorte", disse Oprah Winfrey em 2011. "Sorte é o preparo se encontrando com o momento de oportunidade."[522] É verdade, mas primeiro você precisa chegar ao ponto de encontro. Winfrey mudou-se para Chicago.

    Pense nos gênios mencionados neste livro e nas cidades nas quais fizeram suas grandes obras. Atenas: Sócrates e Platão nasceram lá, mas Aristóteles mudou-se para lá aos dezessete anos. Londres: Faraday nasceu lá, mas Shakespeare, Dickens e Woolf vieram depois. Viena: Schubert e Schönberg eram nativos, mas Haydn, Mozart, Beethoven, Brahms e Mahler eram migrantes, assim como Freud. Alexander Hamilton imigrou para Nova York e depois de muito tempo inspirou o extraordinário *Hamilton*, obra de Lin-Manuel Miranda, filho de outro imigrante. E o que seria do mundo da arte pós-moderna sem os nova-iorquinos não nativos Kusama, Pollock, Robert Motherwell, Mark Rothko e Warhol? Como Kusama disse a respeito de sua mudança de um Japão rural e conservador para a cidade de Nova York em 1953: "Eu tinha que sair dali."[523]

    Quanto à universidade: Newton tinha Cambridge e Einstein tinha o Instituto Max Planck, em Berlim, antes de seus dias finais no Instituto para Estudos Avançados em Princeton. Os gurus tecnológicos Musk, Brin, Larry Page e Peter Thiel passaram todos eles algum tempo em Stanford. Pessoas geniais não ficam em casa; mudam-se para onde as circunstâncias são mais favoráveis.

    Chamemos esse imperativo motor de "a lei da anti-inércia genial". Há, é claro, exceções à regra, como os irmãos Wright, que ficaram nas redondezas da pequena Dayton, em Ohio. Os botânicos Gregor Mendel e George Washington Carver precisavam de acesso a campos abertos. Naturalistas como Darwin e pintores a céu aberto como Claude Monet e Georgia O'Keeffe, por necessidade profissional, também dispensam a lei. Mas, via de regra, gênios não ficam plantados na fazenda. Mesmo o pintor de *A noite estrelada*, Vincent van Gogh, disse à época de sua juventude: "Não acho que seria razoável pedir que eu voltasse ao interior para talvez gastar 50 francos por mês a menos, quando toda a extensão dos meus anos futuros está tão profundamente relacionada às associações que preciso estabelecer na cidade, seja aqui em Antuérpia, seja depois em Paris."[524] Em 1886, Van Gogh mudou-se para Paris.

Também o fizeram, mais ou menos na mesma época ou pouco depois, Picasso, Matisse, Modigliani, Marc Chagall, Braque, Constantin Brancusi, Joan Miró e Diego Rivera entre pintores; Claude Debussy, Stravinsky e Aaron Copland entre compositores; Ezra Pound, Guillaume Apollinaire, Joyce, Stein, Hemingway e Fitzgerald entre escritores e poetas. "Se eu não tivesse ido a Paris, não seria quem sou", afirmou Chagall. "Sempre voltávamos a Paris, não importava quem fôssemos", disse Hemingway.[525]

O que é que atrai gênios a metrópoles como a Paris da *Belle Époque*, a Nova York de meados do século XX ou a megalópole do Vale do Silício? Cidades criativas historicamente ficam em encruzilhadas nas quais pessoas diversas – muitas vezes recém-imigradas – com ideias diferentes se reúnem.[526] Os novos habitantes semeiam ideias frescas no ambiente intelectual existente, e assim nascem novas formas de pensar. O Vale do Silício atrai as melhores mentes do mundo graças ao uso agressivo do visto H-1B, conhecido como "o visto de gênios", porque permite a imigração de trabalhadores estrangeiros altamente qualificados. "Quase todos os grandes avanços na civilização [...] ocorreram durante períodos de extrema internacionalização", disse o historiador Kenneth Clark.[527] Ainda vale a pena erguer aquela muralha na fronteira sudoeste dos Estados Unidos?

Por fim, para a polinização cruzada de ideias, elas precisam circular sem muita censura governamental. "A genialidade só pode respirar livremente em uma atmosfera de liberdade", disse John Stuart Mill.[528] E ela precisa ser encorajada. Investidores do Vale do Silício fornecem mais capital de risco que qualquer outro lugar no mundo, com a quantia investida em 2018 (10,5 bilhões de dólares) sendo mais que o triplo do concorrente mais próximo (Boston, com 3 bilhões).[529] Apoio financeiro, acesso a novas ideias, liberdade de expressão, competição, a chance de se colocar à prova contra os melhores dos melhores – todas essas são forças gravitacionais.

A cidade precisa ser muito grande? Pelo menos o suficiente para atingir uma massa crítica. Compositores precisam de auditórios, músicos, produtores, espectadores e críticos. Um pintor não precisa apenas de colegas artistas para apoiá-lo, mas também de agentes, galerias, festivais, espaços de exibições e benfeitores. Um engenheiro da área de tecnologia precisa de outros engenheiros da mesma área, equipamento e financiamento de pesquisa. Todos eles precisam de competição, e todos precisam de empregos. A abundância de oportunidades é o que motiva gênios a se mudarem.

E, como os gênios, tais epicentros criativos estão sempre em movimento. Historicamente, eles foram do leste para o oeste, da China e do Oriente Próximo para a Europa e o Reino Unido, depois para a costa leste dos Estados Unidos e então para a costa oeste. Onde surgirá o próximo Vale do Silício? A genialidade completará o círculo, chegando à Ásia? Será que ela já emergiu em Singapura? Onde será o novo centro da inovação, agora que Paris está lotada de turistas e os aluguéis em Nova York atingem valores astronômicos? Siga o gênio incansável para obter a resposta. Melhor ainda: descubra para onde o vento favorável sopra, faça as malas e chegue lá primeiro.

CAPÍTULO 12

AJA RÁPIDO E QUEBRE COISAS

"Um homem precisa ser um tremendo gênio para compensar ser um humano odiável." Com essas palavras, a renomada correspondente de guerra Martha Gellhorn resumiu seu marido, Ernest Hemingway, pouco antes de se divorciarem em 1945.[530] Hemingway ganhou o Prêmio Nobel de Literatura em 1954. Ele também era intimidador, briguento, adúltero, alcoólatra e acabou se destruindo. Temos o hábito de desejar que nossos gênios sejam super-heróis, a forma mais elevada da espécie humana. "É certo", argumentou Albert Einstein em 1934, "que deveriam ser os mais amados aqueles que mais contribuíram para a elevação da raça e da vida humanas."[531] No entanto, os gênios frequentemente nos decepcionam, pelo menos em um nível pessoal.

A culpa é nossa. Esquecemos que o critério para genialidade é baseado em realizações, não em caráter. Não percebemos que realizações e moral podem atuar de modo independente. Em termos de caráter, gênios parecem não ser melhores do que pessoas comuns. Na verdade, parecem piores, obcecados com sua missão pessoal para mudar o mundo. O tempo, porém, os favorece, pois, conforme passa, obscurece a destruição pessoal que causaram ao passo que ilumina o bem social executado por eles. Nossa tendência é esquecer que o dinheiro por trás dos prêmios de Alfred Nobel foi em maior parte obtido com dinamites, bombas e munição de artilharia; que Cecil Rhodes, que criou a bolsa Rhodes na Universidade de Oxford, ganhou sua fortuna explorando trabalho compulsório africano no que era então a Rodésia. Conforme nossa memória fica turva, associações negativas somem e hábitos pessoais sórdidos são negligenciados. Como disse o escritor Edmond de Goncourt em 1864: "Ninguém ama gênios até que estejam mortos."[532]

Há gênios que são ou eram seres humanos exemplares? Olhando no retrovisor da história, Leonardo da Vinci, Marie Curie e Charles Darwin parecem ter sido pessoas honradas. Alexander Fleming e Jonas Salk trabalharam para o bem comum. Mas o quanto podemos de fato saber acerca da bússola moral ou motivações reais de uma pessoa? Alguns dos gênios ou aspirantes a gênios de hoje afirmam que seus objetivos são altruístas. Oprah Winfrey disse: "Adoro dar oportunidades às pessoas que talvez não as tivessem. Porque alguém fez isso por mim."[533] Não temos motivo para duvidar de sua sinceridade. Elon Musk diz que seu objetivo não é nada menos do que a salvação da raça humana: "Quero contribuir o máximo possível para que a humanidade passe a ser uma espécie multiplanetária", aludindo a seu objetivo de levar pessoas a Marte à medida que o planeta Terra se torna inviável para habitação de humanos.[534] No entanto, segundo todos os relatos, intimamente Musk age sem consideração com parentes, amigos e funcionários, transmitindo uma imagem rude e intolerante.[535] Mark Zuckerberg disse mais de uma vez que "o Facebook foi feito para conectar e compartilhar – conectar-se com seus amigos, familiares e comunidades e compartilhar informações com eles".[536] Mas enquanto nos conectamos e compartilhamos no Facebook, Zuckerberg vende nossos dados para lucrar e, segundo várias fontes, sabota democracias ao redor do mundo.

Determinadas pessoas geniais têm moralidade e, consciente ou inconscientemente (graças à lei de consequências imprevistas), destroem coisas. Algumas são imorais ou amorais e destroem coisas. Outras destroem instituições como parte do processo inevitável de mudança; algumas, ainda, destroem pessoas como forma de gerar a energia psíquica para alimentar suas obsessões. Destruir coisas não faz de alguém um gênio, mas gênios criativos têm o hábito de fazê-lo.

Em 1995, o artista chinês Ai Weiwei ergueu um vaso da dinastia Han de um milhão de dólares sobre a própria cabeça e o despedaçou no chão. Amantes da arte no mundo todo ficaram horrorizados, mas Ai queria transmitir uma mensagem: para criar nova arte é preciso destruir antigos costumes, hábitos e culturas. Em 1942, Joseph Schumpeter, economista de Harvard, formulou o conceito de "destruição criativa" para sugerir que nenhuma tecnologia ou indústria nova pode ascender sem a destruição de outra já existente.[537] Alan Greenspan, ex-presidente da Reserva Federal dos Estados Unidos, expressou a relação simbiótica da seguinte maneira: "A destruição é mais do que um efeito colateral infeliz da criação. É parte integrante da mesma coisa."[538] Entre as vítimas "infelizes" de destruições criativas recentes constam bancários, caixas de mercado, agentes de viagem, bibliotecários, jornalistas, taxistas e trabalhadores em linha de produção, para mencionar apenas alguns dos deslocados pela revolução digital. Como Ai sugeriu dramaticamente, a destruição é o preço que pagamos pelo progresso.

Steve Jobs era um visionário hábil com tecnologia que colocou secretários, operadores telefônicos, fabricantes de câmera e empresas fonográficas no olho da rua. Seu objetivo era melhorar nossas vidas e sem dúvida ele intuiu que as revoluções do computador pessoal Apple e do iPhone criariam mais empregos do que eliminariam. Em 2011, a *Forbes* publicou um artigo chamado "Steve Jobs: Create. Disrupt. Destroy" ("Steve Jobs: Criar. Romper. Destruir") dizendo que "ninguém fez mais para romper com o modo existente de fazer as coisas do que o sr. Jobs".[539] Mas havia alguém mais detestável? Só no livro *Steve Jobs*, de Walter Isaacson, você encontra a biografia de um gênio com a seguinte entrada no índice: "Comportamento ofensivo de [Steve Jobs]".

Que Steve Jobs era "um babaca arrogante" era de conhecimento de todos, inclusive dele próprio. "É simplesmente assim que sou", afirmou. Em um artigo de 2008 no *The New York Times*, Joe Nocera, redator do caderno de negócios, lembra-se de um telefonema que recebeu de Jobs: "Aqui é Steve Jobs. Você acha que eu sou um [palavrão] arrogante que acha estar acima da lei e eu acho que você é um monte de lama que está quase sempre factualmente errado."[540] Para o padrão de Jobs, ele foi cortês. Mais comum era seu cumprimento a seus funcionários na Apple, como contado por sua gerente de produtos, Debi Coleman: "'Seu bosta, você nunca faz nada direito' era uma ocorrência quase de hora em hora", ela contou.[541] Em 1981, um telefonema a Bob Belleville, engenheiro de computação da Xerox, prosseguiu da seguinte maneira, com Jobs dizendo: "Tudo o que você faz na vida é uma porcaria, então por que não vem trabalhar comigo?"[542] Como escreveu Isaacson: "O comportamento espinhento de Jobs era em parte motivado por seu perfeccionismo e sua impaciência com aqueles que faziam concessões para lançar um produto dentro do cronograma e do orçamento."[543]

Mas o outro motivador do comportamento destrutivo de Jobs era um hábito de simplesmente ser grosso, sem ganhos materiais em vista – para rebaixar as pessoas e mostrar que ele era mais inteligente, pelo simples prazer sádico que ele sentia. Há uma abundância de histórias sobre o modo como Jobs humilhava desnecessariamente pessoas que cruzavam seu caminho, de garçons a CEOs.[544] Membros de seu núcleo familiar não estavam isentos de seu comportamento abusivo. Embora fosse multimilionário, ele se recusava a reconhecer sua filha, Lisa Brennan-Jobs, negando a paternidade até ser levado ao tribunal. Em seu livro, *Small fry: a memoir* ("Peixe pequeno: um livro de memórias"; 2018), Brennan-Jobs conta como seu pai, Steve, muitas vezes usava o dinheiro como meio de confundi-la ou assustá-la. "Às vezes ele decidia não pagar pelas coisas bem no último minuto", ela escreveu, "saindo de restaurantes sem pagar a conta".[545] Certa noite, em um jantar, o sr. Jobs se virou para a prima da filha, Sarah, que sem saber ofendeu o vegetariano Jobs ao pedir carne. "Você já pensou em como sua voz é horrorosa?", Jobs perguntou a Sarah. "Por favor, pare de falar com essa sua voz horrorosa. Você deveria considerar pra valer o que há de errado com você e tentar dar um jeito nisso." A mãe de Lisa, Chrisann Brennan, relembra: "Ele era um ser iluminado que também era cruel. É uma combinação estranha."[546] Por que a crueldade?

Steve Jobs acreditava que a regra de ouro para comportamento humano não se aplicava a ele. Ele sentia que era especial, escolhido, "um ser iluminado" e "acima da lei". Ele se recusava a emplacar os seus carros e estacionava na vaga da empresa destinada a pessoas com deficiência. Andy Hertzfeld, que trabalhou com Jobs na equipe original do Macintosh, contou: "Ele acha que há um punhado de pessoas que são especiais – como Einstein, Gandhi e os gurus que ele conheceu na Índia – e que ele é uma delas."[547] Às vezes, Jobs sabia que era o momento certo de destruir um produto próprio (o iPod, por exemplo) com a introdução de outro mais revolucionário e potencialmente lucrativo (no caso, o iPhone). Às vezes, sua paixão obsessiva – "um bicho no meu traseiro", ele falava indiscretamente[548] – mudava o mundo da tecnologia, e às vezes apenas causava dano pessoal gratuito. Às vezes Jobs era um gênio e às vezes era só um babaca.

THOMAS EDISON ERA SÓ IMPRUDENTE. ELE NÃO DESEJAVA SER pessoalmente destrutivo; ele apenas não tinha empatia. Em uma pesquisa de opinião realizada em 1922, nove anos após sua morte, 750 mil norte-americanos consideravam Edison "o maior homem da História".[549] Afinal, ele havia inventado uma lâmpada incandescente de longa duração e posto fim à noite. É preciso mencionar também que a lâmpada faliu fabricantes de velas e afundou a indústria baleeira. Mas, quando a questão era empatia por outras criaturas, Edison permaneceu às escuras. O modo como tratava a família e pessoas no geral pode ser vislumbrado por seu pedido de casamento à sua primeira esposa, Mary Stilwell, uma funcionária de dezesseis anos em seu laboratório em Newark, Nova Jersey, conforme relatado pelo *Christian Herald and signs of the times* alguns anos depois:

"O que achas de mim, garotinha? Gostas de mim?"
"Ora, sr. Edison, o senhor me assusta. Eu... digo... eu..."
"Não tenhas pressa em contar-me. Não importa muito, a não ser que queiras casar comigo. [...] Ah, falo sério. Mas não tenhas pressa. Pensa bem; fala com tua mãe e diz-me assim que for conveniente... digamos que terça-feira. Terça-feira é adequado para ti, digo, da semana que vem?"[550]

Edison se casou com Stilwell no Natal de 1871. Naquela tarde, ele voltou a seu laboratório para trabalhar e ela se tornou, segundo o biógrafo Neil Baldwin, "uma completa vítima do descaso acumulado de seu marido".[551] Em 1878, Edward Johnson, assistente de Edison, relatou a um repórter do *Chicago Tribune*: "Ele fica sem ir para casa por dias, seja para comer ou para dormir." Depois, Johnson lembrou que uma vez Edison lhe disse: "Precisamos ficar atentos com cruzamentos [curtos-circuitos], pois, se matarmos um cliente, seria muito ruim para os negócios."[552] Entretanto, para ver até que ponto o obsessivo Edison podia ir por causa de uma ideia, só precisamos revisitar a história da "Batalha das Correntes" e a execução da elefanta Topsy.

Resumindo: em 1885, Thomas Edison estava em guerra com seu arquirrival, Nikola Tesla, para decidir qual corrente, a direta de Edison ou a alternada de Tesla, iluminaria os Estados Unidos. Para desacreditar o sistema de seu rival, Edison começou uma campanha pública visando manchar a reputação de Tesla e provar que a corrente alternada era letal. Edison começou a fazer experimentos elétricos usando corrente alternada em cães, pagando uma recompensa de 25 centavos de dólar para cada vira-lata que lhe fosse entregue; em 1890, ele ajudou, em nome do sistema penal do estado de Nova York, na eletrocussão de um homem. Se a corrente alternada podia matar um homem, por que não aumentar a escala e matar um elefante? Assim, em 3 de janeiro de 1903, uma elefanta de circo chamada Topsy foi eletrocutada em Coney Island, um espetáculo aberto em um parque de diversões público. Edison estipulou como os eletrodos deveriam ser colocados na paquiderme, que não sabia o que se passava. Para garantir que a força destrutiva da corrente alternada ficasse evidente para todos, ele enviou uma equipe de filmagem usando sua nova câmera cinematográfica para registrar o evento.[553] O curta-metragem sobrevive até hoje e está disponível no YouTube.

Muitas vezes o alerta de "cenas fortes" é só um chamariz para trazer mais espectadores. Nesse caso, não é.

As tendências destrutivas de indivíduos brilhantes em outros aspectos podia ser observada há muito tempo. Em 1711, Sir Isaac Newton tentou destruir a reputação de Gottfried Leibniz em uma briga frívola a respeito de qual dos dois havia inventado o cálculo; Newton, como presidente da Academia Real de Ciências, integrou um tribunal para julgar o caso, mas depois definiu ele próprio o veredito e escreveu o parecer, que atacava a reputação de Leibniz.[554] Newton também manipulava evidências em seus experimentos,[555] roubava dados de colegas e não dava o devido crédito aos outros – tudo em nome do avanço científico.[556] Talvez o romancista Aldous Huxley tenha exagerado ao dizer em tom de ironia: "Como homem, [Newton] era um fracasso; como monstro, era esplêndido."[557] O também físico Stephen Hawking resumiu Newton com apenas sete palavras: "Isaac Newton não era um homem agradável."[558]

O mesmo pode ser dito do físico Albert Einstein, pelo menos com relação à sua família próxima. Ele era pai de uma filha ilegítima, mas não falava com ela, e colocou seu segundo filho em um sanatório na Suíça e depois não o visitou de 1933 até sua morte, em 1955. Como relatou sua primeira esposa, Mileva Marić, em dezembro de 1912: "Ele trabalha incansavelmente em seus problemas; pode-se dizer que ele só vive para eles. Preciso confessar com um pouco de vergonha que somos desimportantes para ele e ficamos em segundo lugar."[559] O próprio Einstein reconheceu sua natureza egocêntrica quando falou de "minha ampla falta de necessidade de contato direto com outros humanos e comunidades. Sou propriamente um 'viajante solitário' e nunca pertenci de coração a meu país, minha casa, meus amigos ou mesmo minha família próxima".[560]

POR QUE PESSOAS GENIAIS TÊM O HÁBITO DE RELEGAR OS OUTROS AO segundo plano? Pode ser mero egoísmo, o fato de que o gênio precisa ser o número um? "Não me importo tanto com obter minha fortuna", Thomas Edison disse em 1878, "mas sim com ficar à frente dos outros".[561] Ou seria simplesmente a obsessão? A escritora ganhadora do Prêmio Nobel, Pearl S. Buck, chamou a criatividade de "uma necessidade sobrepujante". Embora ela use pronomes masculinos no trecho seguinte, é de se presumir que se refere a pessoas geniais de todos os gêneros: "É a necessidade sobrepujante de criar, criar e criar... de modo que, sem a criação da música ou poesia ou livros ou prédios ou algo significativo, sua própria existência é tirada de si. Ele precisa criar, precisa derramar criação. Devido a uma urgência interna estranha e desconhecida, ele não está vivo de fato se não estiver criando."[562] Beethoven disse: "Vivo inteiramente em minhas músicas e quase nunca completei minha composição atual quando começo outra."[563] Picasso expressa o mesmo sentimento, embora com outras palavras: "A pior parte é que ele [o artista] nunca está satisfeito. Nunca há um momento em que você diz: 'Trabalhei bem e amanhã é domingo.'" Thomas Edison afirmou: "A implacabilidade é descontentamento, e o descontentamento é a primeira necessidade do progresso. Mostre-me um homem totalmente satisfeito que eu lhe mostrarei um fracasso."[564]

Todos esses sentimentos são expressados com sinceridade. Inclusive, quantos de nós usam a desculpa de "nosso trabalho" para evitar responsabilidades familiares e/ou sociais? Um dilema diário para muitos pais profissionalmente atribulados: voltar ao trabalho ou fazer a lição de casa com os filhos? Será que os gênios obsessivos, nesse caso, nos dão o exemplo negativo?

Mas a obsessão apresenta um lado positivo: a produtividade. Shakespeare escreveu 37 peças, com uma média de três horas cada, e 154 sonetos. Certos críticos atribuem os dramas de Shakespeare a uma equipe ou comitê de escritores, achando que uma única pessoa não seria capaz de realizar tanto. É provável que esses críticos nunca tenham ouvido falar dos 100 mil desenhos e das 13 mil páginas de anotação de Da Vinci, das trezentas cantatas de Bach compostas ao ritmo de uma por semana, nas oitocentas composições de Mozart (incluindo várias óperas de três horas) reescritas em trinta anos, nas 1.093 patentes de Edison, nas 20 mil obras de arte de Picasso ou nos 150 livros e artigos e 20 mil cartas de Freud. Einstein é mais conhecido por seus cinco artigos de 1905, mas ele publicou outros 248. A produtividade compulsiva é um hábito dos gênios, não há como negar.

Será que Shakespeare devia ter ficado em casa, na cidade de Stratford-upon-Avon, para ajudar a cuidar de sua família em vez de abandoná-la para se dirigir a Londres, onde fez sua carreira? Talvez, mas, como William Faulkner disse insensivelmente à própria filha, Jill, quando ela insistiu para que ele parasse de beber: "Ninguém se lembra dos filhos de *Shakespeare*."[565] Será que Paul Gauguin devia ter ficado com sua esposa e cinco filhos em Copenhague em vez de ir de forma permanente ao Taiti? Família feliz, mas muito menos obras-primas polinésias. Em suma, o gênio merece ganhar um passe-livre?

Biógrafos, é claro, estão dispostos a dá-lo – a relevar quase qualquer tipo de comportamento destrutivo. Uma semana após a morte de Mozart, em 5 de dezembro de 1791, um jornal vienense escreveu que

"Mohzart [*sic*] infelizmente tinha aquela indiferença a assuntos de família que tão frequentemente atém-se a grandes mentes".[566] Mas sua irmã, Nannerl, em uma breve biografia publicada em 1800, defendeu a memória de Mozart, dizendo: "É certamente fácil entender que um grande gênio, que está preocupado com a abundância das próprias ideias e que decola da terra ao céu com velocidade incrível, tenha extrema relutância para rebaixar-se a fim de observar e tratar de assuntos mundanos."[567] E a repórter Lillian Ross, que muitas vezes escreveu sobre Robin Williams na *The New Yorker*, relatou o seguinte sobre o comediante em 2018: "Robin é um gênio, e a genialidade não produz homens normais que são bons pais de família e cuidam da esposa e dos filhos. A genialidade exige sua própria forma de olhar para o mundo e de viver nele, e nem sempre isso é compatível com modos convencionais de se viver."[568]

Podemos odiar o artista, mas amar a arte? Por décadas, o estado de Israel disse "não", banindo de seus auditórios a música transformadora do terrível antissemita Richard Wagner. Em 2018, os curadores da National Gallery of Art, em Washington, D.C., adiaram uma exposição das obras de Chuck Close em razão de acusações de assédio sexual de modelos mulheres. As vendas e reproduções por streaming de Michael Jackson caíram depois de o documentário *Leaving Neverland* (2019) o acusar de pedofilia.[569] Em 2019, 20 mil estudantes da Universidade da Califórnia exigiram que um curso popular acerca dos filmes do possível molestador de menores Woody Allen fosse cancelado.[570] No mesmo ano, a National Gallery de Londres perguntou-se: "Seria hora de pararmos completamente de olhar para Gauguin?", porque o artista havia "repetidamente iniciado relações sexuais com garotas jovens".[571]

No entanto, como perguntou Jock Reynolds, o diretor emérito da Galeria de Arte da Universidade de Yale: "O que vamos fazer [com] uma nota de corte para cada artista em termos de como se comportam?"[572]

O pintor Caravaggio, o gênio que quase sozinho criou o dramático estilo *chiaroscuro* da arte barroca, foi acusado de homicídio doloso; e Egon Schiele, que foi homeageado em 2018 com exposições de centenário em Nova York, Paris, Londres e Viena, passou 24 dias na cadeia sob acusação de estupro de uma menina de treze anos. Isso foi há mais de cem anos. Há prescrição para o comportamento destrutivo de artistas? Se não, o que devemos fazer com talvez o maior de todos os pintores ocidentais, o gênio e monstro Pablo Picasso?

EM 1965, O CRÍTICO DE CULTURA LIONEL TRILLING ESCREVEU QUE grandes momentos na arte são medidos por "quanto estrago eles conseguem fazer".[573] Pablo Picasso fez bastante estrago às mulheres de sua vida. Ele cometia abuso físico e emocional, aterrorizando suas esposas, parceiras e amantes e jogando-as umas contra as outras. É útil fazer uma lista para identificá-las:

- **Fernande Olivier (1904–1911):** Um retrato cubista dela feito por Picasso foi vendido por 63,4 milhões de dólares em 2016;
- **Olga Khokhlova (1917–1955):** Primeira esposa até a morte dela, mãe de Paulo;
- **Marie-Thérèse Walter (1927–1935):** Mãe de Maya; ele pintou Walter duas vezes mais do que qualquer outra mulher;
- **Dora Maar (1935–1943):** Teve um papel influente na criação da *Guernica*;
- **Françoise Gilot (1943–1953):** Mãe de Claude e de Paloma, pintora de sucesso que atualmente mora em Nova York;
- **Geneviève Laporte (nos anos 1950):** Conheceu Picasso quando era uma estudante do ensino médio;

- **Jacqueline Roque (1953–1973):** Sua segunda esposa, até a morte dele em 1973.

Uma lista assim talvez sugira que as mulheres de Picasso surgiram uma após a outra, mas na verdade elas vinham em conjuntos. Quando Picasso passou o verão em Mougins, em 1938, sua nova amante, Dora, foi junto, mas sua esposa Olga e Marie-Thérèse também foram, mantendo certa distância. Em 1944, quando Picasso morava na Rue des Grands-Augustins, em Paris, Olga, Dora, Marie-Thérèse e Françoise iam e voltavam. Naquela residência, escolhida por Dora, ela e Marie-Thérèse uma vez brigaram. "Uma de minhas lembranças favoritas", recordou Picasso.[574]

Se as mulheres de Picasso não eram capazes de destruir umas às outras por conta própria, Picasso ajudou. Entre suas falas favoritas: "Para mim, há apenas dois tipos de mulheres: deusas e capachos."[575] Quanto ao abuso físico: Olga foi socada e arrastada pelos cabelos no chão do apartamento na Rue La Boétie. Dora ficou inconsciente após um golpe no estúdio na Rue des Grands-Augustins. Françoise foi atacada por três escorpiões mediterrâneos enquanto Picasso ria em deleite – o escorpião mortal era seu signo. Uma vez em Golfe-Juan, na França, ele queimou o rosto de Gilot com um cigarro aceso. Queimaduras pareciam exercer certo fascínio sobre Picasso. Conforme ele disse a Gilot mais para o final do relacionamento, em 1952: "Toda vez que troco de esposa eu deveria queimar a última. Assim eu me livro delas. Não ficariam por aí complicando minha existência. Talvez isso também traga de volta minha juventude. Você mata a mulher e apaga o passado que ela representa."[576]

Ao aterrorizar as mulheres de sua vida, Picasso, então energizado, transferia à sua arte a eletricidade psíquica que havia gerado negativamente. "Ele primeiro estuprava a mulher... e depois trabalhava.

Fosse eu ou fosse outra, era sempre assim", relatou Marie-Thérèse Walter.[577] Com pincel na mão, Picasso sujeitava o corpo curvilíneo de Marie-Thérèse às suas fantasias sexuais; mais de uma vez ele adicionou à testa dela um grande pênis, supostamente uma reprodução do seu. A bela e talentosa Dora Maar entrou na mente de Picasso como um ícone da moda, mas com o tempo virou *A mulher que chora*, com seus traços ficando cada vez mais angulares e distorcidos – de deusa elegante a capacho histórico. Marie-Thérèse, Dora e Françoise aparecem cada uma em um psicodrama separado envolvendo a mulher vulnerável e o Minotauro – ela, a vítima de sacrifício, e ele, a fera aterrorizante decidida pelo estupro. Ao estudar um desses desenhos, Picasso refletiu: "Ele [o Minotauro] a estuda, tenta ler seus pensamentos, tentando decidir se ela o ama *porque* ele é um monstro. As mulheres têm essa estranheza, sabe. É difícil saber se ele quer despertá-la ou matá-la."[578] Em que ponto a vítima foge do Minotauro, foge mesmo de um gênio?

Mais pode ser dito de Picasso como Minotauro, mas a questão está clara. Ele era um monstro. E, como todo revolucionário, esse monstro só poderia durar o tempo que o público permitisse, como ele mesmo tinha ciência. "Eles esperam ficar chocados e aterrorizados", ele disse. "Se o monstro só sorrir, ficam decepcionados."[579] Picasso não decepcionou, mas seu terror artístico causou danos colaterais.

Para Picasso, isso não importava. "Ninguém é importante de verdade para mim", ele contou a Françoise Gilot. "Até onde me diz respeito, os outros são como aqueles grãozinhos de poeira pairando sob a luz do sol. Basta um movimento de vassoura e lá se vão eles."[580] Lá se foram sua perturbada primeira esposa, Olga, que seguia Picasso aonde ele fosse até a morte dela, em 1954; Marie-Thérèse, que se enforcou em 1977; sua segunda esposa, Jacqueline, que se suicidou com uma arma de fogo em 1986; e Dora Maar, que passou por terapia de eletrochoque e entrou para um convento semimonástico, morrendo em 1997. Quem se feriu, mas sobreviveu, foi Françoise Gilot, que depois se casou com outro gênio, o já mencionado dr. Jonas Salk. Arianna Huffington, criadora do Huffington Post, acertou em cheio no título de sua biografia extensa do artista, publicada em 1988, *Picasso: criador e destruidor*.

EM 2009, MARK ZUCKERBERG DISSE: "AJA RÁPIDO E QUEBRE COISAS... Se você não estiver quebrando nada, não está indo rápido o suficiente."[581] Engenheiros de computação no Vale do Silício passaram rapidamente de mainframes para estações de trabalho e então para computadores desktop, depois tablets e por fim smartphones, com cada novo produto destruindo a exclusividade de seu antecessor. Que "coisas" Zuckerberg desejava quebrar: produtos, instituições ou pessoas?

Hoje o Facebook tem uma capitalização de mercado de quase meio trilhão de dólares e o próprio Zuckerberg dispõe de um patrimônio líquido superior a 60 bilhões de dólares. Facebook é a genialidade em escala global. Com 2,7 bilhões de usuários (incluindo seus subsidiários: Instagram, WhatsApp e Messenger), o Facebook chega a um terço da população mundial, servindo como a principal fonte de notícias e interconectividade no mundo. As vantagens do Facebook são óbvias: ao agregar várias linhas de comunicação e comércio em uma única plataforma (dinheiro, mensagens, busca de pessoas, canais de notícias, fotografias, vídeos, videoconferências, grupos focais e assim por diante), pessoas e produtos podem ser unidos com uma velocidade e eficiência sem precedentes. Não é mais necessário pintar e colar cartazes a fim de convocar cidadãos para manifestações desarmamentistas ou para avisar seus vizinhos de itens e móveis à venda. Isso pode ser executado de modo fácil e com rapidez, eficiência e em larga escala. E é tudo "grátis". Você só precisa pagar o preço de sua privacidade... e talvez sua liberdade.

Como observou Margaret Atwood, autora de *O conto da aia*: "Cada aspecto da tecnologia humana exibe um lado sombrio, incluindo o arco e a flecha."[582] O óbvio lado sombrio do Facebook começa com as violações de dados e o uso não autorizado de informações para venda a anunciantes. No mundo de "capitalismo de vigilância" do Facebook, informações confidenciais fluem diretamente para o próprio Facebook ou por meio de vendedores parceiros ou aplicativos de celular. Seus contatos e localização, os remédios que toma, sua frequência cardíaca, sua afiliação política, seus pontos turísticos de interesse; tudo isso está lá para o Facebook explorar na forma de "publicações patrocinadas".[583]

Menos compreendida é a capacidade dos algoritmos do Facebook de juntar pessoas em grupos focais, que recebem canais de informação cada vez mais estreitos, levando a grupos extremistas inflamados. Em 12 de fevereiro de 2019, o *The New York Times* publicou duas manchetes em páginas seguidas no jornal: "Facebook group of French journalists harassed women for years" e "When Facebook spread hate, one German cop tried something unusual" (respectivamente, "Grupo de Facebook de jornalistas franceses assediou mulheres por anos" e "Quando o Facebook espalhou o ódio, um policial alemão tentou algo incomum"). Os artigos demonstravam a capacidade da tecnologia do Facebook para causar assédio ou desinformação. Em 15 de março de 2019, um extremista branco matou cinquenta muçulmanos na Nova Zelândia, em parte inspirado por sua habilidade de transmitir vídeos ao vivo no Facebook. O Facebook tem portanto mostrado ser incapaz de regular desinformação, assédio moral, agressões virtuais e discursos de ódio. Durante a eleição presidencial dos Estados Unidos de 2016, agentes da Rússia, passando-se por norte-americanos, obtiveram identidades falsas no Facebook, entraram em grupos de reivindicações políticas, publicaram mensagens e compraram anúncios no Facebook que chegaram a 126 milhões de usuários.[584] Algumas vezes esses "cidadãos dos Estados Unidos" pagavam pelos anúncios em rublos (*nada* genial).[585] Em 14 de fevereiro de 2019, um comitê da Câmara dos Comuns do Reino Unido emitiu um relatório a respeito da interferência no referendo do "Brexit", no qual um porta-voz concluiu que o Facebook se comportou como um "gângster digital".[586] No mesmo mês, Roger McNamee, que há muito tempo observa e investe no Vale do Silício, publicou uma crítica ao Facebook chamada *Zucked: waking up to the Facebook catastrophe* ("Ferrados por Zuck: abrindo os olhos para a catástrofe do Facebook"). Manipuladas por um monopólio sem regulamentação, as democracias estão de fato ferradas por Zuck.

Quanto ao gênio Zuck em si, será que ele previu toda a destruição causada pelo roubo de dados ou era apenas uma vítima de consequências imprevistas? Lembre-se de que um artigo publicado no jornal estudantil *Harvard Crimson*, em 19 de novembro de 2003, relatou que Zuckerberg quase foi expulso de Harvard sob as acusações de "violar segurança, violar direitos autorais e violar a privacidade individual". Na época, Zuckerberg parecia ser um nerd de computador desajeitado socialmente e obcecado com programação.[587] Típico de sua mentalidade naquele tempo é o que ele disse a um amigo em uma conversa on-line, divulgada pela Business Insider:

"**Zuck:** é, então, se algum dia precisar de info de qualquer um em harvard
Zuck: é só falar
Zuck: tenho mais de 4000 emails, fotos, endereços etc
Amigo: o quê?! como você conseguiu isso?
Zuck: as pessoas preencheram
Zuck: não sei por quê
Zuck: elas 'confiam em mim'
Zuck: bando de otários"[588]

O que mudou? Aparentemente, não muita coisa, exceto que o bando de otários cresceu e agora é de 2,7 bilhões.

Na peça *Júlio César* (1599), Shakespeare diz: "O mal que os homens fazem vive mais do que eles; o bem é muitas vezes enterrado com seus ossos." O poder da eloquência de Shakespeare é tamanho que não percebemos que, quando se trata de gênios, o Bardo talvez esteja errado. Agarramo-nos ao que é bom, mas esquecemos a destruição. Essa capacidade para a amnésia coletiva pode ser uma vantagem evolutiva que permite o progresso. Toleramos babacas transformadores e a destruição pessoal e institucional que eles causam porque, na totalidade dos fatos, fazê-lo *é benéfico para nós* a longo prazo. Como disse o romancista Arthur Koestler em 1964: "O principal traço da genialidade não é a perfeição, mas a originalidade, a abertura de novas fronteiras."[589] Se a inovação da pessoa genial é suficientemente benéfica, tendemos a perdoar e esquecer.

CAPÍTULO 13

AGORA RELAXE

"Todas as boas ideias que já tive ocorreram-me enquanto eu ordenhava uma vaca", disse o pintor Grant Wood, mais conhecido por sua obra icônica, *American gothic* ("Gótico americano", 1930).[590] Onde e quando você obtém suas melhores ideias? Em que circunstâncias? Relaxando com uma taça de vinho à noite? Tomando um banho pela manhã? Ou diante de sua escrivaninha, depois de sua primeira xícara de café? Isaac Newton tinha a capacidade de simplesmente ficar imóvel e pensar, pensar e pensar. Será que uma concentração tão intensa e uma elucubração lógica tão implacável são a chave para descobertas criativas? Nem sempre. Lembre-se: Arquimedes teve seu momento de "eureca" em um banho de banheira. A julgar pelos hábitos laborais de muitos gênios, para ser criativo deve-se apenas desanuviar, sem pensar muito – mergulhando em uma banheira, ordenhando uma vaca, ouvindo música, saindo para uma corrida leve ou até mesmo andando de trem. E talvez o mais importante para a ideação criativa seja uma boa noite de sono, cheia de sonhos fantásticos.

O QUE É UM SONHO? POR QUE SONHAMOS? O QUE SIGNIFICAM nossos sonhos? O gênio Sigmund Freud buscou respostas a essas perguntas em *A interpretação dos sonhos* (1900). Freud acreditava que os sonhos eram a expressão de desejos ainda não realizados escondidos no inconsciente. Era uma hipótese brilhante, mas ninguém podia comprová-la ou refutá-la cientificamente. Com o advento de aparelhos de neuroimagiologia, o campo da psicoterapia dos sonhos passou da análise freudiana para a neurofisiologia.

O segredo para interpretar a "fábrica de sonhos", segundo a ciência atual, reside no que ocorre durante o sono REM (de "rapid-eye movement", ou seja, "movimento rápido dos olhos"). O sono REM é aquele estado profundo e quase alucinante no qual ficamos ao fim do ciclo do sono, mas às vezes até em sonecas. Ressonâncias magnéticas revelam que, durante o sono REM, partes do cérebro efetivamente se desligam enquanto outras entram em atividade. As extremidades direita e esquerda do córtex pré-frontal, responsáveis pelo processo de decisões e pelo pensamento lógico, são desativadas, ao passo que o hipocampo, as amídalas cerebelosas e o córtex visual espacial, que cuidam de memória, emoção e imagens, tornam-se hiperativos.[591] O resultado, de maneira talvez contraintuitiva, é que, enquanto as memórias, emoções e imagens correm livremente, pode-se obter soluções de problemas e ideias criativas superiores.[592] A neurociência moderna está provando a verdade de uma sabedoria popular a respeito da solução de problemas: "Deixe a questão descansar."

Um teste realizado pelo professor Robert Stickgold, de Harvard, e seu colaborador, o professor Matthew Walker, atualmente em Berkeley, demonstrou que as pessoas tinham de 15 a 35% mais eficácia para desembaralhar desafios de anagramas após acordar de um sono REM do que resolvendo os mesmos desafios ao acordar de um sono sem REM ou tentar resolvê-los sem sono prévio.[593] Em outro teste, Stickgold mostrou que, se um sono REM estivesse orientado para problemas e o conteúdo do sonho fosse relevante para um problema a se resolver depois que se acordasse, o sujeito tinha dez vezes mais chances de encontrar uma solução (no caso desse teste em particular, a fuga de um labirinto).[594] Em seu best-seller de 2017, *Por que nós dormimos: a nova ciência do sono e do sonho*, Walker afirma que, no estado super-relaxado do sonho e do sono REM, o cérebro fica ocupado tentando compreender coisas por livre-associação em todo o banco de memórias, juntando informações distantes e díspares. "Durante o estado de sono com sonhos", ele diz, "seu cérebro irá cogitar vastas áreas de conhecimento adquirido, e em seguida extrairá traços comuns e regras gerais; a 'essência da coisa'. […] A partir desse processo de sonho, que eu descreveria como ideastesia, surgiram alguns dos saltos mais revolucionários no caminho do progresso humano."[595]

APÓS FICAR OBCECADO COM A RELAÇÃO DE TODOS OS ELEMENTOS químicos conhecidos em 1869, o químico russo Dmitri Mendeleiev caiu no sono e a solução veio a ele: a estrutura da tabela periódica. O autor Stephen King alega que seu livro de terror *A hora do vampiro* surgiu de um pesadelo recorrente na infância. Julie Taymor, a força criativa por trás da versão de *O rei leão* para a Broadway, observou que "muitas das minhas ideias mais estranhas vêm do sono da manhã, e é um momento genuinamente incrível. Levanto-me e a coisa fica clara com muita rapidez". Vincent van Gogh afirmou, talvez de modo metafórico: "Sonho com pintura e depois pinto meu sonho." Muito da arte do surrealista Salvador Dalí se parece com visões que uma pessoa talvez tivesse em um sonho. Dalí era tão obcecado com o poder criativo dos sonhos que ele dormia com uma colher na mão de propósito.

Quando ele adormecia, a colher caía no chão, fazendo-o acordar para capturar seus pensamentos induzidos pelo sono no momento sonâmbulo e colocá-los na tela.[596]

Assim como artistas veem coisas ao sonhar, músicos escutam coisas. Richard Wagner ouviu o começo de *O anel do Nibelungo* em 1853 após caminhar e depois cair no sono em um sofá. Igor Stravinsky lembra a gênese de seu *Octeto para instrumentos de sopro* da seguinte maneira: "O *Octeto* começou com um *sonho*, no qual eu me via em uma sala pequena rodeado por um grupo pequeno de instrumentistas tocando uma música atraente. Não reconhecia a música, embora me esforçasse para ouvi-la, e não conseguia lembrar de nenhuma de suas características no dia seguinte, mas lembro de minha curiosidade – no sonho – de querer saber quantos eram os músicos. [...] Acordei desse pequeno concerto em estado de grande deleite e expectativa e, na manhã seguinte, comecei a compor."[597] Billy Joel já disse sonhar com suas músicas pop em arranjos de orquestra. Keith Richards afirma que a música "(I can't get no) Satisfaction" ocorreu-lhe enquanto dormia em um quarto de hotel da Flórida, no qual ele havia deixado um gravador ligado, capturando a melodia de abertura da canção.[598] Mas a descrição mais abrangente de inspiração musical nascida do surrealismo onírico vem de Sir Paul McCartney.

"Yesterday", de McCartney, considerada uma das principais músicas pop do século XX, surgiu de um sonho em 1963, primeiro a música, e depois, gradualmente, a letra. McCartney apresentou a música em uma apresentação na biblioteca do Congresso dos Estados Unidos em 2010 dizendo: "A música que tocaremos agora para encerrar a noite ["Yesterday"] é uma música que veio a mim em um sonho, então preciso acreditar em magia."[599] McCartney contou a história a respeito da origem de "Yesterday" muitas vezes: como veio a ele ao acordar de um sonho na casa de sua namorada e como ele foi ao piano para estabelecer os acordes. Sem acreditar que a melodia podia ser produto de um sonho, ele passou semanas perguntando a amigos, como o produtor George Martin e os companheiros John Lennon e George Harrison, acerca da sua origem. "'Que música é essa? Deve ter vindo de algum lugar. Não sei de onde veio.' Ninguém conseguia determinar, então no fim tive de reivindicar a autoria. Bem, isso é bem mágico, você acorda um dia e há essa música na sua cabeça. E aí umas três mil pessoas a gravam. A letra original era 'Scrambled eggs, oh, baby, how I love your legs' ['Ovos mexidos, oh, querida, como amo suas pernas']. Mas eu a mudei."

O QUE PODE TER CAUSADO O MOMENTO DE INSPIRAÇÃO NOTURNA de McCartney? Cientistas dizem que são os neurotransmissores, os estimulantes ou repressores eletroquímicos que passam impulsos de célula a célula dentro do corpo. Durante períodos despertos, a substância noradrenalina flui pelo cérebro, mobilizando-o à ação. Ela age no corpo de modo similar à adrenalina, o hormônio da "convocação para agir". No entanto, durante o sonho do sono REM, a noradrenalina desaparece e a acetilcolina, conhecido como o neurotransmissor "da calma e segurança", entra em ação, permitindo que o cérebro comece seu voo livre de relaxamento e associação.[600] O químico alemão Otto Loewi (1873–1961) foi o primeiro a descobrir o poder da acetilcolina e, de maneira apropriada, fez essa descoberta em um sonho.

Um químico, Henry Hallett Dale, havia descoberto a acetilcolina antes disso, em 1915. Mas o modo como ela atuava como neurotransmissor não foi esclarecido até que Loewi deitou na cama na noite de 25 de março de 1921. Os detalhes aqui não são tão importantes quanto o contexto em que ocorreu a epifania de Loewi: não em um, mas sim dois sonhos em noites sucessivas:

> "Na noite anterior ao Domingo de Páscoa daquele ano [1921], eu acordei, acendi a luz e rabisquei algumas observações em um pedacinho de papel fino. Então caí no sono de novo. Ocorreu-me às seis da manhã que durante a noite eu havia escrito algo extremamente importante, mas não conseguia decifrar o garrancho. Na noite seguinte, às três da manhã, a ideia voltou. Era um modelo de experimento visando determinar se a hipótese de transmissão química que eu havia publicado dezessete anos atrás estava certa ou não. Levantei-me imediatamente, fui ao laboratório e realizei um experimento simples no coração de uma rã seguindo o modelo noturno."[601]

Após essa epifania noturna, Loewi criou um experimento no qual injetava acetilcolina no coração de uma rã, fazendo-o pulsar, e assim demonstrou que o coração pode ser estimulado não só por estímulos elétricos externos, mas também por estímulos químicos endógenos. (Hoje, aparelhos modernos como monitores cardíacos e marca-passos monitoram e controlam pulsos no coração.) A descoberta de Loewi garantiu-lhe o Prêmio Nobel de Química em 1936.

Há três questões importantes para ressaltar aqui com aplicações práticas. A primeira é que, como muitos solucionadores de problemas noturnos, Loewi teve o mesmo sonho mais de uma vez. Em segundo lugar, ele parecia ter ficado fixado no mesmo problema 24 horas por dia, sete dias por semana, por um longo período de incubação. Por fim, ele dormiu preparado: manteve caneta e papel ao lado. Albert Einstein também era bastante determinado a sempre estar pronto quando um momento "a-há!" surgisse. Certa vez, quando Einstein passava a noite com um amigo em Nova York, seu anfitrião perguntou se ele precisava de pijamas. A resposta: "Quando me recolho, durmo como vim ao mundo."[602] Mas Einstein pediu uma caneta e um bloco de notas para sua mesa de cabeceira.[603] Lembrete: manter papel e caneta ao lado da cama.

Talvez seja bom deixá-los também ao alcance no chuveiro. Uma pesquisa de 2016 divulgada pela *Business Insider* mostra que 72% dos norte-americanos têm suas melhores ideias no chuveiro. "Fizemos um estudo multinacional", relatou Scott Kaufman, psicólogo da Universidade da Pensilvânia, "e descobrimos que as pessoas notavam mais inspirações criativas no chuveiro do que no trabalho".[604] Neurocientistas explicam por quê: os neurotransmissores que influenciam sonhos, como a acetilcolina, não ligam e desligam na manhã como chaves, mas em vez disso sobem e descem como a maré.[605] É claro que o chuveiro é relaxante graças à água morna e ao "ruído branco" constante ao fundo que apaga as distrações. Mas mais importante: há um período de tempo de até vinte minutos que existe depois de acordarmos, mas antes de nossa mente voltar completamente a seu estado químico desperto.[606] Durante esse período intermediário, o cérebro está sensorialmente desperto, mas ainda há um fluxo livre de ideias. Portanto, *carpe diem*, ou pelo menos aproveite os primeiros vinte minutos do dia – e, novamente, tenha papel e caneta em mãos.

Tomar um banho relaxa, assim como harmonias consonantes e mover-se no ritmo de uma canção, mesmo no útero. Einstein tinha a intuição de que esse era o caso, por isso, sempre que se mudava seu violino normalmente ia junto. A história que a segunda esposa de Einstein, Elsa, contou ao ator Charlie Chaplin em 1931 sugere que a música talvez fosse um parceiro não tão discreto no momento de uma descoberta importante:

"O Doutor [ou seja, Einstein] desceu para o desjejum de pijama, mas praticamente não tocou em nada. Achei que havia algo de errado, então perguntei o que o incomodava. 'Querida', ele disse, 'estou com uma ideia incrível'. E, depois de tomar seu café, foi ao piano e começou a tocar. De vez em quando parava e fazia anotações."[607]

Einstein continuou a tocar desse modo por meia hora enquanto pensava a respeito da significância de sua descoberta. Ele então foi a seu escritório e, segundo a história, quando saiu de lá, duas semanas depois, tinha em mãos várias folhas que exibiam as equações para sua Teoria da Relatividade Geral.[608]

Talvez haja exageros na história, mas o filho mais velho de Einstein, Hans Albert, tem relatos similares de que quando seu pai chegava a um impasse em seu escritório, voltava às áreas comuns da casa e começava a tocar seu violino a fim de transportar sua mente para outro estado. "Sempre que ele sentia que tinha chegado ao fim da estrada ou a uma situação difícil em seu trabalho, ele se refugiava na música, e isso geralmente resolvia suas dificuldades."[609]

Às vezes mesmo músicos experientes precisam relaxar e sair do próprio caminho. Por anos, ao dar minha aula em Yale sobre como ouvir música, contei a meus alunos que Mozart conseguia tocar piano de cabeça para baixo. Então, eu dizia: "Na verdade, não é tão difícil", e provava. Deitava de costas no banco do piano, cruzava as mãos, deixava-as sobre as teclas e tocava (há uma demonstração em vídeo publicada em meu site). Ao longo do tempo, aprendi que, se eu dedicasse minha concentração onde eu deveria colocar os dedos, cometeria erros, mas que conseguia tocar perfeitamente se dissesse a mim mesmo: "Você sabe como tocar, só respire fundo, relaxe e comece; a música virá." Certo ano, uma estudante observou algo de que eu não havia me dado conta: "O senhor já percebeu", ela disse, "que enquanto tocava, você deixou os olhos fechados?" Não, não tinha percebido, mas fazia sentido. Todos deveríamos nos dar conta de que temos muito material estudado em nossa memória de longo prazo; só precisamos relaxar e permitir que ele venha à tona.

SOFRENDO DE BLOQUEIO DE ESCRITA? EM CASO POSITIVO, COLOQUE os tênis e saia para uma corrida de três quilômetros. Essa é, pelo menos, a sugestão feita por um artigo de 2014 no *The Guardian* que relata as descobertas de estudos acadêmicos recentes acerca da relação entre criatividade e exercício físico.[610] A propósito, estudos atuais de vários neurologistas e psicólogos sugerem que fazer mais exercícios, incluindo caminhar, aumenta as funções cognitivas, o pensamento divergente e a criatividade.[611] Mas gênios ao longo da História já sabiam disso, de modo consciente ou inconsciente.

Na Grécia antiga, um grupo denominado Escola Peripatética, seguidor de Aristóteles, realizava suas investigações filosóficas enquanto caminhava pelo Liceu. Charles Dickens caminhava 24 quilômetros diariamente pelas ruas de Londres enquanto concebia *Um conto de natal* (1843).[612] O filho de Mark Twain relata que seu pai andava enquanto trabalhava: "Às vezes, ao ditar, meu pai andava pelo piso [...] e então sempre parecia como se um espírito novo houvesse adentrado o cômodo."[613] Bill Gates também é um pensador ambulante. "Ajuda-o a organizar sua mente e a enxergar o que os outros não enxergam", conta sua esposa, Melinda.[614] O ávido caminhante Henry David Thoreau disse em 1851: "No momento que minhas pernas começam a se mover, meu pensamento começa a fluir."[615] Atipicamente para uma mulher de sua época, a romancista Louisa May Alcott, como já observamos, era uma corredora devota: "Estou tão cheia de meu trabalho que não consigo parar para comer, dormir ou fazer qualquer coisa que não seja uma corrida diária", ela anotou enquanto escrevia *Mulherzinhas*, em 1868.[616]

Andando ou correndo, na natureza ou na academia, os neurotransmissores estão ativos, levando à diminuição de inibições, menos restrições conceituais e melhora nos recursos de memória. Mas há uma ressalva para todas as pessoas em movimento criativo: embora o local da atividade não importe, o seu ritmo importa. Aumentar a velocidade da caminhada de 5,5 km/h para 8 km/h, ou aumentar a corrida de 9,6 km/h para 12 km/h, por exemplo, fará com que o cérebro médio passe de um estado relaxado para um estado concentrado nas mecânicas da caminhada ou da corrida.[617] Portanto, se estiver em uma esteira de corrida, ignore os monitores eletrônicos; se estiver ao ar livre, deixe de lado o *smartwatch*; quando o pé está na estrada, a concentração é inimiga da criatividade.

NIKOLA TESLA ESTAVA RELAXADO ENQUANTO CAMINHAVA PELO PARQUE da Cidade de Budapeste, em um fim de tarde de 1882. Aos 26 anos, ele estava na cidade com o intuito de trabalhar para a recém-formada Companhia Telefônica de Budapeste. Um amigo, Anital Szigety, vinha insistindo com ele sobre a importância de exercício regular, então ambos costumavam realizar longas caminhadas juntos.[618] Tesla recontou o seguinte em sua autobiografia:

"Em uma tarde que sempre está presente em minha memória, eu desfrutava de uma caminhada com meu amigo no Parque da Cidade e recitava poesia. Nessa idade, eu sabia livros inteiros de cor, palavra por palavra. Um deles era *Fausto*, de Goethe. O sol se punha e lembrou-me de uma passagem gloriosa:

'O brilho afasta-se e recua, está concluído o dia de trabalho;

E no entanto avança, rumo a uma nova vida;

Ah, que nenhuma asa possa erguer-me do solo

Em sua trilha para seguir, de novo e de novo!

Um sonho maravilhoso!'

Enquanto eu murmurava essas palavras inspiradoras, a ideia ocorreu-me como um relâmpago, e em um instante a verdade foi revelada."[619]

O que Tesla descobriu foi um meio de induzir campos magnéticos a girarem por meio da corrente alternada, assim forçando um eixo de transmissão a girar em uma direção constante. A partir dessa revelação desenvolveu-se o motor elétrico polifásico que tornou a Europa e os Estados Unidos os colossos industriais que conhecemos hoje. Máquinas de lavar, aspiradores de pó, brocas, bombas e ventiladores, entre outras coisas, ainda são movidos pela epifania perambulante de Tesla.

Mas mais importante: Tesla pesquisava por essa solução para um problema com o motor de corrente alternada desde seus primeiros dias como estudante de engenharia na Universidade de Graz, em 1875. "Posso passar meses ou anos com a ideia no fundo da minha cabeça", Tesla respondeu quando perguntado em 1921 a respeito de seu processo de pensamento.[620] O momento "a-há!" finalmente ocorreu quando ele não estava pensando conscientemente em motores elétricos. Ele caminhava em um parque, recitando *Fausto* para seu amigo, e apreciando o pôr do sol conforme a Terra girava. A passagem em questão no original alemão contém a palavra *"rücken"* ("afastar-se") – como o giro da Terra, como o giro de um campo magnético alimentado por corrente alternada. Talvez não seja coincidência que o trecho do poema que ele recitava terminava com o verso *"Ein schöner Traum"* ("um sonho maravilhoso"). Tesla estava relaxado e talvez em estado semiconsciente ou onírico. A confluência de sensações conscientes e inconscientes rendeu um "eureca", mas esse lampejo de epifania passou por sete anos de preparo.

Digamos que você não tem desejo de fazer exercícios até atingir um estado de sabedoria. Será que um veículo pode levá-lo até lá? Outros gênios indicam que sim. Muitos tiveram suas melhores ideias em trens, ônibus, carruagens ou barcos. Já vimos como a jornada que transformou Joanne Rowling na autora de best-sellers J. K. Rowling começou em um trem, no qual ela concebeu a série Harry Potter. Walt Disney pensou em Mickey Mouse em um trem. Lin-Manuel Miranda conta que o refrão da música "Wait for it" em *Hamilton* lhe ocorreu enquanto estava em um vagão de metrô em Nova York, a caminho de uma festa. Ele cantou o refrão melódico em seu celular, ficou um pouco na festa em questão e depois completou a música no trajeto de volta.[621] O denominador comum nessas experiências: balanço constante e ritmo de fundo brando. É por isso que adormecemos em trens com tanta frequência?

Em uma carta de 1810, Ludwig van Beethoven contou sobre a vez que caiu no sono durante uma viagem de carruagem de Baden até os arredores de Viena: "Quando eu estava na minha carruagem ontem, a caminho de Viena, o sono dominou-me. [...] Agora, enquanto dormia, sonhei que viajava para muito longe, até a Síria, até a Índia, ida e volta, para a Arábia também, e por fim cheguei até mesmo a Jerusalém. [...] Agora, durante minha jornada em sonho, o seguinte cânone [forma musical] ocorreu-me. Porém, eu mal havia despertado quando o cânone sumiu e eu não conseguia resgatar nenhuma nota ou palavra de minha mente."[622] No dia seguinte, por coincidência, Beethoven acabou pegando a mesma carruagem para voltar a Baden e, como ele descreveu: "Veja só! Segundo a lei de associação de ideias, o mesmo cânone ocorreu-me; agora, ao acordar, segurei-o firme, como Menelau uma vez segurou Proteu, concedendo-lhe um último favor, o de permitir que se transformasse em três vozes." Movimento, relaxamento, sono e memória associativa (o mesmo ambiente confortável) contribuíram juntos para o cânone curto criado duas vezes por Beethoven dentro de uma carruagem.

ENTÃO, DESDE OS TEMPOS DE SÓCRATES (O SONHO QUE ELE RELATA a Platão em *Fédon*) aos de Paul McCartney ("Yesterday"), gênios ao longo da História afirmaram que revelações criativas surgem de momentos de relaxamento tanto à noite como durante o dia. Desses relatos pode-se extrapolar bons conselhos para aspirantes a criadores hoje. Se você precisa de uma ideia fresca, vá caminhar ou correr, ou simplesmente embarque em uma condução relaxante de modo a permitir que sua mente vagueie mais livremente. Não vá ao centro da cidade, onde precisará prestar atenção ao trânsito, mas vá a espaços abertos *sem* noticiários em rádio ou audiolivros que exijam sua atenção. A propósito, qualquer forma de atividade física "irrefletida" envolvendo movimentos repetitivos pode liberar sua imaginação. A romancista Toni Morrison "refletia, pensando em ideias" enquanto aparava a grama do jardim.[623] O coreógrafo George Balanchine afirmou: "Quando passo roupas é o momento em que faço a maior parte de meu trabalho."[624] Quando você acordar de manhã, apenas fique deitado pensando por alguns minutos... e não pegue seu smartphone! Nesse momento, sua mente talvez esteja em sua melhor forma. Similarmente, não considere sonhar acordado ou tirar uma soneca como perda de tempo; pense nisso como oportunidades para conquistar novas perspectivas. Por fim, seja como Einstein: mantenha caneta e papel ao alcance da cama ou perto do chuveiro para poder capturar suas melhores ideias. Todos temos o hábito de desejar concentração e "produtividade". Pessoas geniais têm o hábito de saber a hora de *não* se ter nenhum dos dois.

CAPÍTULO 14

HORA DE SE CONCENTRAR!

À s vezes é preciso ter disciplina para relaxar. E às vezes é preciso ter disciplina para se concentrar, primeiro para analisar um problema e depois despachar o "produto". Isso se aplica tanto a pessoas de sucesso como a gênios. Sabemos que precisamos nos concentrar para obter uma solução, mas aí a executamos ou a postergamos? Leonardo da Vinci tinha poderes extraordinários de concentração analítica, como veremos. Mas, assim que ele enxergava a solução, muitas vezes perdia o interesse e não criava o produto. Isso talvez explique por que ele deixou menos de 25 pinturas completas. O cartunista Charles Schulz, que fez 17.897 tiras do *Minduim*, era conhecido pelas horas que passava apenas rabiscando com um lápis, permitindo que sua mente viajasse. Mas, segundo o biógrafo David Michaelis: "Assim que tinha uma ideia, ele trabalhava rapidamente e com uma concentração intensa para colocá-la no papel antes que a inspiração sumisse."[625] Emergindo de reflexões dispersas ou concentração analítica intensa, ideias que têm a capacidade de mudar o mundo precisam ser materializadas, verificadas e publicadas antes de exercer seu impacto transformador. Tanto a análise como a execução exigem trabalho duro.

A concentração analítica vem antes da execução. Antes de trabalhar com caneta ou pincel em mãos, Pablo Picasso frequentemente analisava usando apenas olho e mente. Françoise Gilot, musa de Picasso nos anos 1940, relata como ele analisava com atenção seu objeto de estudo favorito, o corpo feminino:

> "No dia seguinte ele disse: 'É melhor que você pose nua para mim.' Quando tirei minhas roupas, ele fez com que eu ficasse na entrada, bem ereta, com meus braços de lado. Exceto pelo feixe de luz matinal vindo da janela elevada à minha direita, o lugar estava todo banhado em uma iluminação fraca e uniforme no limiar da penumbra. Pablo se afastou, ficando mais ou menos a três metros de distância, parecendo tenso e distante. Seus olhos não saíram de mim por um segundo sequer. Ele não tocou em sua prancheta; nem segurava um lápis. Isso pareceu durar bastante tempo.
> Por fim, ele disse: 'Sei o que preciso fazer. Pode se vestir. Não terá de posar novamente.' Quando fui pegar minhas roupas, notei que fiquei ali de pé por mais de uma hora."[626]

Leonardo da Vinci também parava e ficava só observando. Ele aparentemente levou tanto tempo analisando a composição de *A última ceia* (1485–1488) na abadia de Santa Maria delle Grazie, em Milão, quanto na execução. Como o escritor Matteo Bandello, seu contemporâneo, relatou: "Ele às vezes ficava dois, três ou quatro dias sem tocar no pincel, embora passasse várias horas do dia diante da obra, de braços cruzados, examinando e criticando para si mesmo as formas."[627] Da Vinci chamava essa concentração de *"discorso mentale"* ("discurso mental").

Furioso com o progresso lento de *A última ceia*, o abade do monastério reclamou com o benfeitor de Leonardo, o duque de Milão. Convocado para justificar sua demora, Da Vinci declarou que "os maiores gênios às vezes realizam mais quando trabalham menos, já que estão em busca de invenções em suas mentes e formando ideias perfeitas que suas mãos em seguida expressam e reproduzem a partir do que foi concebido anteriormente pelo intelecto."[628] Atipicamente para Da Vinci, depois que ele tinha as "invenções" de *A última ceia* formuladas na mente, ele continuou concentrado, agora trabalhando de modo frenético. "Ele às vezes fica ali do amanhecer ao pôr do sol", contou Bandello, "sem nunca baixar o pincel, esquecendo-se de comer e beber, pintando sem parar".

De maneira semelhante, Picasso depois de um tempo realizava suas pinturas, trabalhando como se estivesse possuído, segundo o relato de seu secretário de longa data, Jaime Sabartés:

> "Mesmo enquanto cuidava da paleta, ele continuava contemplando a pintura de soslaio. A tela e a paleta competem por sua atenção, que não abandonava nenhuma das duas; ambas ficam em seu campo de visão, que contempla a totalidade de cada uma e as duas juntas. Ele rende o corpo e a alma à atividade que é sua razão de ser, passando as cerdas do pincel na pasta oleosa de cor em um gesto carinhoso, com todos os sentidos dedicados a um único objetivo, como se estivesse enfeitiçado."[629]

Não importava onde estivesse, Albert Einstein conseguia se concentrar em seu silo mental particular. Um amigo descreveu o apartamento em que Einstein, que acabara de se tornar pai, trabalhava na Basileia em meados de 1903:

> "O quarto cheirava a fraldas e ar viciado, e lufadas de fumaça de vez em quando saíam do forno, mas essas coisas não pareciam perturbar Einstein.

Ele ficava com o bebê em um joelho e com uma prancheta no outro, e de vez em quando escrevia uma equação na prancheta, depois embalava o bebê um pouco mais rápido depois que esse começava a fazer manha."[630]

Posteriormente, esse filho cresceria e diria: "Mesmo o choro mais alto de um bebê não parecia perturbar meu pai. Ele conseguia prosseguir com o trabalho completamente indiferente a qualquer barulho."[631] Segundo a irmã de Einstein, Maja, isso também era possível em meio a uma multidão: "Em um grupo grande e um tanto barulhento, ele consegue se recolher no sofá, ficar com papel e caneta em mãos, [...] e se perder tão completamente em um problema que a conversa de muitas vozes o estimulava em vez de perturbá-lo."[632]

Às vezes os poderes de concentração de Einstein geravam resultados cômicos. Em certa ocasião, durante o discurso em uma festa celebrada em sua homenagem, Einstein pegou sua caneta e começou a esboçar equações no verso da programação da cerimônia, aparentemente alheio a todos os elogios ditos a seu respeito. "O discurso se encerrou com um grande floreio. Todos se levantaram, em aplauso, e se voltaram para Einstein. Helen [sua secretária] o avisou num sussurro que ele tinha de se levantar, e ele se levantou. Sem perceber que a ovação era para si mesmo, também bateu palmas."[633]

Mozart tinha o mesmo poder de "entrar na zona". Sua esposa, Constanze, contou que durante uma festa a céu aberto com partidas de *lawn bowls* em 1787, ele continuou trabalhando em sua ópera, *Don Giovanni*, alheio a tudo a seu redor; quando chamado porque era sua vez, ele se levantou, jogou sua bola e "depois voltou ao trabalho sem que as falas ou risos dos outros o distraíssem minimamente".[634] Mas será que Constanze viu graça quando, em 1783, seu marido escreveu seu quarteto de cordas nº 15, K. 421 ao lado da esposa enquanto ela dava à luz o primeiro filho deles,

Raimund? Ele a confortou por um breve momento, mas depois voltou a compor sua música.[635]

Hoje, concentrar-se em meio ao caos talvez exija a construção mental de uma "quarta parede". A expressão deriva do teatro, em que os atores precisam construir uma barreira imaginária para se manterem separados do público à sua frente, assim ficando em seu próprio espaço psicológico. Da próxima vez que estiver esperando em um aeroporto ou estiver em um avião, no assento do meio, durante um voo barulhento, tente erguer sua própria quarta parede e encontre nesse limite seu próprio reino zen, do qual você é o único cidadão. Dentro de seu próprio domínio estabelecido mentalmente, você, como Einstein e Mozart, pode trabalhar sem se deixar afetar por interferências externas.

Os poderes de concentração de Isaac Newton pareciam beirar o distúrbio mental. Seu criado, Humphrey Newton (sem parentesco), escreveu: "Tão atento, tão sério em seus estudos que ele come muito pouco, não só isso como frequentemente se esquece por completo de comer, então, ao entrar em seus aposentos, vejo a refeição intocada, e quando o lembro dela, ele responde: 'É mesmo?'; e quando vai à mesa, ele dá uma ou duas mordidas em pé, e não posso afirmar que já o vi sentado à mesa por conta própria."[636] Para compreender a habilidade de Newton para a concentração, considere a seguinte situação. Newton estudava o início de uma sequência infinita: 55 colunas de algarismos marchando em fileiras bem arrumadas e, pelo que se pode saber, tudo feito em sua mente. Outro gênio, o economista John Maynard Keynes, resumiu a habilidade de Newton para concentrar-se:

"Imagino que sua eminência se deva ao fato de seus músculos intuitivos serem os mais fortes e duradouros já concedidos a um homem. Qualquer um que já tenha tentado estabelecer uma reflexão científica ou filosófica pura sabe como é possível manter um problema momentaneamente em mente e empregar todos os poderes de concentração para se fixar nele e ele se dissolver e escapar, de modo que você percebe que está examinando um nada. Creio que Newton conseguia fixar um problema em sua mente por horas, dias e semanas até que o problema lhe entregasse seus segredos."[637] Como Keynes observa, ao tentar concentrar-se, todos já passamos pela experiência de ter um objeto de pensamento que "dissolve e escapa". A concentração exige uma boa memória.

ROBERT HESS CHEGOU A YALE PARA SEU PRIMEIRO ANO EM 2011, QUANDO era o melhor enxadrista dos Estados Unidos entre os nascidos no país. Ele obtivera o título de "grão-mestre internacional" dois anos antes, com dezessete anos. Em 2008, o jornalista de xadrez Jerry Hanken chamou uma partida recente de Hess de "uma das melhores atuações por um adolescente norte-americano desde o auge de Bobby Fischer".[638] Curioso com relação ao calouro Robert, fui atrás dele e o convidei a comparecer à "aula de genialidade" da Yale no "dia do xadrez". Para deixar as coisas interessantes, selecionei outros três jogadores experientes para enfrentar Robert ao mesmo tempo... enquanto ele ficava de olhos vendados. Observadores familiarizados com notação de xadrez moviam as peças por ele conforme ele ditava os movimentos (P para K4, por exemplo). Estudantes e visitantes se aglomeraram ao redor, contemplando ansiosamente os tabuleiros. Dentro de 10 a 15 minutos, cada um dos adversários foi derrotado. A multidão ficou em polvorosa.

HORA DE SE CONCENTRAR!

Foi impressionante. Mas mais espantoso foi o que veio em seguida. "Robert", falei, "sua memória é boa?[639] O quanto você se lembra dessas partidas que tivemos?" "Lembro de tudo", ele replicou de um jeito educado e objetivo, e escreveu no quadro-negro a sequência de dez a vinte movimentos para cada um dos três jogos. "Eu poderia ter jogado contra dez jogadores de olhos vendados", ele comentou, não para se gabar, mas como mera declaração factual. "É claro", disse alguém entre os estudantes, "ele tem memória fotográfica." "Pense melhor", outra pessoa contestou, "ele estava de olhos vendados e não enxergava nada. O que ele teria fotografado?". Talvez Robert consiga "fotografar" o que vê em sua mente.

Muitas grandes mentes ao longo da História pareciam ter memória fotográfica ou eidética – a capacidade de se lembrar de uma imagem após vê-la uma única vez –, que usavam como ferramenta de concentração. Certa vez, em uma taverna, Michelangelo discutia com colegas artistas sobre quem conseguia criar a imagem mais feia. Michelangelo ganhou e disse que devia sua vitória ao fato de que tinha visto e conseguia se lembrar de todas as pichações em Roma.[640] As pessoas próximas a Picasso acreditavam que ele também tinha memória fotográfica, pois em uma ocasião ele descreveu uma fotografia supostamente perdida com todos os detalhes, e teve seus poderes mnemônicos validados quando a imagem foi reencontrada.[641] James Joyce era conhecido entre seus professores jesuítas no Clongowes Wood College como "o rapaz com a mente de papel mata-borrão".[642] Elon Musk era chamado de "menino gênio" por sua mãe porque, segundo ela, ele tinha memória fotográfica.[643] Em 1951, o maestro Arturo Toscanini queria que a Orquestra Sinfônica da NBC tocasse o movimento lento do Quarteto nº 5 de Joachim Raff, mas nenhuma partitura da peça obscura de dez minutos foi encontrada em Nova York. Então Toscanini, que não via a notação da música há anos, escreveu-a com diligência, nota por nota. Posteriormente, um colecionador encontrou a partitura original e a comparou com o manuscrito de Toscanini, detectando apenas um erro.[644]

Poucos entre nós possuem uma memória fotográfica como a dos gênios supracitados. Mesmo os superdotados tiveram de se esforçar para obter a proficiência mnemônica. Desde os cinco anos, Robert Hess jogou xadrez sob os olhos atentos de tutores remunerados; dia após dia, ele praticou e memorizou jogadas de abertura tradicionais, posicionamento de peças e jogadas de final de jogo, bem como partidas famosas ao longo da História. Leonardo da Vinci fazia um esforço deliberado para melhorar sua memória. Segundo seu biógrafo e contemporâneo Giorgio Vasari: "Ele amava tanto fisionomias bizarras, com barbas e cabelos selvagens, que seguia pessoas que chamassem sua atenção por um dia inteiro. Ele memorizava a aparência da pessoa tão bem que, ao voltar para casa, ele a desenhava como se ela estivesse diante de seus olhos."[645] À noite, Da Vinci descansava na cama, tentando recriar na mente as imagens que havia visto ao longo do dia.[646] Nós podemos seguir os passos de Da Vinci ao realizarmos atividades que desafiam nossa mente, como jogar xadrez ou sudoku, ler uma partitura e ouvir a música na cabeça ou montar algo que exige o cumprimento de instruções na ordem e com precisão. Segundo a Harvard Health Publishing, todos melhoraríamos nossas memórias se evitássemos bebidas alcoólicas e nos exercitássemos com regularidade, de modo a aumentar o fluxo de sangue para o cérebro.[647] Segundo Fritjof Capra, biógrafo de Da Vinci, o próprio Leonardo levantava pesos regularmente.[648]

Não quer puxar ferro? Há uma técnica alternativa que todos podemos empregar: estabeleça um prazo. Gênios são intrinsecamente motivados, apaixonados pelo que fazem. Mas mesmo eles às vezes se aproveitam de motivações externas de último minuto para garantir que o trabalho seja executado. Charles Schulz tinha de terminar suas tiras antes da edição seguinte dos 2.600 jornais com os quais sua obra tinha contrato; Mozart tinha um auditório alugado e uma audiência a caminho para ouvir *Don Giovanni*. Elon Musk tem cotas de produção, as quais precisa cumprir para seus automóveis Tesla; Jeff Bezos garante que o pacote de um assinante da Amazon Prime chegará em um ou dois dias. Mesmo a imposição de um prazo arbitrário para nós mesmos pode potencializar a concentração e nos ajudar a deixar de lado o que é desimportante.

Stephen Hawking era alguém que teve coisas importantes e desimportantes retiradas dele. Hawking foi chamado de "o maior gênio desde Einstein",[649] e também como "o gênio na cadeira de rodas". O próprio Hawking defendia que a segunda alcunha era sensacionalismo midiático, motivado pela sede do público por heróis.[650] É verdade que o público sempre teve um fraco por gênios em corpos alquebrados. Pense no Corcunda de Notre-Dame, no Fantasma da Ópera, em Alastor "Olho-Tonto" Moody em *Harry Potter* – cada um deles é um gênio por trás de um exterior deformado.

Hawking só começou a se concentrar de verdade aos 21 anos... e porque foi obrigado, devido ao surgimento de sua Esclerose Lateral Amiotrófica (ela), também conhecida como doença de Lou Gehrig. Antes disso, ele parecia ser um *bon vivant* sem ambições. Ele mesmo admitia que não lia até os oito anos; na escola, ficava apenas na média de sua turma em termos acadêmicos; na faculdade passava seu tempo socializando, trabalhando apenas uma hora por dia.[651] Mas em 1964, aos 21 anos, Hawking de repente viu que tinha um prazo: ele recebeu um diagnóstico de ELA que vinha com uma expectativa de vida de dois a três anos. Em uma cadeira de rodas, ele tinha poucas distrações. Em 1985, perdeu a habilidade de falar e tornou-se incapaz de se comunicar sem o auxílio de seu computador. Por necessidade, ele se concentrou no seu campo de escolha: a astrofísica. Quando perguntei a Kitty Ferguson, amiga de Hawking e sua biógrafa mais proeminente, se o isolamento de Hawking aumentou a capacidade de se concentrar, ela ofereceu essa importante observação: "Eu diria que a deficiência provavelmente não aumentou a sua capacidade de se concentrar, mas aumentou sua *propensão* a se concentrar, a crescer, adquirir foco e parar de desperdiçar tempo. Como ele disse a mim uma vez: 'Que escolha eu tinha?'"[652]

No começo dos anos 1970, Hawking perdeu o uso das mãos. Isso era um problema, porque todos os físicos pensam enquanto rabiscam equações, escrevendo sem parar em papéis, quadros-negros, paredes, portas e praticamente qualquer superfície plana – concentração analítica alternada à execução. Para continuar nessa linha, Hawking desenvolveu uma alternativa: ele via o problema em sua mente e o mantinha fixo ali, concentrando-se de modo similar a Newton. Kip Thorne, amigo de Hawking e vencedor de um Nobel, disse: "Ele aprendeu a fazer [cálculos de matemática e física] completamente de cabeça, sem o uso de anotações. Ele fazia isso manipulando imagens das formas de objetos, das formas de curvas, das formas de superfície, não apenas no espaço tridimensional, mas no espaço tetradimensional com a adição do tempo. O que o torna único entre todos os físicos é sua capacidade de fazer cálculos amplos bem melhor do que se ele não tivesse ELA."[653] Hawking confessou que, em meio às distrações, ele, como Einstein, mantinha a atenção entrando em uma zona própria de pensamento concentrado:

"Revirar problemas em minha mente virou meu método de descoberta por quase metade da minha vida a essa altura. Enquanto todos ao meu redor se envolvem profundamente em conversas, eu muitas vezes sou transportado para longe, perdido em meus pensamentos, tentando conceber como o universo funciona."[654] Kitty Ferguson resumiu a capacidade de Hawking de concentrar-se: "Poucos dispõem dos poderes de concentração e autocontrole de Hawking. Poucos têm sua genialidade."[655] O mestre dos buracos negros conseguiu obter sucesso por contra própria.

Em 1º de julho de 2014, tive um AVC isquêmico, e minha esposa levou-me correndo ao hospital em Sarasota, na Flórida, onde moramos atualmente. Neuroimagens mostraram que eu tinha (e ainda tenho) uma artéria carótida interna esquerda completamente bloqueada; tentativas de descongestioná-la com uma endarterectomia foram em vão. Por três dias, fiquei ligado a fios em uma cama de hospital, em meu próprio buraco negro. Conseguia pensar, mas não falar. Um prisioneiro virtual em meu próprio corpo, disse a mim mesmo: "Craig, isso é sério. Você vai precisar abrir um caminho de saída. Pense, concentre-se, coloque sua vida nos eixos." Comecei a fazer exercícios mentais que inventei como parte de um esforço para reunir minha memória de curto prazo e minha fala, seguindo em ordem de dificuldade crescente: 1) Dizer *"blue bull dog"* e lembrar a primeira palavra após ter terminado a terceira; 2) Identificar dois compositores que viveram entre Bach e Brahms; 3) Nomear três restaurantes em Longboat Key, indo do sul ao norte; 4) Dizer todas as quatro sílabas do nome da estrada que vai de Tampa a Miami (Tamiami). Hora após hora eu me concentrava – o que mais havia para se fazer? Se esse exercício de vontade própria contribuiu ou não para uma mudança repentina, não tenho como confirmar, mas no terceiro dia meu fluxo de sangue bloqueado se reverteu, e depois disso, no período de meses, gradualmente recuperei as funções cognitivas normais. Tive sorte. É claro que minha experiência, embora séria naquele momento, era banal se comparada à ELA de Hawking. No entanto, ela me deu um vislumbre de como podia ser o interior de seu silo mental. "Manter a mente ativa foi crucial para a minha sobrevivência",[656] afirmou ele, que viveu mais do que cinquenta anos além das expectativas iniciais dos médicos. Às vezes na vida é imperativo relaxar, dispersar e deixar sua mente levá-lo a descobertas originais. Mas, outras vezes, seja você uma pessoa genial como Hawking ou banal como eu, há problemas práticos para se resolver no espaço ou em outro lugar. Em momentos assim, você precisa encontrar a disciplina para manter a concentração.

TODO GÊNIO TEM UMA HORA, LUGAR E AMBIENTE PARA TRABALHAR E fazer o que é preciso.[657] Você pode chamar isso de "hábito" (como faço neste livro e como Vladimir Nabokov e Shel Silverstein faziam), "rotina" (Leon Tolstói, John Updike e Andy Warhol), "cronograma" (Isaac Asimov, Yayoi Kusama e Stephen King) ou "ritual" (Confúcio e Twyla Tharp). Os hábitos dessas grandes mentes não são glamorosos nem elevados. "Inspiração é para amadores", afirma o pintor Chuck Close. "Os demais entre nós simplesmente chegam e começam a trabalhar."[658]

Assim como cada gênio é diferente, cada pessoa tem seu modo único de se concentrar. O autor Thomas Wolfe, de quase dois metros de altura, escrevia em cima de uma geladeira a partir da meia-noite. Ernest Hemingway começava de manhã, datilografando em sua máquina portátil colocada acima de uma estante no anexo de sua casa em Key West. John Cheever colocava seu único terno de manhã, como se estivesse se arrumando para ir ao trabalho como outros profissionais. Ele descia de elevador para o porão de seu prédio em Nova York e ele então tirava o paletó e escrevia curvado sobre caixas de armazenamento até o meio-dia. Depois disso, ele colocava o paletó de novo e subia até seu apartamento para almoçar.[659]

Concentração intensa, em determinados casos, exige uma pausa que envolva exercícios físicos. Victor Hugo fazia uma pausa de duas horas, na qual ia em direção ao oceano, fazendo exercícios vigorosos na praia. Igor Stravinsky, ao ver que a energia e a concentração fraquejavam, ficava de cabeça para baixo com a cabeça apoiada no chão por um curto período de tempo. Saul Bellow, vencedor do Prêmio Nobel, também fazia isso, talvez para aumentar o fluxo de sangue no cérebro. A coreógrafa Twyla Tharp, para quem o condicionamento físico fazia parte do processo criativo, ia diariamente à academia de musculação às 5h30 da manhã. Mas, como ela disse em seu livro, *The creative habit: learn it and use it for life* ("O hábito criativo: aprenda-o e use-o em sua vida"): "O ritual não é o alongamento e o treino com pesos aos quais submeto meu corpo toda manhã na academia; o ritual é o táxi. No momento que falo ao motorista aonde ir, completei o ritual." Ter um ritual disciplinado torna a vida mais simples e aumenta a produtividade. "É ativamente antissocial", Tharp diz. "Por outro lado, é bastante pró-criatividade."[660]

A maioria dos gênios cria em escritórios, laboratórios ou estúdios isolados do mundo externo. Depois que entrava em seu estúdio, o pintor N. C. Wyeth colocava "cortinas" de papelão nas laterais de seus óculos para não enxergar além da tela. Tolstói trancava sua porta.

Dickens tinha uma porta adicional em seu escritório para abafar ruídos. Nabokov, enquanto escrevia *Lolita*, trabalhava toda noite no banco de trás de seu carro estacionado, "o único lugar no país", ele dizia, "sem barulho e sem vento". Marcel Proust revestira as paredes de seu apartamento com cortiça. A questão é: pessoas geniais precisam se concentrar. Einstein mais de uma vez encorajou cientistas novatos a se empregarem como faroleiros para "dedicarem-se sem perturbações" ao pensamento.[661]

Seja um farol ou um esconderijo, todas as grandes mentes dispõem de um espaço onde conseguem entrar na zona. A escritora de mistério Agatha Christie muitas vezes era atrapalhada por interrupções sociais e profissionais; mas, como ela lembra: "Depois que eu conseguia escapar, fechar a porta e fazer com que as pessoas não me interrompessem, trabalhava a toda velocidade, completamente perdida naquilo que fazia."[662]

Siga o exemplo dela e vá além: *não* se deixe interromper pela distração de buscas na internet ou e-mails. Mas alimente sua confiança e encorajamento colocando lembretes de suas conquistas anteriores (diplomas, certificados, prêmios) à vista, assim como retratos de seus heróis e heroínas. Brahms tinha uma litogravura de Beethoven sobre seu piano. Einstein mantinha os rostos inspiradores de Newton, Faraday e Maxwell em seu escritório; Darwin tinha retratos de seus ídolos – Hooker, Lyell e Wedgewood – no seu. O processo criativo em si é assustador – muitas vezes, "a grande obra" parece de repente não ter valor algum – e truques simples assim podem ajudar. Com um ritual ao qual recorrer você pode se levantar e tentar novamente no dia seguinte. "Uma rotina firme", argumenta John Updike, "poupa você da desistência".[663]

Portanto, uma última lição para nós dada pelos gênios neste livro: para ser mais eficiente e produtivo, crie uma rotina diária para si que envolva uma zona de quatro paredes segura para a concentração construtiva. Vá ao escritório ou ao estúdio e assegure espaço e tempo para o pensamento interior. Permita-se, é claro, ter acesso a uma ampla gama de opiniões e informações, mas lembre-se de que, no fim do dia, você e somente você é responsável por sintetizar essas informações e produzir algo. Precisamos de pessoas de sucesso para fazer com que o mundo fique bem hoje. Precisamos de pessoas geniais para garantir que ele seja melhor amanhã.

EPÍLOGO

RESULTADOS INESPERADOS

Ensinamos às crianças que devem "se comportar" e seguir as regras. Muitos de nossos filhos depois irão para a faculdade, onde cursarão aulas de professores como eu, voltadas a grandes mentes que, no fim das contas, *não* se comportavam e *desrespeitavam* as regras – os gênios transformadores da cultura ocidental. Essa é apenas uma das várias conclusões inesperadas que surgiram durante os mais de dez anos que passei lecionando meu "curso de genialidade" em Yale e no processo de escrever este livro. Eis mais algumas, sem nenhuma ordem específica.

No começo deste projeto, eu tinha em mente uma imagem do que era uma pessoa genial: alguém com um QI extremamente alto que, mesmo na juventude, tinha epifanias repentinas e possuía uma personalidade excêntrica e imprevisível. Todas as características dessa imagem estereotipada, acabei descobrindo, são quase sempre incorretas ou imprecisas. Veja, por exemplo, a ideia de que o gênio é uma pessoa inteligentíssima que tira nota máxima em todos os exames padronizados da vida. Na verdade, meu estudo de gênios revela uma igual quantidade de estudantes ruins ou medíocres e candidatos à Phi Beta Kappa. Hawking não lia até os oito anos, Picasso e Beethoven não sabiam matemática básica. Jack Ma, John Lennon, Thomas Edison, Winston Churchill, Walt Disney, Charles Darwin, William

Faulkner e Steve Jobs também eram todos academicamente relapsos. Essas grandes mentes eram "inteligentes", mas de formas imprevisíveis e fora do padrão. Portanto, meu conjunto de gênios ensinou-me que é impossível prever quem irá se transformar em um gênio; nunca mais cometerei o erro de avaliar o potencial de uma pessoa jovem com base em exames e notas padronizados ou mesmo em feitos prodigiosos. Na verdade, eu recomendaria a todos os pais que não colocassem os filhos na trilha dos prodígios. Vejamos daqui a vinte anos se esses prodígios começaram a mudar o mundo – poucos o fazem.

Outras revelações inesperadas: pessoas de sucesso podem produzir descendentes de sucesso, mas gênios, no fim, não produzem dinastias de minigênios; a genialidade não é um traço hereditário, mas sim um fenômeno irreprodutível. Pessoas de sucesso precisam de mentores – sabemos disso –, mas aparentemente gênios não têm essa necessidade. Gênios costumam absorver materiais rapidamente, têm mais intuição e com frequência ultrapassam qualquer mentor. É verdade que a genialidade por definição envolve desigualdade de resultados (os pensamentos excepcionais de Einstein ou a música extraordinária de Bach) e gera desse modo uma desigualdade de recompensas (fama eterna a Bach, enorme riqueza a Bezos); é simplesmente assim que o mundo funciona. Além disso, atos de genialidade muitas vezes são atrelados a atos de destruição; isso é o que geralmente chamamos de progresso.

A genialidade também mostra que não é repentina. Aquele momento de "a-há!" é geralmente a culminação de um período prolongado de gestação cerebral. Lembre-se: Albert Einstein debruçou-se sobre a Teoria da Relatividade Geral por dois anos antes de ter seu "pensamento mais feliz"; Nikola Tesla levou sete anos para conceber o motor por indução e Otto Loewi precisou de quase vinte antes que chegasse à sua epifania noturna acerca da acetilcolina. Por que, então, todos os gênios têm um momento "eureca" *repentino* em filmes hollywoodianos? Porque o público não tem como ficar no cinema para assistir a um filme inteiro por vinte anos, nem sequer por dois.

"Todos os gênios morrem jovens", disse o comediante Groucho Marx. Mas estatisticamente isso se revela uma inverdade; a obsessão obstinada os mantém ativos. Gênios mudam o mundo, sim, mas muitas vezes a verdade é que eles o fazem acidentalmente; às vezes o avanço da sociedade é uma consequência inesperada da necessidade de a pessoa se salvar. Quantas obras-primas foram criadas em favor da psique do pintor? Quantos grandes livros foram escritos mais para o autor do que para o leitor?

Por fim, meus estudantes de Yale e eu tivemos uma descoberta que talvez devêssemos ter previsto: muitas mentes maravilhosas pertencem a seres humanos não tão maravilhosos. No começo do curso, sempre acabo perguntando aos estudantes, só para provocar risadas e alimentar uma discussão: "Quem aqui é um gênio? Todos os gênios, por favor, levantem a mão." Algumas pessoas o fazem com timidez; os engraçadinhos levantam espalhafatosamente para que todos vejam. Depois, eu pergunto: "Mas, dentre os que já não são gênios, quantos de vocês *gostariam* de ser?". Em resposta, cerca de três quartos da turma respondem afirmativamente. Na última aula do curso, pergunto: "Depois de estudar todos esses gênios, quantos de vocês *ainda* querem ser geniais?" Agora, apenas mais ou menos um quarto do grupo diz que quer. Como disse uma das pessoas na aula: "No começo do curso, achei que queria, mas agora, não tenho tanta certeza. Tantos deles parecem babacas obsessivos e egocêntricos... Não são pessoas que eu gostaria de ter como amigas ou colegas de quarto." Boa observação: obsessivos e egocêntricos. Por mais que nos beneficiemos dos hábitos da genialidade, fique alerta se houver uma pessoa genial por perto. Se você trabalhar para um gênio, pode ser vítima de repreensões e abusos, ou pode perder o emprego. Se alguém próximo a você for genial, você pode descobrir que o trabalho ou paixão da pessoa sempre vêm em primeiro lugar. E, no entanto, aos abusados, demitidos, explorados ou ignorados, agradecemos por "pagar o preço" em favor de todos os que depois se beneficiam do bem cultural maior do que "seu" gênio criou. Parafraseando o escritor Edmond de Goncourt: "Ninguém ama gênios até que estejam mortos." Todavia, quando os amamos, é porque a vida agora é melhor.

AGRADECIMENTOS

É preciso um vilarejo para escrever meus livros. Dentre os ajudantes solícitos de lá estão meus quatro filhos, aos quais este livro é dedicado, e também os outros na dedicatória: o dr. Fred e a mestra Sue Finkelstein, nossos melhores amigos e espirituosos colegas de debate por 45 anos, e por fim minha amada esposa, Sherry, que lê mais de uma vez cada palavra que escrevo. Também fico em dívida com meu agente, Peter Bernstein, que manteve a fé no projeto, e minha editora na Dey Street/HarperCollins, Jessica Sindler, que possui uma capacidade inacreditável de moldar um texto para que ele converse com o mundo moderno. No auge de meus tempos em Yale, desfrutei muito da sabedoria e da gentileza de vários colegas que visitavam anualmente o "curso de genialidade" como "apresentadores convidados". Dentre eles havia o professor de física Doug Stone, com quem aprendi muitíssimo; o matemático Jim Rolf; o microbiólogo e atual dirigente de Yale, Scott Strobel, e, por fim, o diretor de investimentos David Swensen, que eu sempre deixava para a última aula porque, como um filantropo generoso, ele entendia que, embora a genialidade precise de dinheiro, dinheiro não é genialidade. Além disso, ao longo dos anos eu me aproveitei de meia dúzia de apresentações de aula da talentosa neurocientista Caroline Robertson, atualmente em Dartmouth, além de visitas da falecida romancista Anita Shreve, do falecido historiador de arte David Rosand, dos empreendedores Roger McNamee e Kevin Ryan, do diretor da Metropolitan Opera, Peter Gelb, e do incrível provocador cultural Adam Glick. Com um assunto tão amplo como a genialidade, continuamente buscava ajuda em assuntos específicos, que obtive com a gentileza de meu amigo de longa data Leon Plantinga (Beethoven), Kitty Ferguson (Hawking), o vencedor do Nobel, Kip Thorne (ideação entre físicos), Lucas Swineford (educação on-line) e Jack Meyers, presidente do Rockefeller Archive Center. Muitas pessoas tiveram a gentileza de opinar sobre alguns capítulos, entre elas meu filho Christopher, minha nora Melanie, meu colega Keith Polk, meus vizinhos Pam Reiter, Ken Marsh e Bashar Nejidwi, e o implicante literário Clark Baxter, que tem um talento para frases sagazes que acertam um alvo que mais ninguém consegue ver. Obrigado a todos!

SOBRE O AUTOR

Craig Wright é professor emérito de música na Universidade de Yale, onde continua ministrando a popular disciplina de graduação "Exploring the nature of genius" ("Explorando a natureza da genialidade"). Recipiente da Bolsa Guggenheim, Wright recebeu um doutorado honorário de ciências humanas pela Universidade de Chicago, é membro da Academia de Artes e Ciências dos Estados Unidos e recebeu o Prêmio Sewall por excelência no ensino de graduação em Yale (2006) e a medalha DeVane por excelência em ensino e escolástica (2018). Ele tem um bacharelado em música pela Eastman School of Music e um doutorado conquistado em Harvard.

NOTAS

INTRODUÇÃO

1. ELIOT, George. *Middlemarch*. Hertfordshire: Wordsworth Editions, 1994. p. 620.
2. MCMAHON, Darrin M. *Divine fury:* a history of genius. Nova York: Basic Books, 2013. p. 229.
3. O bizarro histórico póstumo do cérebro de Einstein foi relatado em: PATERNITI, Michael. *Driving Mr. Albert: a trip across America with Einstein's brain*. Nova York: Random House, 2001.
4. BAHN, Paul G. "The mystery of Mozart's skull: the face of Mozart". In.: *Archeology*, mar.-abr. 1991, pp. 38-41; e HARDING, Luke. "DNA detectives discover more skeletons in Mozart family closet". In.: *The Guardian,* 8 jan. 2006. Disponível em: <https://www.theguardian.com/world/2006/jan/09/arts.music>. Acesso em: 14 dez. 2019.
5. "Leonardo da Vinci's DNA: experts unite to shine modern light on a Renaissance master". In.: *EurekAlert!*, 5 mai. 2016. Disponível em: <https://www.eurekalert.org/pub_releases/2016-05/tca-ldv050316.php>. Acesso em: 18 dez. 2019.
6. ISRAEL, Paul. *Edison*: a life of invention. Nova York: John Wiley & Sons, 1998. pp. 119-120.
7. Conforme traduzido do original em alemão, em SCHOPENHAUER, Arthur. *Die Welt als Wille und Vorstellung*. 3. ed. Leipzig: Brocklaus, 1859, vol. II, tomo III, capítulo 31, p. 446; ou *O mundo como vontade e como representação*. Trad., apres., notas e índices Jair Barboza. São Paulo: Unesp, 2005.
8. LOVE, Dylan. "The 13 most memorable quotes from Steve Jobs". In.: *Business Insider*, 5 out. 2011. Disponível em: <https://www.businessinsider.com/the-13-most-memorable-quotes-from-steve-jobs-2011-10>. Acesso em: 14 dez. 2019.
9. TESLA, Nikola. *My inventions*. David Major (ed.). Middletown: Philovox, 2016. p. 55.
10. KANT, Immanuel. *Critique of pure reason* apud MCMAHON. *Divine fury.* p. 90.
11. CSIKSZENTMIHALYI, Mihaly. "Implications of a systems perspective for the study of creativity". In.: *Cambridge Handbook of Creativity*. Robert J. Stern (ed.). Cambridge: Cambridge University Press, 1998. pp 311-334.

CAPÍTULO 1

12. PLATÃO. *Apology*. Trad. Benjamin Jowett. § 8. Disponível em: <http://classics.mit.edu/Plato/apology.html>. Acesso: 8 dez. 2019.
13. DARWIN, Charles. *The autobiography of Charles Darwin*. Nora Barlow (ed.). Nova York: W. W. Norton, 1958. p. 38.
14. BEAUVOIR, Simone de. *The second sex*. Trad. H. M. Parshley. Nova York: Random House, 1989. p. 133.
15. VASARI, Giorgio. *The lives of the artists*. Trad. Julia Conaway Bondanella e Peter Bondanella. Oxford: Oxford University Press, 1991. p. 284.

16 VINCI, Leonardo da. *Codex Atlanticus* apud ISAACSON, Walter. *Leonardo da Vinci*. Nova York: Simon & Schuster, 2017. p. 179.
17 BAMBACH, Carmen C. *Michelangelo*: divine draftsman & designer. New Haven: Yale University Press, 2017. pp. 35 e 39.
18 Apud PHOENIX, Helia. *Lady Gaga just dance*: the biography. Londres: Orion Books, 2010. p. 84.
19 LOCKWOOD, Lewis. *The music and the life*. Nova York: W. W. Norton, 2003. p. 12.
20 LUTZ, Tom. "Viewers angry after Michael Phelps loses race to computer animated shark". In.: *The Guardian*, 24 jul. 2017. Disponível em: <https://www.theguardian.com/sport/2017/jul/24/michael-phelps-swimming-race-sharkdiscovery-channel>. Acesso em: 20 nov. 2019.
21 ALLENTUCK, Danielle. "Simone Biles takes gymnastics to a new level. Again". In.: *The New York Times*, 9 ago. 2019. Disponível em: <Https://www.nytimes.com/2019/08/09/sports/gymnastics-simone-biles.html>. Acesso em: 29 nov. 2019.
22 STREHLKE, Sade. "How August cover star Simon Biles blazes through expectations". In.: *Teen Vogue*, 30 jun. 2016. Disponível em: <https://www.teenvogue.com/story/simone-biles-summer-olympics-cover-august-2016>. Acesso em: 20 nov. 2019.
23 "Simon Biles teaches gymnastic fundamentals". MasterClass, 2019, aula 3, 0:50.
24 GALTON, Francis. *Hereditary genius*: an inquiry into its laws and consequences. Edição de 1869 com prefácio da edição de 1892. Londres: MacMillan, 1869. p. 1. Disponível em: <http://galton.org/books/hereditary-genius/1869-FirstEdition/hereditarygenius1869galt.pdf>. Acesso em: 9 set. 2020.
25 Sobre reprodução seletiva de cavalos e cruzamento, ver SCHRAGER. Allison. "Secretariat's Kentucky Derby record is safe". In.: *The Wall Street Journal*, 4-5 mai. 2019. Disponível em: <https://www.wsj.com/articles/secretariats-kentucky-derby-record-is-safe-thanks-to-the-taxman-11556920680>. Acesso em: 20 nov. 2019. Para questões gerais de determinismo biológico, ver capítulo 5 de GOULD, Stephen Jay. *The mismeasure of man*. Nova York: W. W. Norton, 1981.
26 PLOMIN, Robert. *Nature and nurture*: an introduction to human behavioral genetics. Belmont, CA: Wadsworth, 2004.
27 ROBINSON, Andrew. *Sudden genius?*: the gradual path to creative breakthroughs. Oxford: Oxford University Press, 2010. p. 9.
28 Apud ROBINSON. *Sudden Genius?*. p. 256.
29 SIMONTON, Dean Keith. "Talent and its development: an emergenic and epigenetic model". In.: *Psychological Review*, v. 106, n. 3 (jul. 1999). p. 440.
30 LYKKEN, David T. "The genetics of genius". In.: STEPTOE, Andrew (ed.). *Genius and the mind*: studies of creativity and temperament. Oxford: Oxford University Press, 1998. p. 28; e ROBINSON, Andrew. *Sudden genius?*: the gradual path to creative breakthroughs. Oxford: Oxford University Press, 2010. p. 256.
31 ELLIS, Havelock. *A study of British genius*. Londres: Hurst and Blackett, 2017 (1904), 94ff.
32 GOTTLIEB, Gilbert. "Normally occurring environmental and behavioral influences on gene activity: from central dogma to probabilistic epigenesis". In.: *Psychological Review*, v. 105, n. 3 (1995). pp. 792-802.
33 ERICSSON, K. Anders; KRAMPE, Ralf Th.; TESCH-RÖMER, Clemens. "The role of deliberate practice in the acquisition of expert performance". In.:

Psychological Review, v. 100, n. 3 (jul. 1993). pp. 363-406; ampliado por SLOBODA, John A. *et al*. "The role of practice in the development of performing musicians". In.: *British Journal of Psychology*, v. 87, n. 2 (maio 1996). pp. 287-309.
34   ERICSSON *et al*. "The role of deliberate practice". p. 397.
35   WINNER, Ellen. *Gifted children*: myths and realities. Nova York: Basic Books, 1997. p. 3.
36   Sobre a carreira de Cézanne, ver DANCHEV, Alex. *Cézanne*: a life. Nova York: Random House, 2012. pp. 106, 110 e 116; e GOWING, Lawrence. *Cézanne*: the early years. Nova York: Harry N. Abrams, 1988. p. 110.
37   *La Voz de Galicia*, 21 fev. 1895 apud RICHARDSON, John. *A life of Picasso*: the prodigy, 1881-1906. Nova York: Alfred A. Knopf, 1991. p. 55.
38   RICHARDSON. *Picasso*. p. 67.
39   GALENSON, David W. *Old masters and young geniuses*. Princeton: Princeton University Press, 2006. p. 24.
40   GALENSON. *Old masters*. p. 23.
41   DANCHEV. *Cézanne*. p. 12.
42   "The father of us all". In.: *Artsy*, 6 fev. 2014. Disponível em: <https://www.artsy.net/article/matthew-the-father-of-us-all>. Acesso em: 20 nov. 2019.
43   MACNAMARA, Brooke N.; HAMBRICK, David Z.; OSWALD, Frederick L. "Deliberate practice and performance in music, games, sports, education, and professions: a meta-analysis". In.: *Psychological Science*, v. 25, n. 7 (ago. 2014). pp. 1608-1618.
44   Condensação de e-mail de 4 ago. 2019, ao qual o sr. Chen adicionou o seguinte: "P.S. – Li isso para minha mãe (chinesa) e ela não concorda com a versão de 20% e 80%. Ela acha que o trabalho fica acima de tudo, 80% trabalho, 20% sorte/oportunidade. Mentalidade de mãe asiática rigorosa, sabe? É interessante como diferentes culturas e educações domiciliares influenciam a opinião de uma pessoa a respeito disso."
45   Sobre a história de um teste de QI padronizado, ver SIMONTON. "Talent and its development". pp. 440-448; e MCMAHON, Darrin. *Divine fury*: a history of genius. Nova York: Basic Books, 2013. pp. 178-185.
46   SOLOMON, Deborah. "The science of second-guessing". In.: *The New York Times*, 12 dez. 2004. Disponível em: <https://www.nytimes.com/2004/12/12/magazine/the-science-of-secondguessing.html>. Acesso em: 20 nov. 2019.
47   ROSANOFF, Martin A. "Edison in his laboratory". In.: *Harpers Magazine*, set. 1932. Disponível em: <https://harpers.org/archive/1932/09/edison-in-his-laboratory/>. Acesso em: 20 nov. 2019.
48   GOULD. *The mismeasure of man*. pp. 56-57.
49   *Griggs v. Duke Power Company*, 1971. Testes de QI e similares podem continuar em uso, todavia, apenas se previrem desempenho profissional e não discriminarem com base em raça, religião, nacionalidade ou gênero.
50   SEDLACEK, William E. *Beyond the big test*: noncognitive assessment in higher education. São Francisco: Jossey-Bass, 2004. pp. 61-63.
51   RAMPELL, Catherine. "SAT scores and family income". In.: *The New York Times*, 27 ago. 2009. Disponível em: <https://economix.blogs.nytimes.com/2009/08/27/sat-scores-and-family-income/>. Acesso em: 20 nov. 2019; GOLDFARB,

Zachary. "These four charts show how the sat favors rich, educated families". In.: *The Washington Post*, 5 mar. 2014. Disponível em: <https://www.washingtonpost.com/news/wonk/wp/2014/03/05/these-four-charts-show-how-the-sat-favors-therich-educated-families/>. Acesso em: 20 nov. 2019; SEDLACEK. *Beyond the big test*. p. 68.

52 MADHANI, Aamer. "University of Chicago becomes the first elite college to make sat, act optional for applicants". In.: *USA Today*, 14 jun. 2018. Disponível em: <https://www.usatoday.com/story/news/2018/06/14/university-chicago-sat-actoptional/701153002>. Acesso em: 20 nov. 2019.

53 HARTOCOLLIS, Anemona. "University of California is sued over use of SAT and act". In.: *The New York Times*, 10 dez. 2019. Disponível em: <https://www.nytimes.com/2019/12/10/us/sat-act-uc-lawsuit.html>. Acesso em: 12 dez. 2019.

54 Ver, por exemplo, CHU, Lenora. *Little soldiers*: an American boy, a Chinese school, and the global race to achieve. Nova York: HarperCollins, 2017. p. 252, e SEDLACEK. *Beyond the big test*. p. 60.

55 MACY, Caitlin. "AP tests are still one of the great American equalizers". In.: *The Wall Street Journal*, 23-24 fev. 2019. Disponível em: <https://www.wsj.com/articles/ap-tests-are-still-a-great-american-equalizer-11550854920>. Acesso em: 19 dez. 2019.

56 Ver, por exemplo, GOLDENBERG, Caroline. "School removes AP courses from incoming freshmen", *The Horace Mann Record*, 5 jun. 2018. Disponível em: <https://record.horacemann.org/2078/uncategorized/school-removes-apcourses-for-incoming-freshman-class/>. Acesso em: 20 nov. 2019.

57 GRANT, Adam. "What straight-A students get wrong". In.: *The New York Times*, 8 dez. 2018. Disponível em: <https://www.nytimes.com/2018/12/08/opinion/college-gpa-career-success.html>. Acesso em: 20 nov. 2019.

58 CLYNES, Tom. "How to raise a genius". In.: *Nature: International Journal of Science*, 7 set. 2016. Disponível em: <https://www.nature.com/news/how-to-raise-agenius-lessons-from-a-45-year-study-of-super-smart-children-1.20537>. Acesso em: 20 nov. 2019.

59 Resumido em ANDREASEN, Nancy. *The creating brain*: the neuroscience of genius. Nova York: Dana Foundation, 2005. pp. 10-13. Ver também BURKS, Barbara; JENSEN, Dortha; TERMAN, Louis. "The promise of youth follow-up studies of a thousand gifted students". In.: *Genetic Studies of Genius*, v. 3. Stanford: Stanford University Press, 1930.

60 GARBER, Marjorie. "Our genius problem". In.: *Atlantic Monthly*, 15 dez. 2002. Disponível em: <https://www.theatlantic.com/magazine/archive/2002/12/our-genius-problem/308435/>. Acesso em: 20 nov. 2019.

61 JONES, Malcolm. "How Darwin and Lincoln shaped us". In.: *Newsweek*, 28 jun. 2008. Disponível em: <https://www.newsweek.com/how-darwin-and-lincolnshaped-us-91091>. Acesso em: 20 nov. 2019.

62 MONTALBO, Thomas. "Churchill: a study in oratory: seven lessons in speechmaking". In.: *International Churchill Society*. Disponível em: <https://winstonchurchill.org/publications/finest-hour/finest-hour-069/churchill-a-study-in-oratory/>. Acesso em: 20 nov. 2019.

63 HULBERT, Ann. *Off the charts*. Nova York: Alfred A. Knopf, 2018. p. 56; e ROBINSON, Andrew. "Is high IQ necessary to be a genius?". In.: *Psychology*

Today, 2 jan. 2011. Disponível em: <https://www.psychologytoday.com/us/blog/suddengenius/201101/is-high-intelligence-necessary-be-genius>. Acesso em: 20 nov. 2019.

64 ROWLING, J. K. *Very good lives*: the fringe benefits of failure and the importance of imagination. Nova York: Little Brown, 2008. p. 23.

65 ISAACSON, Walter. *Albert Einstein*: the life and universe. Nova York: Simon & Schuster, 2007. p. 48.

66 CLARK, Duncan. *Alibaba*: the house that Jack Ma built. Nova York: HarperCollins, 2016. p. 44.

67 BARRIER, Michael. *The animated man*: a life of Walt Disney. Berkeley: University of California Press, 2007. pp. 18-19.

68 SABARTÉS, Jaime. *Picasso*: an intimate portrait. Londres: W. H. Allen, 1948. pp. 36-39. Ver também PENROSE, Roland. *Picasso*: his life and work. 3. ed. Berkeley: University of California Press, 1981. pp. 18-19; e RICHARDSON. *A life of Picasso*. p. 33.

69 GARDNER, Howard. *Frames of mind*: the theory of multiple intelligences. Nova York: Basic Books, 1983. Capítulo 4.

70 ROWLING. *Very good lives*. pp. 11-23.

71 FLOOD, Alison. "JK Rowling's writing advice: be a Gryffindor". In.: *The Guardian*, 8 jan. 2019. Disponível em: <https://www.theguardian.com/books/booksblog/2019/jan/08/jk-rowlings-writing-advice-be-a-gryffindor>. Acesso em: 12 dez. 2019.

72 Alguns psicólogos fizeram exatamente isso. Ver STERNBERG, Robert *et al.* "Confirmatory factor analysis of the Sternberg triarchic abilities test in three international samples". In.: *European Journal of Psychological Assessment*, v. 17, n. 1 (2001). pp. 1-16.

73 TANNENBAUM, Abraham J. "The IQ controversy and the gifted". In.: BENBOW, Camilla; LUBINSKY, David (eds.). *Intellectual Talent*. Baltimore: Johns Hopkins University Press, 1996. pp. 70-74; ERICSSON, Anders; POOL, Robert. *Peak*: secrets from the new science of expertise. Boston: Houghton Mifflin Harcourt, 2016. p. 235; e STERNBERG, Robert. *Wisdom, intelligence, and creativity synthesized*. Cambridge: Cambridge University Press, 2003.

74 Apud MILLER, Casey; STASSUN, Keivan. "A test that fails". In.: *Nature*, 11 jun. 2014. Disponível em: <https://www.nature.com/articles/nj7504-303a>. Acesso em: 12 dez. 2019. Ver também STERNBERG, Robert; WILLIAMS, W. M. "Does the graduate record exam predict meaningful success and graduate training of psychologist". In.: *American Psychologist*, v. 52, n. 6 (jun. 1997). pp. 630-641.

75 SEDLACEK, William. E-mail ao autor, 2 out. 2019.

76 Ver ANDERS, George. *You can do anything*. Nova York: Little Brown, 2017. p. 58.

77 GLADWELL, Malcolm. *Outliers*: the story of success. Nova York: Little Brown, 2008. pp. 80-84.

78 WITZ, Billy; MEDINA, Jennifer; ARANGO, Tim. "Bribes and big-time sports: U.S.C. once again finds itself facing scandal". In.: *The New York Times*, 15 mar. 2019. Disponível em: <https://www.nytimes.com/2019/03/14/us/usc-college-cheating-scandal-bribes.html>. Acesso em: 12 dez. 2019.

79 KORN, Melissa; LEVITZ, Jennifer. "In college admissions scandal, families from China paid the most". In.: *The Wall Street Journal*, 27-28 abr. 2019. Disponível em:

<https://www.wsj.com/articles/the-biggest-clients-in-the-college-admissions-scandal-were-from-china-11556301872>. Acesso em: 12 dez. 2019.

80   BACON, John; GARRISON, Joey. "Ex-Yale coach pleads guilty for soliciting almost $1 million". In.: *USA Today*, 29 mar. 2019. Disponível em: <https://www.usatoday.com/story/news/nation/2019/03/28/rudy-meredith-ex-yale-coach-expected-plead-guilty-college-admissions-scam/3296720002/>. Acesso em: 8 jan. 2020; e KORN, Melissa. "How to fix college admissions". In.: *The Wall Street Journal*, 29 nov. 2019. Disponível em: <https://www.wsj.com/articles/how-to-fix-college-admissions-11575042980>. Acesso em: 15 dez. 2019.

81   Há muito atribuído por Einstein, mas ver "Everybody is a genius". In.: *Quote Investigator*, 6 abr. 2013. Disponível em: <https://quoteinvestigator.com/2013/04/06/fish-climb/>. Acesso em: 12 dez. 2019.

CAPÍTULO 2

82   NICHOLS, Catherine. "Homme de Plume: what I learned sending my novel out under a male name". In.: *Jezebel*, 4 ago. 2015. Disponível em: <https://jezebel.com/homme-de-plume-what-i-learned-sending-my-novel-out-und-1720637627>. Acesso em: 19 dez. 2019. A carreira de Catherine Nichols pode ser acompanhada em: <https://theweek.com/authors/catherine-nichols>. Acesso em: 09 set. 2020.

83   Ver, por exemplo, "Employers' replies to racial names". In.: *National Bureau of Economic Research*. Disponível em: <https://www.nber.org/digest/sep03/w9873.html>. Acesso em: 18 nov. 2019.

84   Ver, por exemplo, "Publishing industry is overwhelmingly white and female, US study finds". In.: *The Guardian*, 27 jan. 2016. Disponível em: <https://www.theguardian.com/books/2016/jan/27/us-study-finds-publishing-is-overwhelmingly-white-and-female>. Acesso em: 18 nov. 2019.

85   SANDBERG, Sheryl. "Women at work: speaking while female". In.: *The New York Times*, 12 jan. 2015. Disponível em: <https://www.nytimes.com/2015/01/11/opinion/sunday/speaking-while-female.html>. Acesso em: 29 dez. 2019.

86   KARPOWITZ, Christopher F.; MENDELBERG, Tali; SHAKER, Lee. "Gender inequality in deliberative participation". In.: *American Political Science Review*, v. 106, n. 3 (ago. 2012). pp. 533-547.

87   HILL, Catherine; CORBETT, Christianne; ST. ROSE, Andresse. *Why so few?*: women in science, technology, engineering, and mathematics. Washington, DC: AAUW, 2010. Disponível em: <https://www.aauw.org/app/uploads/2020/03/why-so-few-research.pdf>. Acesso em: 9 set. 2020.

88   CHONEY, Suzanne. "Why do girls lose interest in stem? New research has some answers — and what we can do about it". In.: *Microsoft Stories*, 15 mar. 2018. Disponível em: <https://news.microsoft.com/features/why-do-girls-lose-interest-in-stem-new-research-has-some-answers-and-what-we-can-do-about-it/>. Acesso em: 19 dez. 2019.

89   SIMONTON, Dean Keith. *Greatness*: who makes History and why. Nova York: Guilford Press, 1994. pp. 33-34.

90   SIMONTON. *Greatness*. p. 37.

91   WOOLF, Virginia. *A room of one's own*. Nova York: Fountain Press, 2012 (1929). p. 24.

92   WOOLF. *Room*. p. 48.

93   WOOLF. *Room*. p. 56.

94 Apud BYRON, George Gordon (Lord Byron). *The works of Lord Byron, with his letters and journals*. MOORE, Thomas (ed.). Nova York: J & J Harper, 1830-1831, v. 2. p. 275.
95 SMITH, Sean. *J. K. Rowling*: a biography – The genius behind Harry Potter. Londres: Michael O'Mara Books, 2001. p. 132.
96 WOOLF. *Room*. pp. 53–54.
97 WOOLF. *Room*. 56.
98 WOOLF. *Room*. 35.
99 BYRON. *The works of Lord Byron*, v. 2. p. 399.
100 Apud GRAY, Cecil. *A survey of contemporary music*. Londres: Oxford University Press, 1924. p. 246.
101 DARWIN, Charles. "This is the question". In.: Nora Barlow (ed.). *Autobiography*. Nova York: W. W. Norton, 1958. pp. 195-196.
102 GILOT, Françoise; LAKE, Carlton. *Life with Picasso*. Londres: McGraw-Hill, 2012 (1964). p. 77.
103 SCHOPENHAUER, Arthur. *The world as will and idea*. Trad. R. B. Haldane e J. Kemp. 6. ed. Londres: Kegan Paul, 1909, v. 3. p. 158. Disponível em: <http://www.gutenberg.org/files/40868/40868-h/40868-h.html>. Acesso em: 9 set. 2020.
104 SCHOPENHAUER, Arthur. "The essays of Schopenhauer". In.: SUTHERLAND, Juliet (ed.). *The Gutenberg Project*. Disponível em: <https://www.gutenberg.org/files/11945/11945-h/11945-h.htm#link2H_4_0009>. Acesso em: 19 dez. 2019.
105 *Apud* MCMAHON, Darrin. *Divine fury*: a history of genius. Nova York: Basic Books, 2013. p. 161.
106 BROCKES, Emma. "Return of the time lord". In.: *The Guardian*, 27 set. 2005. Disponível em: <https://www.theguardian.com/science/2005/sep/27/scienceandnature.highereducationprofile>. Acesso em: 20 dez. 2019.
107 GOLDENBERG, Suzanne. "Why women are poor in sciences, by Harvard president". In.: *The Guardian*, 18 jan. 2005. Disponível em: <https://www.theguardian.com/science/2005/jan/18/educationsgendergap.genderissues>. Acesso em: 20 dez. 2019.
108 MOSZKOWSKI, Alexander. *Conversations with Einstein*. Trad. Henry L. Brose. Nova York: Horizon Press, 1970. p. 79.
109 PEVSNER, Nikolaus. *Academies of art, past and present*. Cambridge: Cambridge University Press, 1940. p. 231; e NOCHLIN, Linda. "Why have there been no great female artists", 1971. Disponível em: <http://davidrifkind.org/fiu/library_files/Linda%20Nochlin%20%20Why%20have%20there%20been%20no%20Great%20Women%20Artists.pdf>. Acesso em: 9 set. 2020.
110 SAENGER, Peter. "The triumph of women artists". In.: *The Wall Street Journal*, 21 nov. 2018. Disponível em: <https://www.wsj.com/articles/the-triumph-of-women-artists-1542816015>. Acesso em 20 dez. 2019.
111 KLUMPKE, Anna. *Rosa Bonheur*: sa vie, son oeuvre. Paris: Flammarion, 1908. pp. 308-309.
112 GREENSPAN, Alan; WOOLDRIDGE, Adrian. *Capitalism in America*: a history. Nova York: Random House, 2018. p. 363.
113 Apud KARABEL, Jerome. *The chosen*: the hidden history of admission and exclusion at Harvard, Yale and Princeton. Nova York: Mariner Books, 2014. p. 444.

114 BOHLEN, Celestine. "Breaking the cycles that keep women out of tech-related professions". In.: *The New York Times*, 26 nov. 2018. Disponível em: <https://www.nytimes.com/2018/11/20/world/europe/women-in-stem.html?searchResultPosition=9>. Acesso em: 20 dez. 2019.

115 Tanto essa citação como a de Mendelssohn foram obtidas em WRIGHT, Craig. *Listening to music*. 7. ed. Boston: Cengage Learning, 2017. pp. 252-253.

116 CURREY, Mason. *Daily rituals*: how artists work. Nova York: Alfred A. Knopf, 2018. p. 44.

117 POPOFF, Alexandra. *The wives*: the women behind Russia's literary giants. Nova York: Pegasus Books, 2012. p. 68.

118 "Hatshepsut". In.: *Western Civilization*. ER Services. Disponível em: <https://courses.lumenlearning.com/suny-hccc-worldhistory/chapter/hatshepsut/>. Acesso em: 18 nov. 2019.

119 Para saber sobre as esculturas de Hatshepsut e sua história no Metropolitan Museum of Art, ver "Large kneeling statue of Hatshepsut, *ca*. 1479-1458 B.C.". Disponível em: <https://www.metmuseum.org/art/collection/search/544449>. Acesso em: 9 set. 2020; e especialmente "Sphinx of Hatshepsut". Disponível em: <https://www.metmuseum.org/toah/works-of-art/31.3.166/>. Acesso em: 9 set. 2020.

120 Para um resumo sobre a vida de Hildegarda de Bingen, ver a introdução a seu respeito em NEWMAN, Barbara. *Saint Hildegard of Bingen*: symphonia. Ithaca: Cornell University Press, 1988; e FOX, Matthew. *Hildegard of Bingen*: a saint for our times. Vancouver: Namaste, 2012. Para amostras de seus textos, ver FLANAGAN, Sabina. *Secrets of God*: writings of Hildegard of Bingen. Boston: Shambhala, 1996; para amostras de suas cartas, ver FOX, Matthew (ed.). *Hildegard of Bingen's book of divine works with letters and songs*. Santa Fe: Bear & Co., 1987.

121 Um exemplo é a pintura "Ló e suas filhas", antes atribuída a Bernardo Cavallino, em exibição no Museu de Arte de Toledo. Ver GRABSKI, Josef. "On Seicento painting in Naples: some observations on Bernardo Cavallino, Artemisia Gentileschi and others". In.: *Artibus et Historiae*, v. 6, n. 11 (1985). pp. 23-63. Ver também CASCONE, Susan. "Sotheby's offers lost Artemisia Gentileschi masterpiece". In.: *Artnet News*, 10 jun. 2014. Disponível em: <https://news.artnet.com/market/sothebys-offers-lost-artemisia-gentileschi-masterpiece-37273>. Acesso em: 20 dez. 2019.

122 Para mais informações sobre o julgamento, ver MARKS, Tracy. "Artemesia: the rape and the trial". Disponível em: <http://www.webwinds.com/artemisia/trial.htm>. Acesso em: 18 nov. 2019.

123 Para mais informações sobre Ada Lovelace, ver, por exemplo, TOOLE, Betty. *Ada*: prophet of the computer age. Moreton-in-Marsh: Strawberry Press, 1998; e GIBSON, William; STERLING, Bruce. *The difference engine*. Nova York: Bantam Books, 1991. Uma boa sinopse de Lovelace como visionária da computação está em ISAACSON, Walter. *The innovators*. Nova York: Simon & Schuster, 2014. pp. 7-33.

124 Ver SIME, Ruth Levin. *Lise Meitner*: a life in physics. Berkeley: University of California Press, 1996. Disponível em: <https://www.washingtonpost.com/wp-srv/style/longterm/books/chap1/lisemeitner.htm?noredirect=on>. Acesso em: 9 set. 2020.

125 PARFREY, Adam; NELSON, Cletus. *Citizen Keane*: the big lies behind the big eyes. Port Townsend: Feral House, 2014.

126 HEGEWISCH, Ariane; WILLIAMS-BARON, Emma. "The gender wage gap". In.: *Institute for Women's Policy Research*, 7 mar. 2018.
127 BACHMAN, Rachel. "Women's team sues U.S. soccer". In.: *The Wall Street Journal*, 9 mar. 2019. Disponível em: <https://www.wsj.com/articles/u-s-womens-soccer-team-alleges-gender-discrimination-11552059299>. Acesso em: 9 set. 2020.
128 TEARE, Gené. "In 2017, only 17% of startups have female founder". In.: *TC*, 19 abr. 2017. Disponível em: <https://techcrunch.com/2017/04/19/in-2017-only-17-of-startups-have-a-female-founder/>. Acesso em: 6 jan. 2020; e ZARYA, Valentina. "Female founders got only 2% of venture capital in 2017". In.: *Fortune*, 31 jan. 2018. Disponível em: <https://fortune.com/2018/01/31/female-founders-venture-capital-2017/>. Acesso em: 20 dez. 2019.
129 PADNANI, Adnisha. "How an Obits Project on overlooked women was born". In.: *The New York Times,* 8 mar. 2018. Disponível em: <https://www.nytimes.com/2018/03/08/insider/overlooked-obituary.html>. Acesso em: 20 dez. 2019.
130 Conforme relatado por SIEGHART, Mary Ann. "Why are even women biased against women". In.: *BBC Radio*, 4 fev. 2018. Disponível em: <https://www.bbc.co.uk/programmes/b09pl66d>. Acesso em: 20 dez. 2019. Ver também HELDMAN, Caroline; CONROY, Meredith; ACKERMAN, Alissa R. *Sex and gender in the 2016 presidential election*. Santa Barbara: Praeger, 2018.
131 HOFFMANN, Adrian; MUSCH, Jochen. "Prejudice against women leaders: insights from an indirect questioning approach". In.: *Sex Roles*, v. 80, n. 11-12 (jun. 2019). pp. 681-692. Disponível em: <https://link.springer.com/article/10.1007/s11199-018-0969-6>. Acesso em: 20 dez. 2019.
132 BANAJI, Mahzarin R.; GREENWALD, Anthony G. *Blind spot*: hidden biases of good people. Nova York: Bantam Books, 2013.
133 HILL, Catherine *et al. Why so few?*: women in science, technology, engineering, and math. Relatório da American Association of University Women. Washington, DC: AAUW, 2010. p. 74.
134 MOSS-RASCUSIN, Corinne A. *et al.* "Science faculty's subtle gender biases favor male students". In.: *Proceedings of the National Academy of Sciences of the United States of America*, 9 out. 2012. Disponível em: <https://doi.org/10.1073/pnas.1211286109>. Acesso em: 20 dez. 2019.
135 BANAJI; GREENWALD. *Blind spot*. p. 115.
136 SCHULTE, Brigid. "A woman's greatest enemy? A lack of time to herself". In.: *The Guardian*, 21 jul. 2019. Disponível em: <https://www.theguardian.com/commentisfree/2019/jul/21/woman-greatest-enemy-lack-of-time-themselves>. Acesso em: 16 dez. 2019.
137 STEPHENS-DAVIDOWITZ, Seth. "Google tell me. Is my son a genius?". In.: *The New York Times*, 18 jan. 2014. Acesso em: <https://www.nytimes.com/2014/01/19/opinion/sunday/google-tell-me-is-my-son-a-genius.html>. Acesso em: 31 dez. 2019.
138 SIMONTON. *Greatness*. p. 37.

CAPÍTULO 3
139 Ver também EDDY, Melissa. "A musical prodigy? Sure, but don't call her 'a new Mozart'". In.: *The New York Times*, 14 jun. 2019. Disponível em: <https://www.

nytimes.com/2019/06/14/world/europe/alma-deutscher-prodigy-mozart.html>. Acesso em: 20 dez. 2019.

140. "British child prodigy's Cinderella opera thrills Vienna". In.: *BBC News*, 30 dez. 2016. Disponível em: <https://www.bbc.com/news/world-europe-38467218>. Acesso em: 20 dez. 2019.

141. DEUTSCH, Otto Erich. *Mozart*: a documentary biography. Trad. Eric Blom *et al*. Stanford: Stanford University Press, 1965. p. 9.

142. Dois dos filhos de Mozart tiveram uma relação mais do que passageira com a música: Carl Thomas (1784-1858), que treinou para ser músico, mas acabou se tornando servidor público em Milão, e Franz Xaver (1791-1844), que ganhava a vida como compositor, instrutor de piano e com apresentações públicas ocasionais. Nenhum dos dois deixou descendentes.

143. SCHENK, Erich. "Mozarts Salzburger Vorfahren". In.: *Mozart-Jahrbuch*, v. 3 (1929). pp. 81-93; SCHENK, Erich. *Mozart and his times*. Trad. Richard e Clara Winston. Nova York: Knopf, 1959. pp. 7-8; e VALENTIN, Erich. "Die Familie der Frau Mozart geb. Pertl". In.: *Madame Mutter*: Anna Maria Walburga Mozart (1720–1778). Augsburg: Die Gesellschaft, 1991.

144. DEUTSCH. *Mozart*: a documentary biography. p. 445.

145. DEUTSCH. *Mozart*: a documentary biography. p. 27.

146. "Prodigy". In.: *The compact Oxford English dictionary*. Oxford: Oxford University Press, 1991.

147. *Inside Bill's brain: decoding Bill Gates*, Netflix, set. 2019, ep. 1.

148. Yo-Yo Ma, conversa com o autor, Tanglewood, MA. 14 ago. 2011.

149. SIMONTON, Dean Keith, *et al*. "The creative genius of William Shakespeare". In.: STEPTOE, Andrew (ed.). *Genius and the mind*. Oxford: Oxford University Press, 1998. p. 180.

150. DEUTSCH. *Mozart*: a documentary biography. p. 360.

151. EISEN, Cliff. *New Mozart documents*: a supplement to O. E. Deutsch's documentary biography. Stanford: Stanford University Press, 1991. p. 14.

152. QUART, Alissa. *Hothouse kids*: the dilemma of the gifted child. Nova York: Penguin Press, 2006. p. 77; e o documentário *My kid could paint that*. Sony Pictures Classic, 2007.

153. DEUTSCH. *Mozart*: a documentary biography. p. 494.

154. Marin Alsop, conversa com o autor, New Haven, CT. 22 mai. 2017.

155. KAUFMAN, Scott Barry; GREGOIRE, Carolyn. *Wired to create*: unraveling the mysteries of the creative mind. Nova York: Random House, 2016. p. 151.

156. Apud PHOENIX, Helia. *Lady Gaga just dance*: the biography. Londres: Orion House, 2010. pp. 44-45.

157. Apud SIMONTON, Dean Keith. *Greatness*: who makes History and why. Nova York: Guilford Press, 1994. p. 243.

158. WINNER, Ellen. *Gifted children*: myths and realities. Nova York: Basic Books, 1996. p. 10; QUART, Alissa. *Hothouse kids*: the dilemma of the gifted child. Nova York: Knopf, 2006. pp. 204-205; e HULBERT, Ann. *Off the charts*: the hidden lives and lessons of American child prodigies. Nova York: Knopf, 2018. pp. 283 e 291.

159. SOLOMON, Maynard. *Mozart*: a life. Nova York: Simon & Schuster, 1995. pp. 177-209.

NOTAS

160 Carta de Leopold Mozart a Wolfgang, 12 fev. 1778. In.: ANDERSON, Emily (ed.). *The letters of Mozart and his family*. Londres: Macmillan, 1985. p. 478.
161 Carta de Leopold Mozart a Wolfgang, 18 dez. 1777. *Idem*, p. 423.
162 Carta de Wolfgang Mozart a Leopold, 21 jul. 1778. *Idem*, p. 587.
163 SCHUMER, Liz. "Why mentoring matters and how to get started". In.: *The New York Times*, 30 set. 2018. Disponível em: <https://www.nytimes.com/2018/09/26/smarterliving/why-mentoring-matters-how-to-get-started.html>. Acesso em: 20 dez. 2019.
164 Apud RICHARDSON, John. *A life of Picasso*: the prodigy, 1881-1906. Nova York: Knopf, 2007. p. 45.
165 STONE, Douglas. Apresentação em aula, disciplina "Exploring the nature of genius". Universidade de Yale, 2 fev. 2014.
166 O estudo inicial, cujos resultados não foram reproduzidos com sucesso, foi publicado por RAUSCHER, Frances H.; SHAW, Gordon L.; KY, Catherine N. In.: *Nature*, v. 365, n. 611 (out. 1993). A adição "Ficam mais inteligentes" foi introduzida pelo crítico de música Alex Ross em "Listening to Prozac... Er, Mozart". In.: *The New York Times*, 28 ago. 1994. Disponível em: <https://www.nytimes.com/1994/08/28/arts/classical-view-listening-to-prozac-er-mozart.html>. Acesso em: 20 dez. 2019.
167 LEVIN, Tamar. "No Einstein in your crib? Get a refund". In.: *The New York Times*, 23 out. 2009. Disponível em: <https://www.nytimes.com/2009/10/24/education/24baby.html>. Acesso em: 20 dez. 2019.
168 WINNER. *Gifted children*. pp. 280-281.
169 HULBERT. *Off the charts*. p. 291. Para mais informações sobre as "decepções de prodígios", ver QUART. *Hothouse kids*. p. 210.

CAPÍTULO 4

170 A descrição da noite vem de SHELLEY, Mary. *History of a six weeks' tour through part of France, Switzerland, Germany and Holland, with letters...* Londres: T. Hookham and C. J. Oliver, 1817. pp. 99-100. A identificação do dia é fornecida por SAMPSON, Fiona. *In search of Mary Shelley*. Nova York: Pegasus Books, 2018. p. 124.
171 Para mais informações sobre *Frankenstein* e a cultura pop, ver PERKOWITZ, Signey; MUELLER, Eddy von (ed.). *Frankenstein*: how a monster became an icon. Nova York: Pegasus Books, 2018.
172 Ver, por exemplo, HARKUP, Kathryn. *Making the monster*: the science behind Mary Shelley's Frankenstein. Londres: Bloomsbury, 2018.
173 SHELLEY, Mary. *Frankenstein or, the modern Prometheus*: annotated for scientists, engineers, and creators of all kinds. Ed. David Guston *et al*. Cambridge, MA: MIT Press, 2017. p. 84.
174 A introdução é reproduzida em *Frankenstein*, Romantic Circles. Disponível em: <https://www.rc.umd.edu/editions/frankenstein/1831v1/intro.html>. Acesso em: 19 nov. 2019.
175 Para mais informações sobre a história da publicação e recepção de *Frankenstein*, ver HARKUP. *Making the monster*. pp. 253-255.
176 "Harry Potter and Me". Especial de Natal da BBC, versão britânica, 28 dez. 2001. Transcrito por "Marvelous Marvolo" e Jimmi Thørgersen. Disponível em: <http://www.accio-quote.org/articles/2001/1201-bbc-hpandme.htm>. Acesso em: 19 nov. 2019.

177 *Ibid*.
178 Ver, por exemplo, HUFFINGTON, Arianna Stassinopoulos. *Picasso*: maker and destroyer. Nova York: Simon & Schuster, 1988. p. 379.
179 Apud HULBURT, Ann. *Off the charts*: the hidden lives and lessons of American child prodigies. Nova York: Knopf, 2018. p. 260.
180 Apud GARDNER, Howard. *Creating minds*: an anatomy of creativity. Nova York: Basic Books, 1993. p. 145.
181 STALLER, Natasha. "Early Picasso and the origins of Cubism". In.: *Arts Magazine*, v. 61 (1986). pp. 80-90; e STEIN, Gertrude. *Gertrude Stein on Picasso*. Ed. Edward Burns. Nova York: Liveright, 1970.
182 Conforme declarado a Françoise Gilot em GILOT, Françoise; LAKE, Carlon. *Life with Picasso*. Nova York: McGraw-Hill, 1990 (1964). p. 113.
183 Apud WERTHEIMER, Max. *Productive thinking*. Nova York: Harper & Row, 1959. p. 213.
184 EINSTEIN, Albert. *Autobiographical notes*. Trad. Paul Schlipp. La Salle, IL: Open Court, 1979. pp. 6-7.
185 *Ibid*, p. 49; ISAACSON, Walter. *Einstein*: his life and universe. Nova York: Simon & Schuster, 2007. p. 26; e BUCKY, Peter A. *The private Albert Einstein*. Kansas City: Universal Press, 1992. p. 26.
186 Apud ISAACSON. *Einstein*. p. 196.
187 OPPENHEIMER, J. Robert. *Robert Oppenheimer*: letters and recollections. Ed. Alice Smith e Charles Weiner. Cambridge, MA: Harvard University Press, 1980. p. 190.
188 GAMMILL, Justin. "10 actual quotes from Albert Einstein". In.: *I Heart Intelligence*. Disponível em: <https://iheartintelligence.com/2015/10/22/quotes-from-albert-einstein/>. Acesso em: 19 nov. 2019.
189 Carta de Einstein para Otto Juliusburger, 29 set. 1942, preservada nos Arquivos de Albert Einstein. Universidade Hebraica, Jerusalém, pasta 32, documento 238.
190 TARABORELLI, J. Randy. *Michael Jackson*: the magic, the madness, the whole story, 1958-2009. Nova York: Grand Central Publishing, 2009. p. 201.
191 *GoodReads*. Disponível em: <https://www.goodreads.com/quotes/130291-the-secret-of-genius-is-to-carry-the-spirit-of>. Acesso em: 19 nov. 2019.
192 HAZEL, Dann; FIPPEN, Josh. *A Walt Disney World Resort outing*: the only vacation planning guide exclusively for gay and lesbian travelers. San Jose: Writers Club Press, 2002. p. 211.
193 "The birth of a Mouse", em referência ao ensaio de Disney: "What Mickey means to me". Walt Disney Family Museum, 18 nov. 2012. Disponível em: <https://www.waltdisney.org/blog/birth-mouse>. Acesso em: 19 nov. 2019.
194 DEUTSCH, Otto Erich. *Mozart*: a documentary biography. Trad. Eric Blom *et al*. Stanford: Stanford University Press, 1965. p. 462.
195 Carta de Wolfgang para Maria Anna Thekla Mozart, 5 nov. 1777. In.: ANDERSON, Emily (ed.). *The letters of Mozart and his family*. Londres: Macmillan, 1985. p. 358.
196 COREN, M. J. "John Cleese: how to be creative". In.: *Video Arts*, 1991. Disponível em: <https://vimeo.com/176474304>. Acesso em: 19 nov. 2019.
197 KAHLO, Frida. *The diary of Frida Kahlo*. Nova York: Abrams, 2005. pp. 245-247.
198 DEUTSCH. *Mozart*: a documentary biography. p. 493.
199 Carta de 15 de janeiro de 1787, em ANDERSON. *Letters*. p. 904.

NOTAS

200   BEZOS, Jeff. *First mover*: Jeff Bezos in his own words. Ed. Helena Hunt. Chicago: Agate Publishing, 2018. p. 93.
201   GILEAD, Amihud. "Neoteny and the playground of pure possibilities". In.: *International Journal of Humanities and Social Sciences*, v. 5, n. 2 (fev. 2015). Disponível em: <http://www.ijhssnet.com/journals/Vol_5_No_2_February_2015/4.pdf>. Acesso em: 19 nov. 2019.
202   GOULD, Stephen Jay. "A biological homage to Mickey Mouse". Disponível em: <https://faculty.uca.edu/benw/biol4415/papers/Mickey.pdf>. Acesso em: 21 dez. 2019.
203   VIERECK, George Sylvester. "What life means to Einstein". In.: *Saturday Evening Post*, 26 out. 1929. p. 117. Disponível em: <http://www.saturdayeveningpost.com/wp-content/uploads/satevepost/einstein.pdf>. Acesso em: 19 nov. 2019.
204   Tradução livre do autor de BAUDELAIRE, Charles. *Le peintre de la vie moderne*. Paris: FB Editions, 2014 (1863). p. 13.

CAPÍTULO 5

205   MUMBY, Frank A.; RAIT, R. S. The girlhood of Queen Elizabeth. Whitefish, MT: Kessinger, 2006. pp. 69-72.
206   "Queen Elizabeth I of England". In.: *Luminarium*: anthology of English literature. Disponível em: <http://www.luminarium.org/renlit/elizlet1544.htm>. Acesso em: 20 nov. 2019.
207   ELIZABETH I. *Elizabeth I*: collected works. Ed. Leah S. Marcus *et al*. Chicago: University of Chicago Press, 2002. p. 182.
208   CAMDEN, William. *The historie of the most renowned and victorious Princess Elizabeth, late Queen of England*. Londres; Benjamin Fisher, 1630. p. 6.
209   ELIZABETH I. *Elizabeth I*: collected works. pp. 332-335. Ver Folger Library, Washington, D.C., v.a. 321, pasta 36; e *Modern History sourcebook*: Queen Elizabeth I of England (b. 1533, r. 1558–1603); selected writing and speeches. Disponível em: <https://sourcebooks.fordham.edu/mod/elizabeth1.asp>. Acesso em: 20 nov. 2019.
210   ENGEL, Susan. *The hungry mind*: the origins of curiosity in childhood. Cambridge, MA: Harvard University Press, 2015. p. 17 e capítulo 4.
211   CLARK, Kenneth. "The Renaissance". In.: *Civilisation*: a personal view. Disponível em: <http://www.historyaccess.com/therenaissanceby.html>. Acesso em: 20 nov. 2019.
212   VINCI, Leonardo da. *Codex Atlanticus*, pasta 611 *apud* LESLIE, Ian. *Curious*: the desire to know and why your future depends on it. Nova York: Basic Books, 2014. p. 16.
213   CAPRA, Fritjof. *The science of Leonardo*: inside the mind of the great genius of the Renaissance. Nova York: Random House, 2007. p. 2.
214   FREUD, Sigmund. *Leonardo da Vinci and a memory of his childhood*. Trad. Alan Tyson. Nova York: W. W. Norton, 1964. p. 85.
215   Uma lista de sábios canhotos, confirmados e possíveis, é fornecida em SIMONTON, Dean Keith. *Greatness*: who makes History and why. Nova York: Guilford Press, 1994. pp. 22-24.
216   NULAND, Sherwin B. *Leonardo da Vinci*. Nova York: Penguin, 2000. p. 17.
217   Apud NULAND. *Leonardo da Vinci*. p. 18.

218 NOOR, Amelia; CHEE, Chew; AHMED, Asina. "Is there a gay advantage in creativity?". In.: *The International Journal of Psychological Studies*, v. 5, n. 2 (2013). Disponível em: <ccsenet.org/journal/index.php/ijps/article/view/24643>. Acesso em: 10 set. 2020.
219 VASARI, Giorgio. "Life of Leonardo da Vinci". In.: VASARI. *Lives of the most eminent painters, sculptors, and architects*. Trad. Lulia Conaway Bondanella e Peter Bondanella. Oxford: Oxford University Press, 1991. pp. 284, 294 e 298.
220 ISAACSON, Walter. *Leonardo da Vinci*. Nova York: Simon & Schuster, 2017. p. 397.
221 MACCURDY, Edward (ed.). *The notebooks of Leonardo da Vinci*. Nova York: George Braziller, 1939. p. 166.
222 BELLHOUSE, J. B.; BELHOUSE, F. H. "Mechanism of closure in the aortic valve". In.: *Nature*, v. 217 (6 jan. 1968). Disponível em: <https://www.nature.com/articles/217086b0>. Acesso em: 20 nov. 2019.
223 SOOKE, Alastair. "Leonardo da Vinci: the anatomist". In.: *The Culture Show at Edinburgh*. BBC, 31 dez. 2013. Disponível em: <https://www.youtube.com/watch?v=-J6MdN_fucU>. Acesso em: 20 nov. 2019.
224 ISAACSON. *Leonardo da Vinci*. p. 412.
225 "Blurring the lines". In.: *National Geographic*, mai. 2019. pp. 68-69.
226 Apud JOHNSON, Marilyn. "A life in books". In.: *Life*, set. 1997. p. 47.
227 JOHNSON, *Life*, p. 53.
228 JOHNSON, *Life*, p. 60.
229 WINFREY, Oprah. *Own it*: Oprah Winfrey in her own words. Ed. Anjali Becker e Jeanne Engelmann. Chicago: Agate, 2017. p. 77.
230 FRANKLIN, Benjamin. *Benjamin Franklin*: the autobiography and other writings. Ed. L. Jesse Lemisch. Nova York: Penguin Group, 2014. p. 15.
231 BELL, Richard. "The genius of Benjamin Franklin". Palestra na Northwestern University Law School, Chicago, 28 set. 2019.
232 FRANKLIN. *Autobiography*. p. 18.
233 Apud GATES, Bill. *Impatient optimist*: Bill Gates in his own words. Ed. Lisa Rogak. Chicago: Agate, 2012. p. 107.
234 FRANKLIN. *Autobiography*. p. 112.
235 A maioria das fontes é fornecida em COHEN, J. Bernard. *Benjamin Franklin's experiments*. Cambridge, MA: Harvard University Press, 1941. 49ff.
236 *The Papers of Benjamin Franklin*, 28 mar. 1747, n. 3. p. 115. Disponível em: <https://franklinpapers.org/framedVolumes.jsp>. Acesso em: 6 jan. 2020.
237 *Ibid*, 25 dez. 1750, n. 4. pp. 82-83. Disponível em: <https://franklinpapers.org/framedVolumes.jsp>. Acesso em: 6 jan. 2020.
238 DRAY, Peter. *Stealing God's thunder*. Nova York: Random House, 2005. p. 97.
239 Carta de Benjamin Franklin a Jonathan Shipley, 24 fev. 1786. In.: FRANKLIN. *Autobiography*. p. 290.
240 TESLA, Nikola. *My inventions*: an autobiography. Ed. David Major. San Bernardino: Philovox, 2013. p. 15.
241 Extrapolando a partir do que Tesla lê em uma fotografia similarmente arranjada de si mesmo em 1899, em seu laboratório na Houston Street nº 46-48, em Lower Manhattan.
242 CARLSON, W. Bernard. *Tesla*: inventor of the electrical age. Princeton: Princeton University Press, 2013. p. 191.

NOTAS

243 *Ibid*, p. 282.
244 Apud VANCE, Ashlee. *Elon Musk*: Tesla, SpaceX, and the quest for a fantastic future. Nova York: HarperCollins, 2015. p. 33.
245 shazmoushi. "Elon Musk profiled: Bloomberg risk takers". YouTube, 3 jan. 2013. Trecho em 4:02. Disponível em: <https://www.youtube.com/watch?v=CTJt547--AM>. Acesso em: 20 nov. 2019.
246 *Ibid*. Trecho em 17:00.
247 ENGEL. *The hungry mind*. pp. 33 e 38.
248 MCCLAIN, Mary-Catherine; PFEIFFER, Steven. "Identification of gifted students in the United States today". In.: *Journal of Applied School Psychology*, v. 28, n. 1 (2012). pp. 59-88. Disponível em: <https://eric.ed.gov/?id=EJ956579>. Acesso em: 21 dez. 2019.
249 *Today's Health*, out. 1966 apud "Eleanor Roosevelt: curiosity is the greatest gift". In.: *Big Think*, 23 dez. 2014. Disponível em: <https://bigthink.com/words-of-wisdom/eleanor-roosevelt-curiosity-is-the-greatest-gift>. Acesso em: 20 nov. 2019.
250 KAUFMAN, Scott. "Schools are missing what matters about learning". In.: *The Atlantic*, 24 jul. 2017. Disponível em: <https://www.theatlantic.com/education/archive/2017/07/the-underrated-gift-of-curiosity/534573/>. Acesso em: 20 nov. 2019.
251 BLODGET, Henry. "I asked Jeff Bezos the tough questions — no profits, the book controversies, the phone flop — and he showed why Amazon is such a huge success". In.: *Business Insider*, 13 dez. 2014. Disponível em: <https://www.businessinsider.com/amazons-jeff-bezos-on-profits-failure-succession-bigbets-2014-12>. Acesso em: 20 nov. 2019.
252 Ver, por exemplo, ENGEL. *The hungry mind*. pp. 17-18; GILEAD, Amihud. "Neoteny and the playground of pure possibilities". In.: *International Journal of Humanities and Social Sciences*, v. 5, n. 2 (fev. 2015). Disponível em: <http://www.ijhssnet.com/journals/Vol_5_No_2_February_2015/4.pdf>. Acesso em: 19 nov. 2019; e CAMP, Cameron J. et al. "Curiosity in young, middle aged, and older adults". In.: *Educational Gereontology*, v. 10, n. 5 (1984). pp. 387-400. Disponível em: <https://www.tandfonline.com/doi/abs/10.1080/0380127840100504?journalCode=uedg20>. Acesso em: 21 dez. 2019.
253 Carta de Albert Einstein para Cal Seelig, 11 mar. 1952 *apud* EINSTEIN, Albert. *The new quotable Einstein*. Ed. Alice Calaprice. Princeton: Princeton University Press, 2005. p. 14.
254 EINSTEIN, Albert. *Autobiographical notes*. Trad. Paul Schlipp. La Salle, IL: Open Court, 1979. p. 9.
255 Apud ISAACSON, Walter. *Einstein*: his life and universe. Nova York: Simon & Schuster, 2007. p. 18.
256 TALMEY, Max. *The Relativity Theory simplified and the formative period of its inventor*. Nova York: Falcon Press, 1932. p. 164.
257 EINSTEIN. *Autobiographical notes*. p. 17.
258 EINSTEIN, Albert. *Ideas and opinions*. Ed. Cal Seelig. Nova York: Random House, 1982. p. 63.
259 Agradeço ao especialista em latim Tim Robinson por me ajudar a compor corretamente essa frase, originalmente em latim.
260 "Self-education is the only kind of education there is". In.: *Quote Investigator*. Disponível em: <https://quoteinvestigator.com/2016/07/07/self-education/>. Acesso em: 12 dez. 2019.

CAPÍTULO 6

261 Carta de Vincent van Gogh ao irmão, Theo, em Cuesmes, jul. 1880. Disponível em: <http://www.webexhibits.org/vangogh/letter/8/133.htm>. Acesso em: 21 nov. 2019.
262 ELMS, Alan C. "The apocryphal Freud: Sigmund Freud's most famous quotations and their actual sources". In.: *Annual of Psychoanalysis*, v. 29 (2001), pp. 83-104. Disponível. em: <https://elms.faculty.ucdavis.edu/wp-content/uploads/sites/98/2014/07/20011Apocryphal-Freud-July-17-2000.pdf>. Acesso em: 22 dez. 2019.
263 Jon Interviews. "Gabe Polsky talks about 'In Search of Greatness'", 26 out. 2018. Trecho em 14:16. Disponível em: <https://www.youtube.com/watch?v=fP8baSEK7HY>. Acesso em: 21 nov. 2019.
264 MERCIER, Jean F. "Shel Silverstein". In.: *Publishers Weekly*, 24 fev. 1975. Disponível em: <http://shelsilverstein.tripod.com/ShelPW.html>. Acesso em: 21 nov. 2019.
265 ROBINSON, Andrew. *Sudden genius?*: the gradual path to creative breakthroughs. Oxford: Oxford University Press, 2010. p. 164.
266 CURIE, Marie. "Autobiographical notes". In.: CURIE. *Pierre Curie*. Trad. Charlotte Kellogg e Vernon Kellogg. Nova York: Macmillan, 2012 (1923). p. 84.
267 *Ibid*, p. 92.
268 CURIE, Eve. *Madame Curie*: a biography by Eve Curie. Trad. Vincent Sheean. Nova York: Dover, 2001 (1937). p. 157.
269 Essa citação e a citação seguinte foram obtidas em CURIE. "Autobiographical notes". p. 92.
270 CURIE, Eve. *Madame Curie*. p. 174.
271 CURIE. "Autobiographical notes". p. 92.
272 Disponível em: <https://www.quotetab.com/quote/by-frida-kahlo/passion-is-the-bridge-that-takes-you-from-pain-to-change#GOQJ7pxSyyEPUTYw.97>. Acesso em: 21 nov. 2019. Não foi possível identificar a fonte original.
273 MILL, John Stuart. *Autobiography*. Nova York: H. Holt, 1873. Capítulo 5. expandido em WEINER, Eric. *The geography of bliss*. Nova York: Hachette, 2008. p. 74.
274 SCHOPENHAUER, Arthur. *The world as will and idea*, v. 1. Trad. R. B. Haldane e J. Kemp Londres: Kegan Paul, 1909. p. 240. Disponível em: <http://www.gutenberg.org/files/38427/38427-h/38427-h.html#pglicense>. Acesso em: 10 set. 2020.
275 REISEN, Harriet. *Louisa May Alcott*: the woman behind Little Women. Nova York: Henry Holt, 2009. p. 216.
276 ALCOTT, Louisa May. *Little women*. Parte 2, capítulo 27. Disponível em: <http://www.literaturepage.com/read/littlewomen-296.html>. Acesso em: 21 nov. 2019.
277 CURREY, Mason. *Daily rituals*: women at work. Nova York: Knopf, 2019. p. 52.
278 KEYNES, John Maynard. "Newton, the man", jul. 1946. Disponível em: <http://www-groups.dcs.st-and.ac.uk/history/Extras/Keynes_Newton.html>. Acesso em: 21 nov. 2019.
279 Anedotas desse tipo, fornecidas pelo criado de Newton, Humphrey Newton, são preservadas em Cambridge, na biblioteca do King's College, Keynes MS 135, e redigido por "The Newton Project". Disponível em: <http://www.newtonproject.ox.ac.uk/view/texts/normalized/THEM00033>. Acesso em: 21 nov. 2019.

NOTAS

280 Ver "Newton beats Einstein in polls of scientists and public". In.: *The Royal Society*, 23 nov. 2005. Disponível em: <https://royalsociety.org/news/2012/newtoneinstein/>. Acesso em: 21 nov. 2019.

281 "Newton's Dark Secrets". In.: *Nova*, PBS. Disponível em: <<https://www.youtube.com/watch?v=sdmhPfGo3fE&t=105s>. Acesso em: 21 nov. 2019.

282 HENRY, John. "Newton, matter, and magic". In.: FAUVEL, John *et al* (ed.). *Let Newton be!*. Oxford: Oxford University Press, 1988. p. 142.

283 GOLINSKI, Jan. "The Secret Life of an Alchemist". In.: FAUVEL. *Let Newton Be!*. pp. 147-167.

284 Carta de Newton a John Locke, 7 jul. 1692. In.: TURNBULL, W. H. *et al* (ed.). *The correspondence of Isaac Newton*, v. 3. Cambridge: Cambridge University Press, 1961. p. 215.

285 Ver LEVENSON, Thomas. *Newton and the counterfeiter*: the unknown detective career of the world's greatest scientist. Boston: Houghton Mifflin Harcourt, 2009. pp. 223-232.

286 Parafraseado em GLEICK, James. *Isaac Newton*. Nova York: Random House, 2003. p. 190.

287 DARWIN, Charles. *The autobiography of Charles Darwin*. Ed. Nora Barlow. Nova York: W. W. Norton, 2005. p. 53.

288 BROWNE, Janet. *Charles Darwin*: voyaging. Princeton: Princeton University Press, 1995. p. 102.

289 DARWIN. *Autobiography*. p. 53.

290 BROWNE. *Charles Darwin*. pp. 88-116.

291 American Museum of Natural History. *Twitter*, 12 fev. 2018. Disponível em: <https://twitter.com/AMNH/status/963159916792963073>. Acesso em: 21 nov. 2019.

292 DARWIN. *Autobiography*. p. 115.

293 ELISE, Abigail. "Orson Welles Quotes: 10 of the filmmaker's funniest and best sayings". In.: *International Business Times*, 6 mai. 2010. Disponível em: <https://www.ibtimes.com/orson-welles-quotes-10-filmmakers-funniest-bestsayings-1910921>. Acesso em: 21 nov. 2019.

294 *Harper's Magazine*, set. 1932. Apud EDISON, Thomas Alva. *The quotable Edison*. Ed. Michele Albion. Gainesville: University Press of Florida, 2011. p. 82.

295 STROSS, Randall. *The wizard of Menlo Park*: how Thomas Alva Edison invented the modern world. Nova York: Random House, 2007. p. 66.

296 *Ibid*, 229. Ver também "Edison at 75 Still a Two-Shift Man". In.: *The New York Times*, 12 fev. 1922. Disponível em: <https://www.nytimes.com/1922/02/12/archives/edison-at-75-still-a-two-shift-man-submits-to-birthday-questionnaire.html>. Acesso em: 22 nov. 2019.

297 "Mr. Edison's Use of Electricity". In.: *New York Tribune*, 28 set. 1878. Thomas A. Edison Papers. Rutgers University. SB032142a. Disponível em: <http://edison.rutgers.edu/digital.htm>. Acesso em: 23 set. 2020.

298 *Ladies' Home Journal*, abr. 1898. Apud EDISON. *The quotable Edison*. p. 101.

299 Ver "I Have Gotten a Lot of Results. I Know of Several Thousand Things that Won't Work". In.: *Quote Investigator*, 31 jul. 2012. Disponível em: <https://quoteinvestigator.com/2012/07/31/edison-lot-results/>. Acesso em: 22 nov. 2019.

300 CLASH, Jim. "Elon Musk Interview". In.: *AskMen*, 2014. Disponível em: <https://www.askmen.com/entertainment/right-stuff/elon-musk-interview-4.html>. Acesso em: 22 nov. 2019.

301 GIOIA, Dana. "Work, for the Night Is Coming". In.: *Los Angeles Times*, 23 jan. 1994. Disponível em: <https://www.latimes.com/archives/la-xpm-1994-01-23-bk-14382-story.html>. Acesso em: 4 dez. 2019.

CAPÍTULO 7

302 Uma carta recém-descoberta de um médico francês, Félix Rey, revela o quanto de sua orelha Van Gogh cortou. A descoberta é abordada em MURPHY, Bernadette. *Van Gogh's ear*. Nova York: Farrar, Straus and Giroux, 2016. Capítulo 14.

303 Platão discutiu quatro tipos diferentes de loucura no diálogo *Phaedrus* (*Fedro*, em português), de aproximadamente 370 A.C. Trad. William Jewett. In.: *The Internet Classics Archive*. Disponível em: <http://classics.mit.edu/Plato/phaedrus.html>. Acesso em: 25 nov. 2019.

304 ARISTÓTELES. *Problems*: books 32-38. Trad. W. S. Hett. Cambridge, MA: Harvard University Press, 1936. Problema 30.1.

305 DRYDEN, John. "Absalom and Achitophel". In.: *Poetry Foundation*. Disponível em: <https://www.poetryfoundation.org/poems/44172/absalom-andachitophel>. Acesso em: 22 nov. 2019.

306 POE, Edgar Allan. "Eleonora" apud KAUFMAN, Scott Barry; GREGOIRE, Carolyn. *Wired to Create*: unraveling the mysteries of the creative mind. Nova York: Random House, 2016. p. 36.

307 "Quotes from Alice in Wonderland—by Lewis Carroll", Book Edition, 31 de janeiro de 2013. Disponível em: <https://booksedition.wordpress.com/2013/01/31/quotes-from-alice-in-wonderland-by-lewis-caroll/>. Acesso em: 12 dez. 2019.

308 "Live at the Roxy", HBO (1978). Disponível em: <https://www.youtube.com/watch?v=aTRtH1uJh0g>. Acesso em: 22 nov. de 2019.

309 LOMBROSO, Cesare. *The man of genius*. 3. ed. Londres: Walter Scott, 1895. pp. 66-99.

310 JAMISON, Kay R. *Touched with fire*: manic-depressive illness and the artistic temperament. Nova York: Simon & Schuster, 1993 (especialmente o capítulo 3, "Could it be Madness — This?"). Ver também ANDREASEN, Nancy. "Creativity and Mental Illness: Prevalence Rates in Writers and Their First-degree Relatives". In.: *American Journal of Psychiatry*, v. 144 (1987), pp. 1288-1292, e ANDREASEN, Nancy. *The creating brain*: the neuroscience of genius. Nova York: Dana Press, 2005 (especialmente o capítulo 4, "Genius and Insanity").

311 JAMISON, Kay R. "Mood Disorders and Patterns of Creativity in British Writers and Artists". In.: *Psychiatry*, v. 52, n. 2 (mai. 1989). pp. 125-134; e JAMISON. *Touched with fire*. pp. 72-73.

312 MAI, François Martin. "Illness and Creativity". In.: MAI. *Diagnosing genius*: the life and death of Beethoven. Montreal: McGill-Queens University Press, 2007. p. 187; ROBINSON, Andrew. *Sudden genius?*: the gradual path to creative breakthroughs. Oxford: Oxford University Press, 2010. pp. 58-61; e JAMISON. *Touched with fire*. pp. 58-75.

313 Apud ZARA, Christopher. *Tortured artists*. Avon, MA: Adams Media, 2012. Contracapa.

314 DOBSON, Roger. "Creative Minds: The Links Between Mental Illness and Creativity". In.: *LewRockwell.com*, 22 mai. 2009. Disponível em: <https://www.lewrockwell.com/2009/05/roger-dobson/creative-minds-the-links-between-mental-illness-and-creativity/>. Acesso em: 22 nov. 2019.

315 SCHNEIDER, M. "Great Minds in Economics: An Interview with John Nash". In.: *Yale Economic Review*, v. 4, n. 2 (verão de 2008). pp. 26-31. Disponível em: <http://www.markschneideresi.com/articles/Nash_Interview.pdf>. Acesso 22 nov. 2019.
316 NASAR, Sylvia. *A beautiful mind*. Nova York: Simon & Schuster, 2011. Contracapa.
317 Ver, entre outras fontes, GREUNER, Anna. "Vincent van Gogh's Yellow Vision". In.: *British Journal of General Practice*, v. 63, n. 612 (julho de 2013). pp. 370-371. Disponível em: <https://bjgp.org/content/63/612/370>. Acesso em: 23 dez. 2019.
318 FELL, Derek. *Vincent Van Gogh's women*. Nova York: Da Capo Press, 2004. pp. 242-243 e 248.
319 Carta de Van Gogh a Theo, 28 de janeiro de 1889, *Van Gogh Letters*. Disponível em: <http://vangoghletters.org/vg/letters/let743/letter.html>. Acesso em: 22 nov. 2019.
320 Ver SOOKE, Alastair. "The Mystery of Van Gogh's Madness", BBC, 25 de julho de 2016. Disponível em: <https://www.youtube.com/watch?v=AgMBRQLhgFE>. Acesso em: 22 nov. 2019.
321 Ver, por exemplo, o meio de sua carta para Theo em 28 de janeiro de 1886. Disponível em: <http://vangoghletters.org/vg/letters/let555/letter.html>. Acesso em: 22 nov. 2019,
322 Ver, por exemplo, VELLEKOOP, Marije. *Van Gogh at work*. New Haven: Yale University Press, 2013; e SIEGAL, Nina. "Van Gogh's True Palette Revealed". In.: *New York Times*, 30 de abril de 2013. Disponível em: <https://www.nytimes.com/2013/04/30/arts/30iht-vangogh30.html>. Acesso em: 22 nov. 2019.
323 Van Gogh, carta de 1 de julho de 1882. Disponível em: <http://vangoghletters.org/vg/letters/let241/letter.html>. Acesso em: 10 set. 2020.
324 Van Gogh, carta de 6 de julho de 1882.
325 Van Gogh, carta de 22 de julho de 1883.
326 Van Gogh, cartas de 28 de dezembro de 1885, de 28 de dezembro de 1885 e de 7 de julho de 1888.
327 CLARIDGE, Gordon. "Creativity and Madness: Clues from Modern Psychiatric Diagnosis". In.: STEPTOE, Andrew (ed.). *Genius and the mind*. Oxford: Oxford University Press, 1998. pp. 238-240.
328 Apud CARAMAGNO, Thomas C. *The flight of the mind*: Virginia Woolf's art and manic depressive illness. Berkeley: University of California Press, 1991. p. 48.
329 WOOLF, Leonard. *Beginning again*: an autobiography of the years 1911 to 1918. Orlando: Harcourt Brace Jovanovich, 1963. p. 79.
330 CARAMAGNO. *The flight of the mind*. p. 75.
331 WOOLF, Virginia. *Virginia Woolf*: women and writing. Ed. Michèle Barrett. Orlando: Harcourt, 1979. pp. 58-60.
332 BELL, Anne Olivier (ed.). *The diary of Virginia Woolf 1925-1930*, v. 3. Orlando: Harcourt Brace & Company, 1981. p. 111.
333 BELL, Anne Olivier (ed.). *The diary of Virginia Woolf 1931-1935*, v. 4. San Diego: Harcourt Brace & Company, 1982. p. 161.
334 KUSAMA, Yayoi. *Infinity net*: the autobiography of Yayoi Kusama. Londres: Tate Publishing, 2011. p. 205.

335 *Idem*, pp. 57 e 191.
336 *Idem*, p. 20.
337 FRANK, Natalie. "Does Yayoi Kusama Have a Mental Disorder?". In.: *Quora*, 29 de janeiro de 2016. Disponível em: <https://www.quora.com/Does-Yayoi-Kusama-have-a-mental-disorder>. Acesso em: 23 nov. 2019.
338 KUSAMA. *Infinity net*. p. 66.
339 *Van Gogh*: carta de 8 ou 9 de julho de 1888; *Woolf*: *Diary*, v. 3, p. 287; *Kusama*: FRANK, Natalie. *Quora*, supracitado; *Picasso*: apud FLAM, Jack. *Matisse and Picasso*. Cambridge: Westview Press, 2003. p. 34; *Sexton*: KAUFMAN; GREGOIRE. *Wired to create*. p. 150; *Churchill*: apud CHURCHILL. "Painting as a Pastime", 1921; *Graham*: apud GRAHAM. *Blood memory*: an autobiography. Nova York: Doubleday, 1991; *Lowell*: BOSWORTH, Patricia. "A Poet's Pathologies: Inside Robert Lowell's Restless Mind". In.: *New York Times*, 1 de março de 2017; *Close*: Society for Neuroscience, "My Life as a Rolling Neurological Clinic", conferência "Dialogues between Neuroscience and Society". Trecho em 11:35, Nova Orleans, 2012. Disponível em: <https://www.youtube.com/watch?v=qWadil0W5GU>. Acesso em: 10 set. 2020; *Winehouse*: entrevista à *Spin*, 2007 apud ZARA. *Tortured artists*. p. 200.
340 BEETHOVEN, Ludwig van. "Heiligenstadt Testament", 6 de outubro de 1802. Apud SOLOMON, Maynard. *Beethoven*. 2. ed. Nova York: Schirmer Books, 1998. p. 152 (ver também uma cópia fac-símile do documento na p. 144).
341 Tradução livre de SCUDO, Paul. "Une Sonate de Beethoven". In.: *Revue des deux mondes*, nova série 15, n. 8 (1850). p. 94.
342 MAI, *Diagnosing genius*; HERSHMAN, D. Jablow; LIEB, Julian. "Beethoven". In.: *The key to genius*: manic-depression and the creative life. Buffalo: Prometheus Books, 1988. pp. 59-92; SOLOMON, Maynard. *Beethoven*; conversas do autor em 7 de março de 2017 com Leon Plantinga, autor de *Beethoven's concertos*: history, style, performance, 1999.
343 Carta de Beethoven a Franz Wegeler, 29 de junho de 1801. Apud BEETHOVEN, Ludwig van. *Beethoven*: letters, journals and conversations. Trad. e ed. Michael Hamburger. Garden City: Doubleday, 1960. p. 24.
344 SOLOMON. *Beethoven*. p. 158.
345 Leon Plantinga, especialista em Beethoven, enfatizou isso para mim em uma conversa pessoal, em 11 de dezembro de 2019.
346 SOLOMON. *Beethoven*. p. 161.
347 Devo meu conhecimento a respeito dessa condição à gentileza da prof. Caroline Robertson, da Dartmouth College.
348 ROBERTSON, Caroline. "Creativity in the Brain: The Neurobiology of Autism and Prosopagnosia". Palestra na Universidade de Yale, 4 de março de 2015.
349 CLOSE, Chuck. "My Life as a Rolling Neurological Clinic". Trecho em 46:00. Disponível em: <https://www.youtube.com/results?search_query=chuck+close+my+life+of+neurological+issues>. Acesso em: 23 dez. 2019; ver também KANDEL, Eric. *The disordered mind*: what unusual brains tell us about ourselves. Nova York: Farrar, Straus and Giroux, 2018. p. 131.
350 CLOSE. "My Life as a Rolling Neurological Clinic". Trecho em 28:20.
351 Para uma visão geral da questão de autistas com savantismo, ver STRAUS, Joseph. "Idiots Savants, Retarded Savants, Talented Aments, Mono-Savants,

Autistic Savants, Just Plain Savants, People With Savant Syndrome, and Autistic People Who Are Good at Things: A View from Disability Studies". In.: *Disability Studies Quarterly*, v. 34, n. 3 (2014). Disponível em: <http://dsq-sds.org/article/view/3407/3640>. Acesso em: 23 dez. 2019.

352   SACKS, Oliver. *River of consciousness*. Nova York: Knopf, 2019. p. 142. Ver também SACKS, Oliver. *An anthropologist on Mars*: seven paradoxical tales. Nova York: Vintage, 1995. pp. 197-206; KANDEL, Eric. *The disordered mind*. p. 152; e KANDEL. *The age of insight*: the quest to understand the unconscious in art, mind, and brain, from Vienna 1900 to the present. Nova York: Random House, 2012. pp. 492-494.

353   ASPERGER, Hans. "'Autistic Psychopathy' in Childhood". In.: FIRTH, Ute (ed.). *Autism and Asperger Syndrome*. Cambridge: Cambridge University Press, 1991. pp. 37-92. Para mais sobre esse tópico em geral, ver JAMES, Ioan. *Asperger's Syndrome and high achievement*: some very remarkable people. Londres: Jessica Kingsley, 2006; e FITZGERALD, Michael. *Autism and creativity:* is there a link between autism in men and exceptional ability?. Londres: Routledge, 2004.

354   *Robin Williams: Live on Broadway*. HBO, 2002. disponível em: <https://www.youtube.com/watch?v=FS376sohiXc>. Acesso em: 23 nov. 2019.

355   Entrevista de James Lipton com Robin Williams em *Inside the the Actors Studio: 2001*. Trechos em 0:10 e 0:20. Disponível em: <www.dailymotion.com/video/x64ojf8>. Acesso em: 23 nov. 2019.

356   KESSLER, Zoë. "Robin Williams' Death Shocking? Yes and No". In.: *PsychCentral*, 28 de agosto de 2014. Disponível em: <https://blogs.psychcentral.com/adhd-zoe/2014/08/robin-williams-death-shocking-yes-and-no/>. Acesso em: 22 dez. 2019.

357   ITZKOFF, David. *Robin*. Nova York: Henry Holt, 2018. p. 41.

358   Ver, por exemplo, johanna-khristina. "Celebrities with a History of ADHD or ADD". In.: *IMDb*, 27 de março de 2012. Disponível em: <https://www.imdb.com/list/ls004079795/>. Acesso em: 23 dez. 2019; e KESSLER. "Robin Williams' Death Shocking?".

359   MLODINOW, Leonard. "In Praise of A.D.H.D". In.: *New York Times*, 17 de março de 2018. Disponível em: <https://www.nytimes.com/2018/03/17/opinion/sunday/praise-adhd-attention-hyperactivity.html>. Acesso em: 25 nov. 2019; KAUFMAN, Scott. "The Creative Gifts of ADHD". In.: *Scientific American*, 21 de outubro de 2014. Disponível em: <blogs.scientificamerican.com/beautiful-minds/2014/10/21/the-creative-gifts-of-adhd>. Acesso em: 25 nov. 2019.

360   GOLIMSTOK, A. *et al*. "Previous Adult Attention-Deficit and Hyperactivity Disorder Symptoms and Risk and Dementia with Lewy Bodies: A Case-Control Study". In.: *European Journal of Neurology*, v. 18, n. 1 (janeiro de 2011). pp. 78-84. Disponível em: <https://www.ncbi.nlm.nih.gov/pubmed/20491888>. Acesso em: 25 nov. 2019; ver também WILLIAMS, Susan Schneider. "The Terrorist Inside My Husband's Brain". In.: *Neurology*, v. 87 (26 de setembro de 2016). pp. 1308-1311. Disponível em: <https://demystifyingmedicine.od.nih.gov/DM19/m04d30/reading02.pdf>. Acesso em: 25 nov. 2019

361   JAMISON. *Touched with Fire*. p. 43.

362   POWELL, Lisa. "10 Things You Should Know about Jonathan Winters, the Area's Beloved Comic Genius". In.: *Springfield News-Sun*, 10 de novembro de

2018. Disponível em: <https://www.springfieldnewssun.com/news/local/things-you-should-know-about-jonathan-winters-the-area-beloved-comedic-genius/Dp5hazcCY9z2sBpVDfaQGI/>. Acesso em: 25 nov. 2019.

363 Apud CAVETT, Dick. "Falling Stars". In.: *Time*: Robin Williams, novembro de 2014. pp. 28-30.

364 *Robin Williams: Live on Broadway*, 2002. Disponível em: <www.youtube.com/watch?v=FS376sohiXc>. Acesso em: 6 jan. 2020.

365 YouTube Movies. *Robin Williams: Come Inside My Mind*. HBO, 20 de janeiro de 2019. Trechos em 1:08 e 1:53. Disponível em: <https://www.youtube.com/watch?v=6xrZBgP6NZo>. Acesso em: 25 nov. 2019.

366 "The Hawking Paradox". In.: *Horizon*. BBC, 2005. Trecho em 10:35. Disponível em: <https://www.dailymotion.com/video/x226awj>. Acesso em: 25 nov. 2019.

367 BARON-COHEN, Simon apud BUCHEN, Lizzie. "Scientists and Autism: When Geeks Meet". In.: *Nature*, 2 de novembro de 2011. Disponível em: <https://www.nature.com/news/2011/111102/full/479025a.html>. Acesso em: 25 nov. 2019.; e GOULD, Judith *apud* THORPE, Vanessa. "Was Autism the Secret of Warhol's Art?". In.: *The Guardian*, 13 de março de 1999. Disponível em: <https://www.theguardian.com/uk/1999/mar/14/vanessathorpe.theobserver>. Acesso em: 25 nov. 2019.

368 Essa foi a pergunta feita pelo psquiatra escocês J. D. Laing. Ver MULLAN, Bob. *Mad to be normal*: conversations with J. D. Laing. Londres: Free Association Books, 1995.

369 Extraído do discurso "Don't Sleep Through The Revolution", realizado no evento Unitarian Universalist Association General Assembly, em Hollywood, Florida (18 de maio de 1966). Disponível em: <https://www.uua.org/ga/past/1966/ware>. Acesso em: 25 nov. 2019.

370 RICH, Motoko. "Yayoi Kusama, Queen of Polka Dots, Opens Museum in Tokyo". In.: *New York Times,* 26 de setembro de 2017. Disponível em: <https://www.nytimes.com/2017/09/26/arts/design/yayoikusama-queen-of-polka-dots-museum-tokyo.html?mcubz=3&_r=0>. Acesso em: 25 nov. 2019.

371 ITZKOFF. *Robin*. pp. 221-222.

372 LEE, Lewina O. *et al*. "Optimism is Associated with Exceptional Longevity in 2 Epidemiologic Cohorts of Men and Women". In.: *Proceedings of the National Academy of Sciences*, v. 116, n. 37 (26 de agosto de 2019). Disponível em: <https://www.pnas.org/content/116/37/18357>. Acesso em: 25 nov. 2019.

373 HARVARD T. H. CHAN SCHOOL OF PUBLIC HEALTH. "New Evidence that Optimists Live Longer". 27 de agosto de 2019Disponível em: <https://www.hsph.harvard.edu/news/features/new-evidence-that-optimists-live-longer/?utm_source=SilverpopMailing&utm_medium=email&utm_campaign=Daily%20Gazette%2020190830(2)%2 (1)>. Acesso em: 25 nov. 2019.

374 CLIFFORD, Catherine. "This Favorite Saying of Mark Zuckerberg Reveals the Way the Facebook Thinks About Life", In.: *CNBC Make It*, 30 de novembro de 2017. Disponível em: <https://www.cnbc.com/2017/11/30/why-facebook-ceo-mark-zuckerberg-thinks-the-optimists-are-successful.html#:~:text=%E2%80%9CI%20am%20much%20more%20motivated,and%20the%20business%20goes%20badly.%E2%80%9D>. Acesso em: 11 set. 2020.

NOTAS

CAPÍTULO 8

375 WALLER, John. *Einstein's luck*: the truth behind some of the greatest scientific discoveries. Oxford: Oxford University Press, 2002. p. 161.

376 WOOTTON, David. *Galileo*: watcher of the skies. New Haven e Londres: Yale University Press, 2010. p. 259.

377 OVERBYE, Dennis. "Peering Into Light's Graveyard: The First Image of a Black Hole". In.: *New York Times*, 11 de abril de 2019. Disponível em: <https://www.nytimes.com/2019/04/10/science/black-hole-picture.html>. Acesso em: 27 nov. 2019.

378 SWIFT, Jonathan. *Essay on the fates of clergymen* apud *Forbes quotes*. Disponível em: <https://www.forbes.com/quotes/5566/>. Acesso em: 27 nov. 2019.

379 O corpo de pesquisas recente nesse assunto é sintetizado em MUELLER, Jennifer S. *et al.* "The Bias Against Creativity: Why People Desire but Reject Creative Ideas". In.: *Psychological Science* 23, n. 1 (janeiro de 2012). pp. 13-17. Disponível em: <https://digitalcommons.ilr.cornell.edu/cgi/viewcontent.cgi?article=1457&context=articles>. Acesso em: 24 dez. 2019.

380 WESBY, Erik L.; DAWSON, V. L. "Creativity: Asset or Burden in the Classroom?" *Creativity Research Journal*, v. 8, n° 1 (1995), pp. 1–10, acesso em 24 de dezembro, 2019, disponível em: <https://www.tandfonline.com/doi/abs/10.1207/s15326934crj0801_1>. Acesso em: 24 dez. 2019.

381 RIPLEY, Amanda. "Gifted and Talented, and Complicated". Resenha de HULBERT, Ann. *Off the charts*: the hidden lives and lessons of American child prodigies. In.: *New York Times*, 17 de janeiro de 2018. Disponível em: <https://www.nytimes.com/2018/01/17/books/review/off-the-charts-ann-hulbert.html>. Acesso em: 27 nov. 2019.

382 WOOTTON. *Galileo*. 218.

383 *Idem*, pp. 145-147.

384 *Idem*, pp. 222-223.

385 Com base nas traduções em inglês em METAXAS, Eric. *Martin Luther*: the man who rediscovered god and changed the world. Nova York: Viking, 2017. pp. 115-122.

386 *Idem*, p. 104.

387 Para mais sobre a fuga de Lutero de Augsburgo e Worms, ver METAXAS. *Luther*. pp. 231-236.

388 *Idem*, p. 113.

389 LUTHER, Martin. *Luther's works*. Edição norte-americana, 55 volumes. Ed. Jaroslav Pelikan e Helmut T. Lehman. Philadelphia e St. Louis: Concordia Publishing House, 1955-86. v. 32. p. 113.

390 Para mais sobre Darwin e as subversões de Deus, ver BROWNE, Janet. *Darwin*: voyaging. Princeton: Princeton University Press, 1995. pp. 324-327.

391 Apud ISAACSON, Walter. *Albert Einstein*: his life and universe. Nova York: Simon & Schuster, 2007. p. 527.

392 JOBS, Steve. *I, Steve*: Steve Jobs in his own words. Ed. George Beahm. Chicago: Agate, 2012. p. 75.

393 The Art Channel. *Andy Warhol: A Documentary Film* (PBS, 2006), parte 2. Disponível em: <https://www.youtube.com/watch?v=r47Nk4o08pI&t=5904s>. Acesso em: 27 nov. 2019.

394 COLACELLO, Bob. *Holy terror*: Andy Warhol close-up. 2. ed. Nova York: Random House, 2014. p. xxiv.
395 *Idem*, p. xiii.
396 Apud FORD, Cameron M.; GIOIA, Dennis A. (ed.). *Creative action in organizations*: ivory tower visions & real world voices. Thousand Oaks, CA: Sage Publications, 1995. p. 162.
397 RIDDLE, Ryan. "Steve Jobs and NeXT: You've Got to be Willing to Crash and Burn". In.: *Zurb*, 10 de fevereiro de 2012. Disponível em: <https://zurb.com/blog/steve-jobs-and-next-you-ve-got-to-be-will>. Acesso em: 29 nov. 2019.
398 A biografia de Harriet Tubman, *Scenes in the life of Harriet Tubman*, foi publicada por Sarah Hopkins Bradford em 1869. Há também outra biografia, mais recente, da acadêmica LARSON, Kate Clifford. *Bound for the promise land*: Harriet Tubman. Portrait of an American hero. Nova York: Random House, 2004.
399 O obituário consta em ADAMS, Becky. "103 Years Later Harriet Tubman Gets Her Due from The New York Times". In.: *Washington Examiner*, 20 de abril de 2016. Disponível em: <https://www.washingtonexaminer.com/103-years-later-harriet-tubman-gets-her-due-from-the-new-york-times>. Acesso em: 21 jan. 2020.
400 Ver SCHUESSLER, Jennifer; APPELBAUM, Binyamin; MORRIS, Wesley. "Tubman's In. Jackson's Out. What's It Mean?". In.: *New York Times*, 20 de abril de 2016. Disponível em: <https://www.nytimes.com/2016/04/21/arts/design/tubmans-in-jacksons-out-whats-it-mean.html?mtrref=query.nytimes.com>. Acesso em: 22 jan. 2020.
401 ELLSWORTH-JONES, Will. *Banksy*: the man behind the wall. Nova York: St. Martin's Press, 2012. pp. 14-16; e BANSKY. *Wall and piece*. Londres: Random House, 2005. pp. 178-179.
402 SYLVESTER, Hermione; KANE, Ashley. "Five of Banksy's Most Infamous Pranks". In.: *Dazed*, 9 de outubro de 2018. Disponível em: <https://www.dazeddigital.com/art-photography/article/41743/1/banksy-girl-with-balloon-painting-pranks-sotherbys-london>. Acesso em: 29 nov. 2019.
403 BURRUS, Christina. "The Life of Frida Kahlo". In.: DEXTER, Emma (ed.). *Frida Kahlo*. Londres: Tate, 2005. pp. 200-201.
404 KETTENMANN, Andrea. *Kahlo*. Colônia: Taschen, 2016. p. 85.
405 BURRUS, Christina. *Frida Kahlo*: I paint my reality. Londres: Thames and Hudson, 2008. p. 206.
406 KAHLO, Frida. *Pocket Frida Kahlo wisdom*. Londres: Hardie Grant, 2018. p. 78.
407 MARTINEZ, Nikki. "90 Frida Kahlo Quotes For Strength and Inspiration". In.: *Everyday Power*. Disponível em: <https:// everydaypower.com/frida-kahlo-quotes/>. Acesso em: 29 nov. 2019.
408 WINFREY, Oprah. *Own it*: Oprah Winfrey in her own words. Ed. Anjali Becker e Jeanne Engelmann. Chicago: Agate, 2017. p. 35.
409 STROSS, Randall. *The wizard of Menlo Park*. Nova York: Random House, 2007. p. 28.
410 "Edison's New Phonograph". In.: *Scientific American*, 29 de outubro de 1887. p. 273. Reproduzido em EDISON, Thomas. *The quotable Edison*. Ed. Michele Wehrwein. Gainesville: University of Florida Press, 2011. p. 7.
411 WINLEY, Rich. "Entrepreneurs: Five Things We Can Learn from Elon Musk". In.: *Forbes*, 8 de outubro de 2015. Disponível em: <https://www.forbes.com/sites/richwinley/2015/10/08/entrepreneurs-5-things-we-can-learn-from-elon-musk/#24b3688c4098>. Acesso em: 29 nov. 2019.

412 BEZOS, Jeff. "Read Jeff Bezos's 2018 Letter to Shareholders". In.: *Entrepreneur*, 11 de abril de 2019. Disponível em: <https://www.forbes.com/sites/richwinley/2015/10/08/entrepreneurs-5-things-we-can-learn-from-elon-musk/#24b3688c4098>. Acesso em: 29 nov. 2019.
413 JOBS. *I, Steve*. p. 63.
414 ROWLING, J. K. *Very good lives*: the fringe benefits of failure and the importance of imagination. Nova York: Little Brown, 2015. p. 9.
415 *Idem*, pp. 32 e 37.
416 SMITH, Sean. *J. K. Rowling*: a biography. The genius behind Harry Potter. Londres: Michael O'Hara Books, 2001. p. 122.
417 CARTER, Alex. "17 Famous Authors and Their Rejections". In.: *UK Mental Floss*, 16 de maio de 2017. Disponível em: <http://mentalfloss.com/article/91169/16-famous-authors-and-their-rejections>. Acesso em: 29 nov. 2019.
418 Depoimento de um colega, Victor Hageman, registrado em PIERARD, Louis. *La vie tragique de Vincent van Gogh*. Paris: Correa & Cie, 1939. pp. 155-159. Disponível em: <http://www.webexhibits.org/vangogh/data/letters/16/etc-458a.htm>. Acesso em: 29 nov. 2019.
419 Ver, por exemplo, PETERSEN, Andrea. "The Overprotected American Child". In.: *Wall Street Journal*, 2-3 de junho de 2018. Disponível em: <https://www.wsj.com/articles/the-overprotected-american-child-1527865038>. Acesso em: 30 nov. 2019.
420 Entre os estudantes universitários entrevistados pela American College Health Association, 21,6% relataram que tinham sido diagnosticados ou recebido tratamento para problemas de ansiedade no ano anterior (2017), em comparação com a pesquisa de 2008, na qual o resultado foi de 10,4%. *Idem, ibidem*.
421 INGRAHAM, Christopher. "There Has Never Been a Safer Time to be a Kid in America". In.: *Washington Post*, 14 de abril de 2015. Disponível em: <https://www.washingtonpost.com/news/wonk/wp/2015/04/14/theres-never-been-a-safer-time-to-be-a-kid-in-america/>. Acesso em: 30 nov. 2019; DEPARTAMENTO DE JUSTIÇA DOS ESTADOS UNIDOS. "Homicide Trends in the United States, 1980-2008", novembro de 2011. Disponível em: <https://www.bjs.gov/content/pub/pdf/htus8008.pdf> Acesso em: 30 nov. 2019; e RAMASWAMY, Swapna Venugopal. "Schools Take on Helicopter Parenting with Free-Range Program Taken from 'World's Worst Mom'". In.: *Rockland/Westchester Journal News*, 4 de setembro de 2018. Disponível em: <https://www.usatoday.com/story/life/allthemoms/2018/09/04/schools-adopt-let-grow-free-range-program-combat-helicopter-parenting/1191482002/>. Acesso em: 30 nov. 2019.
422 COPELAND, Libby. "The Criminalization of Parenthood". In.: *New York Times*, 26 de agosto de 2018. Disponível em: <https://www.nytimes.com/2018/08/22/books/review/small-animals-kim-brooks.html>. Acesso em: 30 nov. 2019.
423 TOTTENHAM, Nim *et al*. "Parental Presence Switches Avoidance to Attraction Learning in Children". In.: *Nature Human Behavior*, v. 3, n. 7 (2019). pp. 1070-1077.
424 Ver ROSIN, Hanna. "The Overprotected Kid". In.: *Atlantic*, abril de 2014. Disponível em: <https://www.theatlantic.com/magazine/archive/2014/04/hey-parents-leave-those-kids-alone/358631/>. Acesso em: 30 nov. 2019.

CAPÍTULO 9

425   JOHNSON, Samuel. *The works of Samuel Johnson*, vol. 2. Ed. Arthur Murray. Nova York: Oxford University Press, 1842. p. 3.

426   VINCI, Leonardo da. *A treatise on Painting*. Trad. John Francis Rigaud. Londres: George Bell, 2005 (1887). p. 10.

427   Carta de Albert Einstein a David Hilbert, 12 de novembro de 1915. Apud ISAACSON, Walter. *Einstein: his life and universe*. Nova York: Simon & Schuster, 2007. p. 217.

428   SWANSON, Carl; VAN SYCKLE, Katie. "Lady Gaga: The Young Artist Award Is the Most Meaningful of Her Life". In.: *Vulture*, 20 de outubro de 2015. Disponível em: <http://www.vulture.com/2015/10/read-lady-gagas-speech-about-art.html>. Acesso em: 30 nov. 2019.

429   Entrevista à *Entertainment Weekly* apud PHOENIX, Helia. *Lady Gaga*: just dance. The biography. Londres: Orion, 2010. p. 19.

430   ZIMMERMAN, Kevin. "Lady Gaga Delivers Dynamic Dance-Pop". In.: *BMI*, 10 de dezembro de 2008. Disponível em: <https://www.bmi.com/news/entry/lady_gaga_delivers_dynamic_dance_pop>. Acesso em: 30 nov. 2019.

431   IREDALE, Jessica. "Lady Gaga: 'I'm Every Icon'". In.: *WWD*, 28 de julho de 2013. Disponível em: <https://wwd.com/eye/other/lady-gaga-im-every-icon-7068388/>. Acesso em: 30 nov. 2019.

432   FRANKLIN, Benjamin. "Proposals Relating to the Education of Youth in Pennsylvania", 13 de setembro de 1749. Reimpresso em FRANKLIN, *The Papers of Benjamin Franklin*, vol. 3. p. 404. Disponível em: <https://franklinpapers.org/framedVolumes.jsp>. Acesso em: 30 nov. 2019. A citação seguinte é da mesma fonte, pp. 401-417. Ver também FRANKLIN, "A Proposal for Promoting Useful Knowledge", 14 de maio de 1743.

433   CUSTER, C. "Jack Ma: 'What I Told My Son About Education'". In.: *Tech in Asia*, 13 de maio de 2015. Disponível em: <https://www.techinasia.com/jack-ma-what-told-son-education>. Acesso em: 30 nov. 2019.

434   JACKSON, Abby. "Cuban: Don't Go to School for Finance – Liberal Arts Is the Future". In.: *Business Insider*, 17 de fevereiro de 2017. Disponível em: <https://www.businessinsider.com/mark-cuban-liberal-arts-is-the-future-2017-2>. Acesso em: 30 nov. 2019.

435   MEAD, Rebecca. "All About the Hamiltons". In.: *The New Yorker*, 9 de fevereiro de 2015. Disponível em: <https://www.newyorker.com/magazine/2015/02/09/hamiltons>. Acesso em: 30 nov. 2019.

436   HASELTON, Todd. "Here's Jeff Bezos's Annual Shareholder Letter". In.: *CNBC*, 11 de abril de 2019. Disponível em: <https://www.cnbc.com/2019/04/11/jeff-bezos-annual-shareholder-letter.html>. Acesso em: 30 nov. 2019.

437   Entrevista a Tim Berners-Lee. *Academy of Achievement*, 22 de junho de 2007. Apud ISAACSON, Walter. *The innovators*: how a group of hackers, geniuses, and geeks created the digital revolution. Nova York: Simon & Schuster, 2014. p. 408.

438   ISAACSON. *Einstein*. p. 67.

439   Do romance de Nabokov de 1974, *Look at the Harlequins!* Citado em: "Genius: Seeing Things That Others Don't See. Or Rather the Invisible Links Between Things". In.: *Quote Investigator*, 11 de maio de 2018. Disponível em: <https://quoteinvestigator.com/2018/05/11/on-genius/>. Acesso em: 30 nov. 2019.

NOTAS

440 WOLF, Gary. "Steve Jobs: The Next Insanely Great Thing". In.: *Wired*, 1 de fevereiro de 1996. Disponível em: <https://www.wired.com/1996/02/jobs-2/>. Acesso em: 30 nov. 2019.

441 ROSOFF, Matt. "The Only Reason the Mac Looks like It Does". In.: *Business Insider*, 8 de março de 2016. Disponível em: <https://www.businessinsider.sg/robert-palladino-calligraphy-class-inspired-steve-jobs-2016-3/>. Acesso em: 30 nov. 2019.

442 ISAACSON, Walter. *Steve Jobs*. Nova York: Simon & Schuster, 2011. pp. 64-65.

443 ARISTÓTELES. *The poetics of Aristotle*, vol. XXII. Trad. S. H. Butcher. Disponível em: <https://www.gutenberg.org/files/1974/1974-h/1974-h.htm>. Acesso em: 30 nov. 2019.

444 Apud EPSTEIN, David. *Range*: why generalists triumph in a specialized world. Nova York: Random House, 2019. p. 103.

445 Ver, por exemplo, BARBOUR, Leah. "MSU Research: Effective Arts Integration Improves Test Scores". In.: *Mississippi State Newsroom*, 2013; KISIDA, Brian; BOWEN, Daniel H. "New Evidence of the Benefits of Arts Education". In.: *Brookings*, 12 de fevereiro de 2019. Disponível em: <https://www.brookings.edu/blog/brown-center-chalkboard/2019/02/12/new-evidence-of-the-benefits-of-artseducation/>. Acesso em: 30 nov. 2019; e JACOBS, Tom. "New Evidence of Mental Benefits from Music Training". In.: *Pacific Standard*, 14 de junho de 2017. Disponível em: <https://psmag.com/social-justice/new-evidence-brain-benefits-music-training-83761>. Acesso em: 30 nov. 2019.

446 JOHNSON, Samuel G. B.; STEINERBERGER, Stefan. "Intuitions About Mathematical Beauty: A Case Study in the Aesthetic Experience of Ideas". In.: *Cognition*, v. 189 (agosto de 2019). pp. 242-259. Disponível em: <https://www.ncbi.nlm.nih.gov/pubmed/31015078>. Acesso em: 30 nov. 2019.

447 PARKER, Barry. *Einstein*: the passions of a scientist. Amherst, NY: Prometheus Books, 2003. p. 13.

448 Para mais sobre o assunto, ver WRIGHT. "Mozart and Math".

449 SCHLICHTEGROLL, Friedrich. "Necrolog auf das Jahr 1791". In.: NIEMETSCHEK, Franz Xaver. *Vie de W. A. Mozart*. Trad. e ed. Georges Favier. Paris: CIERCE, 1976. p. 126. Certamente repassando informações obtidas de Nannerl.

450 BUCKY, Peter. *The private Albert Einstein*. Kansas City, MO: Andrews McMeel, 1992. p. 156.

451 MACKINNON, Donald W. "Creativity: A Multi-faceted Phenomenon". Artigo apresentado na Gustavus Adolphus College, 1970. Disponível em: <https://webspace.ringling.edu/~ccjones/curricula/01-02/sophcd/readings/creativity.html>. Acesso em: 11 set. 2020.

452 FLAM, Jack. *Matisse and Picasso*: the story of their rivalry and friendship. Cambridge, MA: Westview Press, 2018. pp. 33–39.

453 *Idem*, p. 34.

454 "Copyright, Permissions, and Fair Use in the Visual Arts Communities: An Issues Report". In.: *Center for Media and Social Impact*, fevereiro de 2015. Disponível em: <https://cmsimpact.org/resource/copyright-permissions-fair-use-visual-arts-communities-issues-report/>. Acesso em: 11 set. 2020; "Fair Use". In.: *Copyright & Fair Use*. Stanford University Libraries, 2019. Disponível em: <https://fairuse.stanford.edu/overview/fair-use/>. Acesso em: 11 set. 2020.

455 Para mais sobre o que se pensava acerca da evolução humana antes de Darwin, ver especialmente BROWNE, Janet. *Darwin*: voyaging. Princeton, NJ: Princeton University Press, 1995. cap. 16.
456 Para mais sobre isso, ver JOHNSON, Steven. *Where good ideas come from*. Nova York: Riverhead, 2010. pp. 80-82.
457 DARWIN, Charles. *The autobiography of Charles Darwin*. Ed. Nora Barlow. Nova York: W. W. Norton, 2005. p. 98.
458 Como postulado em DARWIN, Charles. *On the origin of species by means of natural selection*. Londres: Taylor and Francis, 1859. Introdução.
459 BROWNE.*Darwin*. p. 227.
460 Entre várias abordagens acerca desse tópico, ver "Thomas Edison: 'The Wizard of Menlo Park'". In.: JONNES, Jill. *Empires of light*: Edison, Tesla, Westinghouse, and the race to electrify the world. Nova York: Random House, 2003. cap. 3.
461 ISRAEL, Paul. *Edison*: a life of invention. Nova York: John Wiley & Sons, 1999. p. 208-211.
462 ROBSON, David. *The intelligence trap*: why smart people make dumb mistakes. Nova York: W. W. Norton, 2019. p. 75.
463 MACKINNON, Donald W. "Creativity: A Multi-faceted Phenomenon". Artigo apresentado na Gustavus Augustus College, 1970. Disponível em: <https://webspace.ringling.edu/~ccjones/curricula/01-02/sophcd/readings/creativity.html>. Acesso em: 11 set. 2020.
464 Apud CHENEY, Margaret. *Tesla*: man out of time. Mattituck, NY: Amereon House, 1981. p. 268.
465 KAHNEMAN, Daniel. *Thinking, fast and slow*. Nova York: Farrar, Straus and Giroux, 2011. pp. 216-220.
466 Pesquisa resumida em EPSTEIN. *Range*. pp. 107-109.
467 Para mais sobre isso e a informação seguinte, ver ROOT-BERNSTEIN, Robert et al. "Arts Foster Scientific Success: Avocations of Nobel, National Academy, Royal Society, and Sigma Xi Members". In.: *Journal of Psychology of Science and Technology*, v. 1, n. 2 (2008). pp. 51-63. Disponível em: <https://www.researchgate.net/publication/247857346_Arts_Foster_Scientific_Success_Avocations_of_Nobel_National_Academy_Royal_Society_and_Sigma_Xi_Members>. Acesso em: 11 set. 2020; e ROOT-BERNSTEIN, Robert S. *et al*. "Correlations Between Avocations, Scientific Style, Work Habits, and Professional Impact of Scientists". In.: *Creativity Research Journal*, v. 8, n. 2 (1995). pp. 115-137, Disponível em: <https://www.tandfonline.com/doi/abs/10.1207/s15326934crj0802_2>. Acesso em: 11 set. 2020.
468 COHEN, Patricia. "A Rising Call to Promote STEM Education and Cut Liberal Arts Funding". In.: *New York Times*, 21 de fevereiro de 2016. Disponível em: <https//www.nytimes.com/2016/02/22/business/a-rising-call-to-promote-stem-education-and-cut-liberal-arts-funding.html>. Acesso em: 11 set. 2020. Ver também HARRIS, Adam. "The Liberal Arts May Not Survive the 21st Century". In.: *The Atlantic*, 13 de dezembro de 2018. Disponível em: <https://www.theatlantic.com/education/archive/2018/12/the-liberal-arts-may-not-survive-the-21st-century/577876/>. Acesso em: 11 set. 2020; e "New Rules for Student Loans: Matching a Career to Debt Repayment". In.: *LendKey*, 1 de setembro de 2015. Disponível em: <https://www.lendkey.com/blog/paying-for-school/new-rules-for-student-loans-matching-a-career-to-debt-repayment/>. Acesso em: 11 set. 2020.

NOTAS

469 BRUNI, Frank. "Aristotle's Wrongful Death". In.: *New York Times*, 26 de maio de 2018. Disponível em: <https://www.nytimes.com/2018/05/26/opinion/sunday/college-majors-liberal-arts.html>. Acesso em: 11 set. 2020.

470 JASCHIK, Scott. "Obama vs. Art History". In.: *Inside Higher Ed*, 31 de janeiro de 2014. Disponível em: <https://www.insidehighered.com/news/2014/01/31/obama-becomes-latest-politician-criticize-liberal-arts-discipline>. Acesso em: 11 set. 2020.

471 FRIEND, Tad. "Why Ageism Never Gets Old". In.: *The New Yorker*, 20 de novembro de 2017. Disponível em: <https://www.newyorker.com/magazine/2017/11/20/why-ageism-never-gets-old>. Acesso em: 11 set. 2020.

472 TUGENT, Alina. "Endless School". In.: *New York Times*, 13 de outubro de 2019. Disponível em: <https://www.nytimes.com/2019/10/10/education/learning/60-year-curriculum-higher-education.html>. Acesso em: 11 set. 2020; conversa do autor com Christopher Wright, diretor de parcerias estratégicas, 2U, 17 de dezembro de 2019.

473 JOBS, Steve. *I, Steve*: Steve Jobs in his own words. Ed. George Beahm. Agate: Chicago, 2011. p. 73.

474 EINSTEIN, Albert. *Ideas and Opinions*. Nova York: Crown, 1982. p. 69.

CAPÍTULO 10

475 "NASA Announces Launch Date and Milestones for SpaceX Flight", 9 de dezembro de 2011. Disponível em: <https://www.nasa.gov/home/hqnews/2011/dec/HQ_11-413_SpaceX_ISS_Flight.html>. Acesso em: 11 set. 2020.

476 MOON, Mariella. "SpaceX Is Saving a Ton of Money by Re-using Falcon 9 Rockets". In.: *Engadget*, 6 de abril de 2017. Disponível em: <https://www.engadget.com/2017/04/06/spacex-is-saving-a-ton-of-money-by-re-using-falcon-9-rockets/>. Acesso em: 11 set. 2020.

477 Apud MUSK, Elon. *Rocket man*: Elon Musk in his own words. Ed. Jessica Easto. Chicago: Agate, 2017. p. 16.

478 Para uma discussão acerca de pessoas canhotas e criatividade, ver SIMONTON, Dean Keith. *Greatness*: who makes history and why. Nova York: Guilford Press, 1994. pp. 20-24.

479 Devo essa informação ao falecido David Rosand, que me introduziu às imagens espelhadas presentes em muitos dos desenhos de Da Vinci. Ver ROSAND, David. *Drawing acts*: studies in graphic representation and expression. Cambridge, UK: Cambridge University Press, 2002.

480 HEMUS, Bronwyn. "Understanding the Essentials of Writing a Murder Mystery". In.: *Standout Books*, 5 de maio de 2014. Disponível em: <https://www.standoutbooks.com/essentials-writing-murder-mystery/>. Acesso em: 11 set. 2020.

481 HALE, Bruce. "Writing Tip: Plotting Backwards". In.: *Booker's Blog*, 24 de março de 2012. Disponível em: <https://talltalestogo.wordpress.com/2012/03/24/writing_tip_plotting_backwards/>. Acesso em: 11 set. 2020.

482 THORNE, Kip. *Black holes and time warps*: Einstein's outrageous legacy. Nova York: W. W. Norton, 1994. p. 147.

483 Apud HARRISON, David M. "Complementarity and the Copenhagen Interpretation of Quantum Mechanics". In.: *UPSCALE*, 7 de outubro de 2002. Disponível em: <https://www.scribd.com/document/166550158/Physics-Complementarity-and-Copenhagen-Interpretation-of-Quantum-Mechanics>. Acesso em: 11 set. 2020.

484   ROTHENBERG, Albert. *Creativity and madness*: new findings and old stereotypes. Baltimore: Johns Hopkins University Press, 1990. p. 14.
485   Tradução livre de EINSTEIN, Albert. *The collected papers of Albert Einstein*: the Berlin years. Writings, 1918-1921, vol. 7. Ed. Michael Janssen, Robert Schulmann, József Illy *et al.* Documento 31: "Fundamental Ideas and Methods of the Theory of Relativity, Presented in Their Development", II: "The Theory of General Relativity". p. 245. Disponível em: <https://einsteinpapers.press.princeton.edu/vol7-doc/293>. Acesso em: 11 set. 2020.
486   ROTHENBERG, Albert. *Flight from wonder*: an investigation of scientific creativity. Oxford: Oxford University Press, 2015. pp. 28-29.
487   METZ, Cade. "Google Claims a Quantum Breakthrough That Could Change Computing". In.: *New York Times*, 23 de outubro de 2019. Disponível em: <https://www.nytimes.com/2019/10/23/technology/quantum-computing-google.html>. Acesso em: 11 set. 2020.
488   MUSK, Elon. "The Secret Tesla Motors Master Plan (Just Between You and Me)". In.: *Tesla*, 2 de agosto de 2006. Disponível em: <https://www.tesla.com/blog/secret-tesla-motors-master-plan-just-between-you-and-me>. Acesso em: 11 set. 2020.
489   FOER, Franklin. "Jeff Bezos's Master Plan". In.: *The Atlantic*, novembro de 2019. Disponível em: <https://www.theatlantic.com/magazine/archive/2019/11/what-jeff-bezos-wants/598363/>. Acesso em: 11 set. 2020.
490   BEZOS, Jeff. *First mover*: Jeff Bezos in His Own Words. Ed. Helena Hunt. Chicago: Agate, 2018. p. 95.
491   Apud FOER. "Jeff Bezos's Master Plan".
492   ROTHENBERG. *Creativity and madness*. p. 25.
493   LUTHER KING, JR., Martin. "I Have a Dream". In.: *Guardian* ("Great Speeches of the Twentieth Century"), 27 de abril de 2007. Disponível em: <https://www.theguardian.com/theguardian/2007/apr/28/greatspeeches>. Acesso em: 11 set. 2020.
494   ADAME, Bradley J. "Training in the Mitigation of Anchoring Bias: A Test of the Consider-the-Opposite Strategy". In.: *Learning and Motivation*, v. 53, fevereiro de 2016. pp. 36-48. Disponível em: <https://www.sciencedirect.com/science/article/abs/pii/S0023969015000739?via%3Dihub>. Acesso em: 11 set. 2020.

CAPÍTULO 11

495   Publicado pela primeira vez em *Harper's Magazine*, dezembro de 1904, v. 10. Reimpresso em COOLEY, John (ed.). *How Nancy Jackson married Kate Wilson and other tales of rebellious girls and daring young women*. Lincoln, NE: University of Nebraska Press, 2001. p. 209.
496   "The Harder I Practice, the Luckier I Get". In.: *Quote Investigator*. Disponível em: <https://quoteinvestigator.com/2010/07/14/luck/>. Acesso em: 11 set. 2020. Tomei conhecimento dessa citação graças à gentileza de Clark Baxter.
497   WOOD, Frances. "Why Does China Love Shakespeare?". In.: *Guardian*, 28 de junho de 2011. Disponível em: <https://www.theguardian.com/commentisfree/2011/jun/28/china-shakespeare-wen-jiabao-visit>. Acesso em: 11 set. 2020.
498   Apud CHARNEY, Noah. *The thefts of the Mona Lisa*: on stealing the world's most famous painting. Columbia, SC: ARCA Publications, 2011.
499   ANDREWS, Evan. "The Heist That Made the Mona Lisa Famous". In.: *History*,

30 de novembro de 2018. Disponível em: <https://www.history.com/news/the-heist-that-made-the-mona-lisa-famous>. Acesso em: 11 set. 2020.

500   CHARNEY. *The thefts of the Mona Lisa.* p. 74.
501   Apud Introdução a WATSON, James D.; CRICK, Francis. "Molecular Structure of Nucleic Acids: A Structure for Deoxyribose Nucleic Acid". In.: *Nature*, 25 de abril de 1953, v. 171, n. 4356. pp. 737-738. The Francis Crick Papers, U.S. National Library of Medicine. Disponível em: <https://profiles.nlm.nih.gov/spotlight/sc/catalog/nlm:nlmuid-101584582X381-doc>. Acesso em: 11 set. 2020.
502   Reimpressão fac-símile em WATSON, James D. *The double helix*: a personal account of the discovery of the structure of DNA. Ed. Gunther S. Stent. Nova York: W. W. Norton, 1980. pp. 237-241.
503   Para mais sobre o equívoco de Pauling, ver PAULING, Linus. "The Molecular Basis of Biological Specificity". Reproduzido em *ibid.*, p. 152.
504   *Ibid.*, p. 105; OLBY, Robert. *The path to the double helix*: the discovery of DNA. Nova York: Dover, 1994. pp. 402-403.
505   WATSON. *The double helix.* p. 14.
506   "Statutes of the Nobel Foundation". In.: *Prêmio Nobel*. Disponível em: <https://www.nobelprize.org/about/statutes-of-the-nobel-foundation/>. Acesso em: 11 set. 2020.
507   Para uma atualização sobre as chances de se ganhar o Nobel com pesquisa em CRISPR, ver MARCUS, Amy Dockser. "Science Prizes Add Intrigue to the Race for the Nobel". In.: *Wall Street Journal*, 1 de junho de 2018. Disponível em: <https://www.wsj.com/articles/science-prizes-add-intrigue-to-the-race-for-the-nobel-1527870861>. Acesso em: 11 set. 2020.
508   Tradução livre de PASTEUR, Louis. Discurso de inauguração, Faculté des sciences, Université de Lille, 7 de dezembro de 1854. Gallica Bibliothèque Numérique. Disponível em: <https://upload.wikimedia.org/wikipedia/commons/6/62/Louis_Pasteur_Universit%C3%A9_de_Lille_1854-1857_dans_les_champs_de_l%27observation_le_hasard_ne_favorise_que_les_esprits_pr%C3%A9par%C3%A9s.pdf>. Acesso em: 11 set. 2020.
509   WALLER, John. *Einstein's luck*: the truth behind the greatest scientific discoveries. Oxford: Oxford University Press, 2002. p. 247.
510   Ao ser nomeado primeiro-ministro, em 10 de maio de 1940. CHURCHILL, Winston. *The Second World War*: the gathering storm. 1948, v. 1. Apud "Summer 1940: Churchill's Finest Hour". In.: *International Churchill Society*. Disponível em: <https://winstonchurchill.org/the-life-of-churchill/war-leader/summer-1940/>. Acesso em: 11 set. 2020.
511   WALLER. *Einstein's luck.* p. 249.
512   BROWN, Kevin. *Penicillin man*: Alexander Fleming and the antibiotic revolution. Londres: Sutton, 2005. p. 102.
513   *Ibid.*, p. 120.
514   ZUCKERBERG, Mark. *Mark Zuckerberg*: in his own words. Ed. George Beahm. Chicago: Agate, 2018. p. 1.
515   MEZRICH, Ben. *The accidental billionaires*: the founding of Facebook. A tale of sex, money, genius, and betrayal. Nova York: Random House, 2010. p. 45.
516   KAPLAN, Katharine A. "Facemash Creator Survives Ad Board". In.: *Harvard Crimson*, 19 de novembro de 2003. Disponível em: <https://www.thecrimson.com/article/2003/11/19/facemash-creator-survives-ad-board-the/>. Acesso em: 11 set. 2020.

517 MEZRICH. *The accidental billionaires*. p. 105.
518 MCNAMEE, Roger. *Zucked*: waking up to the Facebook catastrophe. Nova York: Random House, 2019. p. 54; ENRICH, David. "Spend Some Time with the Winklevii". In.: *New York Times*, 21 de maio de 2019. Disponível em: <https://www.nytimes.com/2019/05/21/books/review/ben-mezrich-bitcoin-billionaires.html?searchResultPosition=5>. Acesso em: 11 set. 2020.
519 MANJOO, Farhad. "How Mark Zuckerberg Became Too Big to Fail". In.: *New York Times*, 1 de novembro de 2018. Disponível em: <https://www.nytimes.com/2018/11/01/technology/mark-zuckerberg-facebook.html>. Acesso em: 11 set. 2020.
520 MEZRICH. *The accidental billionaires*. p. 108.
521 ZUCKERBERG. *Mark Zuckerberg*. p. 46.
522 WINFREY, Oprah. *Own it*: Oprah Winfrey in her own words. Ed. Anjali Becker e Jeanne Engelmann. Chicago: Agate, 2017. p. 7.
523 KUSAMA, Yayoi. *Infinity net*: the autobiography of Yayoi Kusama. Londres: Tate Publishing, 2011. p. 77.
524 Carta de Vincent van Gogh a Theo, 12-16 de janeiro de 1886. In.: *Vincent van Gogh: the letters*. Disponível em: <http://vangoghletters.org/vg/letters/let552/letter.html>. Acesso em: 11 set. 2020.
525 Ambas as citações em *Paris: the luminous years. Towards the making of the modern*. Escrito, produzido e dirigido por Perry Miller Adato. PBS, 2010. Trechos em 0:40 e 1:10.
526 WEINER, Eric. *The genius of geography*. Nova York: Simon & Schuster, 2016. p. 167.
527 Apud HOFSTADTER, Dan. "'The Europeans' Review: Engines of Progress". In.: *Wall Street Journal*, 18 de outubro de 2019. Disponível em: <https://www.wsj.com/articles/the-europeans-review-engines-of-progress-11571409900>. Acesso em: 11 set. 2020.
528 WOOD, James. *Dictionary of quotations from ancient and modern, English and foreign sources*. Londres: Wame, 1893. p. 120.
529 FLORIDA, Richard; KING, Karen M. "Rise of the Global Startup City: The Geography of Venture Capital Investment in Cities and Metros Across the Globe". In.: *Martin Prosperity Institute*, 26 de janeiro de 2016. Disponível em: <http://www-2.rotman.utoronto.ca/mpi/content/rise-of-the-global-startup-city/>. Acesso em: 11 set. 2020.

CAPÍTULO 12

530 Apud DEARBORN, Mary. *Ernest Hemingway*: a biography. Nova York: Vintage, 2018. p. 475.
531 EINSTEIN, Albert. *Ideas and opinions*. Nova York: Random House, 1982. p. 12.
532 Paráfrase traduzida pelo autor do original francês. Ver também GONCOURT, Edmond; GONCOURT, Jules de. *Pages from the Goncourt journals*. Trad. e ed. Robert Baldick. Oxford: Oxford University Press, 1962. p. 100.
533 WINFREY, Oprah. *Own it*: Oprah Winfrey in her own words. Ed. Anjali Becker e Jeanne Engelmann. Chicago: Agate, 2017. p. 65.
534 Apud SORKIN, Andrew Ross. "Tesla's Elon Musk May Have Boldest Pay Plan in Corporate History". In.: *New York Times*, 23 de janeiro de 2018. Disponível em: <https://www.nytimes.com/2018/01/23/business/dealbook/tesla-elon-musk-pay.html/>. Acesso em: 11 set. 2020.

NOTAS

535 KILEY, David. "Former Employees Talk About What Makes Elon Musk Tick". In.: *Forbes*, 14 de julho de 2016. Disponível em: <https://www.forbes.com/sites/davidkiley5/2016/07/14/former-employees-talk-about-what-makes-elon-musktick/#a48d8e94514e>. Acesso em: 11 set. 2020; "What Is It Like to Work with/for Elon Musk?". In.: *Quora*. Disponível em: <https://www.quora.com/What-is-it-like-to-work-with-for-Elon-Musk>. Acesso em: 11 set. 2020.
536 ZUCKERBERG, Mark. *Mark Zuckerberg*: in his own words. Ed. George Beahm. Chicago: Agate, 2018. p. 189.
537 SCHUMPETER, Joseph. *Capitalism, socialism and democracy*. 3. ed. Nova York: Harper, 1962. cap. 11.
538 GREENSPAN, Alan; WOOLDRIDGE, Adrian. *Capitalism in America*: a history. Nova York: Random House, 2018. pp. 420-421.
539 LASKER, Zaphrin. "Steve Jobs: Create. Disrupt. Destroy". In.: *Forbes*, 14 de junho de 2011. Disponível em: <https://www.forbes.com/sites/marketshare/2011/06/14/steve-jobs-create-disrupt-destroy/#6276e77f531c>. Acesso em: 11 set. 2020.
540 NOCERA, Joe. "Apple's Culture of Secrecy". In.: *New York Times*, 26 de julho de 2008. Disponível em: <https://www.nytimes.com/2008/07/26/business/26nocera.html>. Acesso em: 11 set. 2020.
541 Apud ISAACSON, Walter. *Steve Jobs*. Nova York: Simon & Schuster, 2011. p. 124.
542 LOVE, Dylan. "16 Examples of Steve Jobs Being a Huge Jerk". In.: *Business Insider*, 25 de outubro de 2011. Disponível em: <https://www.businessinsider.com/steve-jobs-jerk-2011-10#everything-youve-ever-done-in-your-life-is-shit-5>. Acesso em: 11 set. 2020.
543 ISAACSON. *Steve Jobs*. pp. 122-123.
544 Ver, por exemplo, o incidente de Steve Jobs com suco de laranja espremido na hora em BILTON, Nick. "What Steve Jobs Taught Me About Being a Son and a Father". In.: *New York Times*, 7 de agosto de 2015. Disponível em: <https://www.nytimes.com/2015/08/07/fashion/mens-style/what-steve-jobs-taught-me-about-being-a-son-and-a-father.html>. Acesso em: 11 set. 2020.
545 Essa citação e a seguinte são de BOWLES, Nellie. "In 'Small Fry,' Steve Jobs Comes Across as a Jerk. His Daughter Forgives Him. Should We?". In.: *New York Times*, 23 de agosto de 2018. Disponível em: <https://www.nytimes.com/2018/08/23/books/steve-jobs-lisa-brennan-jobs-small-fry.html>. Acesso em: 11 set. 2020.
546 Apud ISAACSON. *Steve Jobs*. p. 32.
547 Apud *ibid.*, p. 119.
548 LYNCH, Kevin. *Steve Jobs*: a biographical portrait. Londres: White Lion, 2018. p. 73.
549 "On Thomas Edison and Beatrix Potter". In.: *Washington Times*, 7 de abril de 2007. Disponível em: <https://www.washingtontimes.com/news/2007/apr/7/20070407-095754-2338r/>. Acesso em: 11 set. 2020.
550 "Thomas A. Edison". In.: *The Christian Herald and Signs of Our Times*, 25 de julho de 1888. Disponível em: <http://edison.rutgers.edu/digital/files/fullsize/fp/fp0285.jpg>. Acesso em: 11 set. 2020. Ver também STROSS, Randall. *The wizard of Menlo Park*: how Thomas Alva Edison invented the modern world. Nova York: Random House, 2007. pp. 15-16.
551 BALDWIN, Neil. *Edison*: inventing the century. Chicago: University of Chicago Press, 2001. p. 60.
552 STROSS. *The wizard of Menlo Park*. p. 174.

553 Muitas dessas informações vêm de DALY, Michael. *Topsy*: the startling story of the crooked-tailed elephant, P. T. Barnum, and the American wizard, Thomas Edison. Nova York: Grove Press, 2013. cap. 26.
554 GLEICK, James. *Isaac Newton*. Nova York: Random House, 2003. pp. 169-170.
555 A relação entre o espectro de cores e as séries harmônicas é um bom exemplo. Ver GOUK, Penelope. "The Harmonic Roots of Newtonian Science". In.: *Let Newton be!*: a new perspective on his life and works. Ed. John Fauvel, Raymond Flood, Michael Shortland e Robin Wilson. Oxford: Oxford University Press, 1988. pp. 101-126.
556 GLASHOW, Sheldon Lee. "The Errors and Animadversions of Honest Isaac Newton". In.: *Contributions to Science*, 4, n. 1, 2008. pp. 105–110.
557 Apud *ibid*., p. 105.
558 HAWKING, Stephen. *A brief history of time*. Nova York: Bantam Books, 1998. p. 196.
559 ISAACSON, Walter. *Einstein*: his life and universe. New York: Simon & Schuster, 2007. p. 174-175.
560 EINSTEIN, Albert. *Ideas and opinions*. Nova York: Crown, 1982. p. 9.
561 STROSS. *The wizard of Menlo Park*. p. 81.
562 Apud KAUFMAN, Scott Barry; GREGOIRE, Carolyn. *Wired to create*: unraveling the mysteries of the creative mind. Nova York: Random House, 2016. p. 122.
563 Carta de Ludwig van Beethoven a Franz Wegeler, 29 de junho de 1801. In.: *Beethoven*: letters, journals and conversations. Trad. e ed. Michael Hamburger. Garden City: Doubleday, 1960. p. 25.
564 EDISON, Thomas Alva. *The diary and sundry observations of Thomas Alva Edison*. Ed. Dagobert D. Runes. Nova York: Greenwood, 1968. p. 110.
565 BUSH, Sam. "Faulkner as a Father: Do Great Novelists Make Bad Parents?". In.: *Mockingbird*, 31 de julho de 2013. Disponível em: <https://www.mbird.com/2013/07/faulkner-as-a-father-do-great-novelists-make-bad-parents/>. Acesso em: 11 set. 2020.
566 DEUTSCH, Otto Erich. *Mozart*: a documentary biography. Trad. Eric Blom, Peter Branscombe e Jeremy Noble. Stanford, CA: Stanford University Press, 1965. p. 423.
567 Carta de Maria Anna Mozart a Friedrich Schlichtegroll, 1800. In.: *Mozart-Jahrbuch*. Salzburgo: Internationale Stiftung Mozarteum, 1995. p. 164.
568 Apud ITZKOFF, Dave. *Robin*. Nova York: Henry Holt, 2018. p. 354.
569 CAULFIELD, Keith. "Michael Jackson Sales, Streaming Decline After 'Leaving Neverland' Broadcast". In.: *The Hollywood Reporter*, 8 de março de 2019. Disponível em: <https://www.hollywoodreporter.com/news/michael-jacksons-sales-streaming-decline-leaving-neverland-1193509>. Acesso em: 11 set. 2020.
570 GOLDBERG, Emma. "Do Works by Men Implicated by #MeToo Belong in the Classroom?". In.: *New York Times*, 7 de outubro de 2019. Disponível em: <https://www.nytimes.com/2019/10/07/us/metoo-schools.html>. Acesso em: 11 set. 2020.
571 NAYERI, Farah. "Is It Time Gauguin Got Canceled?". In.: *New York Times*, 18 de novembro de 2019. Disponível em: <https://www.nytimes.com/2019/11/18/arts/design/gauguin-national-gallery-london.html>. Acesso em: 11 set. 2020.
572 POGREBIN, Robin; SCHUESSLER, Jennifer. "Chuck Close Is Accused of Harassment. Should His Artwork Carry an Asterisk?". In.: *New York Times*, 28 de

NOTAS

janeiro de 2018. Disponível em: <https://www.nytimes.com/2018/01/28/arts/design/chuck-close-exhibit-harassment-accusations.html>. Acesso em: 11 set. 2020.

573 TRILLING, Lionel. *Beyond culture*: essays on literature and learning. Nova York: Viking, 1965. p. 11.

574 HUFFINGTON, Arianna Stassinopoulos. *Picasso*: creator and destroyer. Nova York: Simon & Schuster, 1988. p. 234.

575 GILOT, Françoise; LAKE, Carlton. *Life with Picasso*. Nova York: McGraw-Hill, 1964. p. 77.

576 *Ibid.*, p. 326.

577 CABANNE, Pierre citando WALTER, Marie-Thérèse. "Picasso et les joies de la paternité". In.: *L'Oeil: Revue d'Art* 226, maio de 1974. p. 7.

578 GILOT; LAKE. *Life with Picasso*. p. 42.

579 HUFFINGTON. *Picasso.* p. 345.

580 GILOT; LAKE. *Life with Picasso.* p. 77.

581 BLODGET, Henry. "Mark Zuckerberg on Innovation". In.: *Business Insider*, 1 de outubro de 2009. Disponível em: <https://www.businessinsider.com/mark-zuckerberg-innovation-2009-10>. Acesso em: 11 set. 2020.

582 BRAINYQUOTE. Disponível em: <https://www.brainyquote.com/authors/margaret_atwood>. Acesso em: 11 set. 2020. A citação parece ser uma compilação de frases obtidas em CRUM, Maddie. "A Conversation with Margaret Atwood About Climate Change, Social Media and World of Warcraft". In.: *Huffpost*, 12 de novembro de 2014. Disponível em: <https://www.huffpost.com/entry/margaretatwood-interview_n_6141840>. Acesso em: 11 set. 2020.

583 Ver SCHECHNER, Sam; SECADA, Mark. "You Give Apps Sensitive Personal Information. Then They Tell Facebook". In.: *Wall Street Journal*, 22 de fevereiro de 2019. Disponível em: <https://www.wsj.com/articles/you-give-apps-sensitive-personal-information-then-they-tell-facebook-11550851636>. Acesso em: 11 set. 2020.

584 PARAKILAS, Sandy. "We Can't Trust Facebook to Regulate Itself". In.: *New York Times*, 19 de novembro de 2017. Disponível em: <https://www.nytimes.com/2017/11/19/opinion/facebook-regulation-incentive.html?ref=todayspaper>. Acesso em: 11 set. 2020.

585 *Ibid.*

586 DIGITAL, CULTURE, MEDIA, AND SPORT COMMITTEE. "Disinformation and 'Fake News': Final Report". House of Commons. Disponível em: <https://publications.parliament.uk/pa/cm201719/cmselect/cmcumeds/1791/1791.pdf>. Acesso em: 11 set. 2020; e KATES, Graham. "Facebook 'Misled' Parliament on Data Misuse, U.K. Committee Says". In.: *CBS News*, 17 de fevereiro de 2019. Disponível em: <https://www.cbsnews.com/news/facebook-misled-parliament-on-data-misuse-u-k-committee-says/>. Acesso em: 11 set. 2020.

587 Discussões acerca da obsessão de Zuckerberg com códigos de computador como a solução para todos os problemas do Facebook podem ser conferidas em MCNAMEE, Roger. *Zucked*: waking up to the Facebook catastrophe. Nova York: Random House, 2019. pp. 64-65, 159, 193. Ver também ZUBOFF, Shoshona. *The age of surveillance capitalism*: the fight for a human future at the new frontier of power. Nova York: Public Affairs, 2019. pp. 480-488.

588 CARLSON, Nicholas. "'Embarrassing and Damaging' Zuckerberg IMs Confirmed by Zuckerberg, The New Yorker". In.: *Business Insider*, 13 de setembro de 2010. Disponível em: <https://www.businessinsider.com/embarrassing-and-damaging-zuckerberg-ims-confirmed-by-zuckerberg-the-new-yorker-2010-9>. Acesso em: 11 set. 2020.

589 KOESTLER, Arthur. *The act of creation*. Londres: Hutchinson, 1964. p. 402.

CAPÍTULO 13

590 KINNEY, Jean. "Grant Wood: He Got His Best Ideas While Milking a Cow". In.: *New York Times*, 2 de junho de 1974, disponível em: <https://www.nytimes.com/1974/06/02/archives/grantwood-he-got-his-best-ideas-while-milking-a-cow-grant-wood-he.html>. Acesso em: 11 set. 2020.

591 MUZUR, Amir et al. "The Prefrontal Cortex in Sleep". In.: *Trends in Cognitive Sciences*, 6, n. 11, novembro de 2002. pp. 475-481. Disponível em: <https://www.researchgate.net/publication/11012150_The_prefrontal_cortex_in_sleep>. Acesso em 11 set. 2020; WALKER, Matthew. *Why we sleep*: unlocking the power of sleep and dreams. Nova York: Scribner, 2017. p. 195.

592 WALKER. *Why we sleep*. cap. 11.

593 WALKER, Matthew P. et al. "Cognitive Flexibility Across the Sleep-Wake Cycle: REM-Sleep Enhancement of Anagram Problem Solving". In.: *Brain Research*, 14, n. 3, novembro de 2002. pp. 317-324. Disponível em: <https://www.ncbi.nlm.nih.gov/pubmed/12421655>. Acesso em: 11 set. 2020.

594 STICKGOLD, Robert; WAMSLEY, Erin. "Memory, Sleep, and Dreaming: Experiencing Consolidation". In.: *Journal of Sleep Research*, 6, n. 1, 1 de março de 2011. pp. 97-108. Disponível em: <https://www.ncbi.nlm.nih.gov/pmc/articles/PMC3079906/>. Acesso em: 11 set. 2020.

595 WALKER. *Why we sleep*. p. 219.

596 DEANGELIS, Tori. "The Dream Canvas: Are Dreams a Muse to the Creative?". In.: *Monitor on Psychology*, 34, n. 10, novembro de 2003. p. 44. Disponível em: <https://www.apa.org/monitor/nov03/canvas>. Acesso em: 11 set 2020.

597 STRAVINSKY, Igor. *Dialogues and a diary*. Ed. Robert Craft. Garden City, NY: Doubleday, 1963. p. 70.

598 CRIDLIN, Jay. "Fifty Years Ago, the Rolling Stones' Song 'Satisfaction' Was Born in Clearwater". In.: *Tampa Bay Times*, 3 de maio de 2015. Disponível em: <https://www.tampabay.com/things-to-do/music/50-years-ago-the-rolling-stones-song-satisfaction-was-born-in-clearwater/2227921/>. Acesso em: 11 set. 2020.

599 O concerto/entrevista está disponível em "Paul McCartney Singing Yesterday at the Library of Congress". In.: *YouTube*. Disponível em: <https://www.youtube.com/watch?v=ieu_5o1LiQQ>. Acesso em: 11 set. 2020.

600 WALKER. *Why we sleep*. p. 202.

601 Apud VALENSTEIN, Elliot S. *The war of the soups and the sparks*: the discovery of neurotransmitters and the dispute over how nerves communicate. Nova York: Columbia University Press, 2005. p. 58.

602 WATTERS, Leon apud ISAACSON, Walter. *Albert Einstein*: his life and universe. Nova York: Simon & Schuster, 2007. p. 436.

603 Em 2017, Kip Thorne ganhou o Prêmio Nobel de Física, em parte por provar, como integrante do projeto LIGO, que a teoria de Einstein acerca do colapso de

NOTAS

buracos negros estava correta. Não sei como o professor Thorne dorme, mas em um e-mail para mim ele lembrou-me de uma passagem em seu livro de 2014, *The science of Interstellar* (p. 9), na qual diz: "Eu pensava melhor no calar da noite. Na manhã seguinte eu escrevia meus pensamentos em um memorando de várias páginas com diagramas e imagens".

604 SMITH, Jacquelyn. "72% of People Get Their Best Ideas in the Shower – Here's Why". In.: *Business Insider*, 14 de janeiro de 2016. Disponível em: <https://www.businessinsider.com/why-people-get-their-best-ideas-in-the-shower-2016-1>. Acesso em: 11 set. 2020.

605 WALKER. *Why we sleep*. pp. 208, 223.

606 BRAUN, A. R. *et al*. "Regional Cerebral Blood Flow Throughout the Sleep-Wake Cycle. An H2(15)O PET Study". In.: *Brain*, v. 120, n. 7, julho de 1997. pp. 1173-1797. Disponível em: <https://www.ncbi.nlm.nih.gov/pubmed/9236630>. Acesso em: 11 set. 2020.

607 Apud MEHRA, Jagdish. *Einstein, Hilbert, and the theory of gravitation*. Boston: Reidel, 1974. p. 76.

608 PARKER, Barry. *Einstein*: the passions of a scientist. Amherst, NY: Prometheus Books, 2003. p. 30.

609 Apud WHITROW, Gerald. *Einstein*: the man and his achievement. Nova York: Dover Publications, 1967. p. 21.

610 HINDLEY, David. "Running: An Aid to the Creative Process". In.: *Guardian*, 30 de outubro de 2014. Disponível em: <https://www.theguardian.com/lifeandstyle/the-running-blog/2014/oct/30/running-writers-block-creative-process>. Acesso em: 11 set. 2020.

611 Entre eles, há OPPEZZO, Marily; SCHWARZ, Daniel L. "Give Your Ideas Some Legs: The Positive Effect of Walking on Creative Thinking". In.: *Journal of Experimental Psychology: Learning, Memory, and Cognition*, v. 40, n. 4, 2014. pp. 1142-1152. Disponível em: <https://www.apa.org/pubs/journals/releases/xlm-a0036577.pdf>. Acesso em: 11 set. 2020; COLZATO, Lorenza S. *et al*. "The Impact of Physical Exercise on Convergent and Divergent Thinking". In.: *Frontiers in Human Neuroscience*, v. 2, dezembro de 2013. Disponível em: <https://doi.org/10.3389/fnhum.2013.00824>. Acesso em: 11 set. 2020; e SIDDARTH, Prabha *et al*. "Sedentary Behavior Associated with Reduced Medial Temporal Lobe Thickness in Middle-Aged and Older Adults". In.: *PLOS ONE*, 12 de abril de 2018. Disponível em: <http://journals.plos.org/plosone/article?id=10.1371/journal.pone.0195549>. Acesso em: 11 set. 2020.

612 WEINER, Eric. *The geography of genius*: a search for the world's most creative places from ancient Athens to Silicon Valley. Nova York: Simon & Schuster, 2016. p. 21.

613 *Ibid*., p. 21.

614 *Inside Bill's Brain: Decoding Bill Gates*. Netflix, 2019. Disponível em: <https://www.netflix.com/watch/80184771?source=35>. Acesso em: 11 set. 2020.

615 THOREAU, Henry David. Diário, 19 de agosto de 1851. In.: CRAMER, Jeffrey S. (ed.). *The portable Thoreau*. Disponível em: <https://www.penguin.com/ajax/books/excerpt/9780143106500>. Acesso em: 11 set. 2020.

616 CURREY, Mason. *Daily rituals*: women at work. Nova York: Random House, 2019. p. 52.

617   KAHNEMAN, Daniel. *Thinking, fast and slow*. Nova York: Farrar, Straus and Giroux, 2011. p. 40.
618   CARLSON, W. Bernard. *Tesla*: inventor of the electrical age. Princeton, NJ: Princeton University Press, 2013. pp. 50-51.
619   TESLA, Nikola. *My inventions*. Ed. David Major. Middletown, DE: Philovox, 2016. p. 35.
620   CARLSON. *Tesla*. p. 404.
621   MEAD, Rebecca. "All About the Hamiltons". In.: *The New Yorker*, 9 de fevereiro de 2015. Disponível em: <https://www.newyorker.com/magazine/2015/02/09/hamiltons>. Acesso em: 11 set. 2020.
622   Carta de Ludwig van Beethoven a Tobias Haslinger, 10 de setembro de 1821. In.: *Beethoven*: letters, journals and conversations. Trad. e ed. Michael Hamburger. Garden City, NY: Doubleday, 1960. pp. 174-175. A carta manuscrita está preservada em Beethoven-Haus, Bonn, e o cânone conta no catálogo Kinsky com o número WoO 182.
623   TAYLOR-GUTHRIE, Danille (ed.). *Conversations with Toni Morrison*. Jackson: University Press of Mississippi, 2004. p. 43.
624   MASON, Francis (ed.). *I remember Balanchine*: recollections of the ballet master by those who knew him. Nova York: Doubleday, 1991. p. 418.

CAPÍTULO 14

625   MICHAELIS, David. *Schulz and Peanuts*: a biography. Nova York: Harper Perennial, 2007. p. 370. Citado e abreviado em CURREY, Mason. *Daily rituals*: how artists work. Nova York: Alfred A. Knopf, 2018. pp. 217-218.
626   GILOT, Françoise; LAKE, Carlton. *Life with Picasso*. Nova York: McGraw-Hill, 1964. pp. 109-110.
627   CAPRA, Fritjof. *The science of Leonardo*. Nova York: Random House, 2007. p. 30.
628   VASARI, Giorgio. *The lives of the artists*. Trad. Julia Conaway Bondanella e Peter Bondanella. Oxford: Oxford University Press, 1991. p. 290.
629   SABARTÉS, Jaime. *Picasso*: an intimate portrait. Londres: W. H. Allen, 1948. p. 79.
630   Apud PARKER, Barry. *Einstein*: the passions of a scientist. Amherst, NY: Prometheus Books, 2003. p. 137.
631   ISAACSON, Walter. *Einstein*: his life and universe. Nova York: Simon & Schuster, 2007. p. 161.
632   EINSTEIN, Albert. *The complete papers of Albert Einstein*, vol. 1. p. xxii. Citado em *ibid*., p. 24.
633   PAIS, Abraham. *Subtle is the Lord*: the science and the life of Albert Einstein. Nova York: Oxford University Press, 1982. p. 454.
634   Tradução livre de EIBL, Joseph Heinze. "Ein Brief Mozarts über seine Schaffensweise?". In.: *Österreichische Musikzeitschrift*, 35, 1980. p. 586.
635   *Allgemeine musikalische Zeitung*, 1, setembro de 1799. pp. 854-856. Esse relato de Constanze Mozart foi repetido por ela em Salzburgo, em 1829; ver NOVELLO, Vincent; NOVELLO, Mary. *A Mozart pilgrimage*: being the travel diaries of Vincent & Mary Novello in the year 1829. Ed. Nerina Medici di Marignano e Rosemary Hughes. Londres: Novello, 1955. p. 112.
636   Carta de Humphrey Newton a John Conduitt, 17 de janeiro de 1728. In.: *The Newton Project*. Disponível em: <http://www.newtonproject.ox.ac.uk/view/texts/normalized/THEM00033>. Acesso em: 11 set. 2020.

NOTAS

637 FAUVEL, John; FLOOD, Raymond; SHORTLAND, Michael; WILSON, Robin (eds.). *Let Newton be!*: a new perspective on his life and works. Oxford: Oxford University Press, 1988. p. 15.
638 HANKEN, Jerry. "Shulman Wins, but Hess Wows". In.: *Chess Life*, junho de 2008. pp. 16, 20.
639 Para uma discussão acerca de memória para xadrez e memória no geral, ver CHASE, William G.; SIMON, Herbert A. "The Mind's Eye in Chess". In.: *Visual information processing*: proceedings of the Eighth Annual Carnegie Psychology Symposium on Cognition. Ed. William G. Chase. Nova York: Academic Press, 1972. Para estudos relacionados de Simon, Chase e outros, ver SHENK, David. *The immortal game*: a history of chess. Nova York: Random House, 2006. pp. 303-304.
640 ROSAND, David. Professor de História da Arte, Columbia University. Apresentação em aula, disciplina "Exploring the Nature of Genius". Universidade de Yale, 29 de janeiro de 2009.
641 GARDINER, Howard. *Creating minds*: an anatomy of creativity. Nova York: Basic Books, 1993. pp. 148, 157.
642 GRAHAM, Elyse. Especialista em Joyce e professora de Literatura Moderna na Stony Brook University. Conversa com o autor, 1 de agosto de 2010.
643 Bloomberg. "Elon Musk: How I Became the Real 'Iron Man'". Disponível em: <https://www.youtube.com/watch?v=mh45igK4Esw>. Acesso em: 11 set. 2020. Trecho em 3:50.
644 BADDELEY, Alan D. *Human memory*. 2. ed. East Essex: Psychology Press, 1997. p. 24.
645 VASARI, Giorgio. *Lives of the artists*. Edição de 1550. Apud CAPRA. *The science of Leonardo*. p. 25.
646 ROSAND, Apresentação em aula, disciplina "Exploring the Nature of Genius". Universidade de Yale, 29 de janeiro de 2009.
647 GODMAN, Heidi. "Regular Exercise Changes the Brain to Improve Memory, Thinking Skills". In.: *Harvard Health Publishing*, 9 de abril de 2018. Disponível em: <https://www.health.harvard.edu/blog/regular-exercise-changes-brain-improve-memory-thinking-skills-201404097110>. Acesso em: 11 set. 2020.
648 CAPRA. *The science of Leonardo*. p. 20.
649 "The Hawking Paradox". In.: *Horizon*. BBC, 2005. Disponível em: <https://www.dailymotion.com/video/x226awj>. Acesso em: 11 set. 2020. Trecho em 3:00.
650 OVERBYE, Dennis. "Stephen Hawking Taught Us a Lot About How to Live". In.: *New York Times*, 14 de março de 2018. Disponível em: <https://www.nytimes.com/2018/03/14/science/stephen-hawking-life.html>. Acesso em: 11 set. 2020.
651 FIRTH, Niall. "Stephen Hawking: I Didn't Learn to Read Until I Was Eight and I Was a Lazy Student". In.: *Daily Mail*, 23 de outubro de 2010. Disponível em: <http://www.dailymail.co.uk/sciencetech/article-1322807/Stephen-Hawking-I-didnt-learn-read-8-lazy-student.html>. Acesso em: 11 set. 2020.
652 FERGUSON, Kitty. Comunicação por e-mail com o autor, 18 de abril de 2018.
653 "The Hawking Paradox". Trecho em 9:00.
654 "Hawking". Dirigido por Stephen Finnigan, 2013. In.: *YouTube*. Disponível em: <https://www.youtube.com/watch?v=hi8jMRMsEJo>. Acesso em: 11 set. 2020. Trecho em 49:00.

655 FERGUSON, Kitty apud LARSEN, Kristine. *Stephen Hawking*: a biography. Nova York: Greenwood, 2005. p. 87.
656 "Hawking". Trecho em 49:30.
657 Muito material neste parágrafo e no seguinte foi obtido em CURREY, Mason. *Daily rituals*: how artists work. Nova York: Random House, 2013; e CURREY. *Daily rituals*: women at work. Nova York: Random House, 2019. Para indivíduos específicos, consulte as respectivas entradas nos índices dos livros.
658 CURREY. *Daily rituals*: How Artists Work. p. 64.
659 *Ibid.*, p. 110.
660 THARP, Twyla. *The creative habit*: learn it and use it for life. Nova York: Simon & Schuster, 2003. pp. 14, 237.
661 ISAACSON. *Einstein*. p. 424.
662 CHRISTIE, Agatha. *An autobiography*. Nova York: Dodd, Mead & Co., 1977 apud CURREY. *Daily rituals*: how artists work. p. 104.
663 UPDIKE, John. Entrevista à Academy of Achievement, 12 de junho de 2004 apud CURREY. *Daily rituals*: how artists work. p. 196.